MINERVA
はじめて学ぶ
保育

名須川知子／大方美香
[監修]

保育者論

山下文一
[編著]

ミネルヴァ書房

監修者のことば

　本シリーズは、保育者を志す人たちが保育を学ぶときにはじめて手に取ることを想定したテキストになります。保育や幼児教育、その関連領域に関わる新進気鋭の研究者や実践者の参画を得て、このテキストはつくられました。

　2015年に「子ども・子育て支援新制度」がスタートし、2018年には新しい「保育所保育指針」「幼稚園教育要領」「幼保連携型認定こども園教育・保育要領」が施行されました。新「保育所保育指針」においては0～2歳児の保育の充実や、保育所における幼児教育の重要性が提示され、新「幼稚園教育要領」では、3歳児からの教育の充実、新「幼保連携型認定こども園教育・保育要領」では、0歳児からの3つの視点と、3歳児からの5つの領域の連続性が示されています。また、新指針・要領共通で、小学校からの学びの基盤としての「幼児期の終わりまでに育ってほしい姿」が10項目の形で提示されました。

　つまり、これから保育者を目指す人たちは、今後は保育所・幼稚園・認定こども園が共通の枠組みで、高い専門性をもって、子どもの健やかな育ちや豊かな学びを支えていく時代となる、ということを理解しておかなくてはなりません。

　また、新指針・要領においては、保育における全体的な計画の作成や評価のあり方、また、小学校への接続についても充実を図る必要性が示されました。保育者は、乳幼児の自発的な遊びのなかでの学びをとらえ、一人ひとりの子どもの成長発達に合わせて、小学校へつなぎ支えていく役割であることが、ますます求められています。

　保育をめぐる現在の動向は日々変化しており、まさに激動の時期といえます。最新の動向を常に学ぼうという姿勢が、これからの保育者にはますます必要となるでしょう。そこで本シリーズでは、保育者が知っておくべき最新の動向については豊富に、これから学ぼうとする人にもわかりやすく解説しています。一方で、昔から変わらず重要とされている基礎的な事項についても押さえられるように配慮してあります。また、テキストを読んだあとで、さらに学習を進めたい人のための参考図書も掲載しています。

　みなさんが卒業し、実際に保育者になってからも、迷いがあったときや学びの振り返りとして、このテキストを手元において読まれることを期待しています。

2019年2月

名須川知子
大方　美香

はじめに

　2015（平成27）年12月21日、中央教育審議会より「これからの学校教育を担う教員の資質能力の向上について――学び合い、高め合う教員育成コミュニティの構築に向けて」という答申が出されました。答申では、要約すると「知識基盤社会の到来と情報通信技術の急速な発展、社会・経済のグローバル化や少子高齢化の進展など、今後一層の社会の進歩や変化のスピードは速まる可能性がある中で、我が国が将来に向けて更に発展し、繁栄を維持していくためには、様々な分野で活躍できる質の高い人材育成が不可欠である。こうした人材育成の中核を担うのが学校教育であり、その充実こそが我が国の将来を左右すると言っても過言ではない。そのためには、学校における教育環境を充実させるとともに、学校が組織として力を発揮できる体制を充実させるなど、様々な対応が必要であるが、中でも教育の直接の担い手である教員の資質能力を向上させることが最も重要である」と示されています。このことは、子どもの生涯にわたる人格形成の基礎を培う保育・教育を担う保育者にとっても同様のことです。

　就学前の子どもは親の就労状況等に応じて、保育所、幼稚園、幼保連携型認定こども園などの施設に所属していきます。これは制度上必要な仕組みですが、大切なことは、どの施設に所属していても、子どもたち一人ひとりが、それぞれの夢や目標の実現に向けて自らの人生を切り拓くことができる、「生きる力の基礎」が育まれるということです。そのためには、生活や遊びをとおして周囲の環境と関わり、発達に必要な経験を自ら獲得できるように子どもを援助する保育者の存在は、とても重要です。

　本書は、保育者を目指す皆さんに、これからも大切にしていかなければならない保育者としての使命感や責任感、実践的指導力、総合的人間力、教育的愛情などの「不易」とされることに加え、カリキュラム・マネジメント、アクティブ・ラーニングなど時代や社会に応じて変化していくことを的確につかみ、その時々の状況に応じた適切な学びを提供していくことを軸に各章を構成しています。また、内容についてもインシデントやエピソード（事例）を入れながら、より具体的なイメージをもって学ぶことができるように心がけました。テキストを学んで終わりではなく、テキストをもとに自己課題を設定していくなど自主的に学ぶ姿勢をもち、保育者として生涯にわたり学び続ける基礎を育んでいっていただくことを願っています。

2019年2月

山下　文一

目次

はじめに

第1章　保育者を目指す人たちへ

レッスン1　保育者になるということ……2
①学生生活をどう過ごすか…2　②よりよい保育者を目指して…6　③これから求められる保育者の専門性…8　④これからの教育・保育の方向性…10

レッスン2　保育者という仕事……17
①乳幼児期にふさわしい生活…17　②教育・保育における保育者の多様な役割…18　③実際の保育のなかでの保育者の役割…22　④保育者同士の協働的な関わり…28

レッスン3　教職観の変遷……30
①古代ギリシア…30　②古代ローマ…31　③中世から近世…31　④近代から現代…32

レッスン4　現在の保育制度……39
①保育制度を学ぶ意義…39　②保育所・幼稚園・認定こども園に関するしくみ…41　③保育士・幼稚園教諭・保育教諭の制度的位置づけ…43　④子ども・子育て支援新制度とは…45　⑤保育者を目指すために…49

第2章　保育者に求められる専門性

レッスン5　子どもの発達と保育者の関わり……52
①養護に関する基本的事項…52　②養護に関わるねらいおよび内容…53　③3歳未満児における保育の実際…54　④3歳以上児における保育の実際…59　⑤より質の高い教育・保育を目指して…65

レッスン6　みずから保育を構想し展開する……68
①保育を構想し、計画することの必要性…68　②入園から卒園までを見通した計画：教育課程・全体的な計画など…69　③日々の保育の計画：指導計画…73　④指導計画作成のプロセス：日案を例にとって…76

レッスン7　自己の実践を振り返り明日の保育をつくる……82
①保育を振り返ることの意味…82　②保育の振り返りの方法…87

第3章　保育者の専門性を高める

レッスン8　カリキュラム・マネジメント……98
①「カリキュラム・マネジメント」とは何か…98　②「カリキュラム・マネジメント」の必要性…100　③「カリキュラム・マネジメント」をとらえる視点…103　④「カリキュラム・マネジメント」を進めるうえでの保育者の意識…106

レッスン9　幼児教育と小学校教育の接続……108
①幼児教育と小学校教育の連続性…108　②改訂「学習指導要領」等における幼小の接続に関する内容…116　③幼児期の教育と小学校教育との円滑な接続に向けて…118

レッスン10　幼児期に育成すべき資質・能力……123
①2017年改訂の「幼稚園教育要領」等が目指すもの…123　②幼児の具体的な姿をとおして、資質・能力の育成について考える…128　③資質・能力を育む学び

　　　　　　　の過程の考え方と指導の改善の視点…131
レッスン11　インクルーシブ教育 ・・・・・・・・・・・・・・・・・・・・・・・・・・・・・・・・・・・・・・134
　　　　　　　①インクルーシブ教育とは…134　②インクルーシブ教育を進めるために…135
　　　　　　　③インクルーシブ教育のポイント…137　④保護者や他機関との連携…141　⑤
　　　　　　　これからのインクルーシブ教育…143

第4章　保育者による保護者支援

レッスン12　子育てを支える保育者の役割 ・・・・・・・・・・・・・・・・・・・・・・・・・・・148
　　　　　　　①時代とともに変わる子育て…148　②なぜ保育者が子育て支援を行うのか…
　　　　　　　151　③保護者支援における保育者の強み…153　④保育者が行う保護者支援の
　　　　　　　限界…156
レッスン13　地域における子育て支援を支える保育者の役割 ・・・・・・・・・・・・・・159
　　　　　　　①保護者に対する子育て支援…159　②園庭開放や一時預かり事業での事例…
　　　　　　　165　③地域の子育て支援に関して保育者としてもつべき視点や姿勢…167
レッスン14　子ども虐待への対応 ・・・・・・・・・・・・・・・・・・・・・・・・・・・・・・・・・・173
　　　　　　　①子ども虐待に対する基本的理解…173　②保育者が虐待に関わる制度的根拠…
　　　　　　　175　③要保護児童対策地域協議会…177　④虐待ケースの支援を行うにあたり
　　　　　　　保育者として大切な視点…178

第5章　生涯学び続ける保育者

レッスン15　保育者集団の一員として ・・・・・・・・・・・・・・・・・・・・・・・・・・・・・・184
　　　　　　　①保育者に求められる資質…184　②経験年数による課題と役割、立場…187
　　　　　　　③保育集団としての組織力の向上…194
レッスン16　保育者として自己改革を目指して ・・・・・・・・・・・・・・・・・・・・・・・199
　　　　　　　①幼児教育に求められているもの…199　②保育者が取り組むべきこと…200
　　　　　　　③自分を磨くために…202

さくいん…209

●この科目の学習目標●

「指定保育士養成施設の指定及び運営の基準について」（平成15年12月9日付け雇児発第1209001号、最新改正子発0427号第3号）において5つの目標が明示されている。①保育者の役割と倫理について理解する。②保育士の制度的な位置づけを理解する。③保育士の専門性について考察し、理解する。④保育者の連携・協働について理解する。⑤保育者の資質向上とキャリア形成について理解する。本書も、これらの目標を達成するように、内容を考えている。

●教職課程コアカリキュラムへの対応●

また、本書は2017（平成29）年11月17日に発表された教職課程コアカリキュラムにも準拠している。

第1章

保育者を目指す人たちへ

本章では、保育者を目指すために必要な基礎的知識を学びます。皆さんはなぜ保育者を志すことになったのでしょうか。保育者の仕事とは、保育の歴史や制度とはどのようなものでしょうか。ここで学んでいきましょう。

レッスン1　保育者になるということ
レッスン2　保育者という仕事
レッスン3　教職観の変遷
レッスン4　現在の保育制度

レッスン 1

保育者になるということ

保育者は子どもの命をあずかり、守り、育み、未来へつなぐというとても大切な使命をもった尊い仕事を担っています。このレッスンでは、これから保育者を目指す皆さんに、常に責任と自覚をもち学び続ける保育者として、大切にしてほしいことについて述べます。

1. 学生生活をどう過ごすか

1 保育者になるということ

皆さんは、どうして保育者の道を歩もうと思ったのでしょうか。その動機をもう一度振り返ってみましょう。以下の文章は、ある学生が**保育者**を目指すきっかけとなった出来事について書いたものです。

> **Aさん**
>
> 私が保育者になりたいと思ったきっかけは、中学校のときに経験した職場体験です。子どもたちが笑顔で駆け寄ってきてくれたり、保育者と子どもたちが実際に関わっている姿を見たりして、「私も保育者になって、子どもたちのキラキラした笑顔を見たり、成長していく姿を見守りたい」と思い、幼児保育の道に進みました。
>
> 私は保育者になるために、高校のときから読み聞かせグループに入り、いろいろな保育所や幼稚園に行き活動をしてきました。その経験からたくさんのことを学びました。私は、コミュニケーションがしっかりととれて、子どもたちの思いをきちんとわかってあげることのできる保育者になりたいと思います。また、子どもだけではなく、保護者の方ともしっかり関わりをもてるようになりたいと思います。

◆補足

保育者
本書では、保育士、幼稚園教諭、保育教諭の総称を「保育者」としている。

この学生は、中学校のときに経験した職場体験がきっかけとなり、子どもたちの姿を見て、保育者の道を目指すこととなりました。皆さんは、たくさんある職業のなかから、どうして保育者になる道を選んだのでしょうか。「通っていた園の先生がとても優しかったから」、中学校や高校での職場体験を通して「子どもが好きになった」「保育者にあこがれるようになった」、あるいは「母が保育士だから」など、その動機はさまざまでしょう。

　これからは、養成校に入学して保育者として身につけなければならない資質・能力を、理論と実践の両面から学んでいくこととなります。単に子どもが好きだったり、職業としての保育者へのあこがれから、「生涯にわたる人格形成の基礎を培う」という重要な役割を担う保育者への第一歩を踏み出すことになるのです。2年後、あるいは4年後に就職してからではありません。保育者の道を志して養成校に入学したその日から、第一歩を踏み出しているということを忘れないでください。その自覚と責任をもって、養成校での学習や生活を日々大切にしてほしいと思います。

　2年間あるいは4年間の学生生活を、保育者としての資質・能力を身につけるための学びの期間であると強く意識して過ごすことによって、2年後あるいは4年後に身についている保育者としての資質・能力は大きく違ってくるのです。就職して、保育者として子どもや保護者の前に自信をもって立つためにも、養成校での日々の学習や生活を大切にしてほしいと思います。

2　自己課題をもって学ぶ

　養成校での学習や生活を意味あるものにしていくためには、最初に、2年後あるいは4年後の卒業時の自分の保育者としての姿をイメージすることが大切です。ゴールイメージができれば、ゴールに向かって大学での学習や生活をどのように送っていけばよいかの見通しが立ち、その筋道が見えてくるはずです。さらに、その過程を意識して軌道修正を加えることによって、目標を達成できるのです。ただ漠然と学生生活を送るのではなく、自分はどういう保育者になりたいのか、そのためにはどのような生活を送り、何を学ばなければならないかなど、常に目標と目標達成のための手法を考えながら学生生活を過ごすことにより、保育者として必要な資質・能力を身につけることができ、より充実した学生生活を実現できるのです。

　次の感想は、実習を終えた直後の学生の感想です。

> **Bさん**
>
> 　今回の実習では、たくさんのことを身につけて終えることができたと思います。まず、前回の反省点である積極的に関わること、笑顔、声の大きさを改善できるようにがんばりました。また、子どもとの関わりや声のかけ方も、その場に応じた援助ができるようにがんばりました。その結果、自分なりに改善することができたと思います。子どもへの言葉かけや援助のしかたには、いろいろな方法があると思いますが、これからも場に応じた言葉がけで援助ができるようにたくさん学んでいきたいです。
>
> 　最終日には、子どもたちが私の似顔絵をプレゼントしてくれたり、泣きながら「先生帰らないで」「ずっとひばり組にいて」「先生、大好き」と言ってくれました。また、39度の熱を出して休んでいた男の子が、どうしても私に会いたいと言って、真っ赤な顔をして保護者の方と園に来てくれました。私はその男の子に会った瞬間涙が出て、子どもたちは本当に素直で優しい心をもっているのだということを実感しました。
>
> 　子どもたちには、たくさんのことを教えてもらいました。この子どもたちのためにも、これからもがんばって学んでいきたいと思います。
>
>

　この学生は、前回の実習で、子どもへどのような関わりをしてよいかわからないという不安から積極的に子どもに関わることができなかったという反省を踏まえ、次の実習では、子どもに積極的に声をかけて、子どもとの信頼関係を築きたいという自己課題をもちました。そして次の実習までの目標として、①子どもをしっかり理解すること、②一人ひとりの発達の特性に応じた指導をすることを掲げ、日々の学習に取り組んできました。さらには、子どもを理解するために保育所でアルバイトを

して、多くの子どもたちと関わる経験を積んで、実習に臨んだのです。

その結果、実習後には達成感をもち、さらには保育者としての自信につながったことがうかがえます。自己課題をしっかりともち、その解決に向けて見通しをもって計画的に学んできた結果ではないでしょうか。

このように、「学ぶ」ということは、誰かに命令されたり、やらされたりするものではありません。あなた自身が描く保育者像の実現のために、いつまでに、何を、どのように取り組んでいくのか、その結果どうなるのか、という見通しをもって学生生活を送ることが大切です。

当然、あなた自身が描く保育者像に一足飛びに到達できるはずはありません。そこで、大切にしてほしいことは、まずは達成可能な目標を立てるということです。いきなり大きな目標を立ててしまうと、多くの努力が必要となり無理をしてしまい、長くは続きません。まずは、スモールステップで実現可能な目標、つまり、少し努力すれば達成できる目標を立てるということです。それらの積み重ねが、やがてあなたが目指す保育者像に到達することにつながっていくのです（図表1-1）。

3 自己の生活を整える

私たちは、成長の過程で、自分の周囲に存在するさまざまなものから影響を受けています。特にそのなかでも、他者との関わりはとても大切になってきます。子どもたちは、保育者の指導だけではなく、保育者の態度や言動などから社会的な価値観を学んでいます。つまり、私たちの一挙手一投足が、子どもたちに大きな影響を与えるということを忘れてはいけません。

図表1-1 目指す保育者像に到達するために

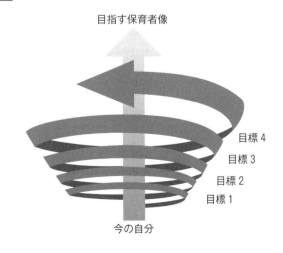

そのためには、保育者は日々の生活のなかでしっかりとした規範意識や道徳性、社会性などを身につけておくことが大切です。たとえば、子どもたちにルールの大切さについて指導する際に、保育者自身が社会生活でのルールを守ることができていなければ、子どもたちの前で胸を張って指導することはできません。「お友だちを大切にしましょう」と指導しても、自分が日ごろから温かく人と接していなければ、子どもに温かいまなざしをむけ、心に寄り添う保育はできないのです。

　当然、これらのことは急に身につくことではありません。日々の学生生活のなかで、相手の気持ちに寄り添うことや、よりよい人間関係を築く努力をしていくこと、社会のルールを守ることなどを意識して生活することが大切です。常に子どもたちのロールモデルとして存在しているということを忘れないように、日々の生活を送ることが大事になってきます。

2. よりよい保育者を目指して

1　不安を乗り越えて

　養成校を卒業し就職すると、いよいよ子どもたちとの出会いが待っています。やっと保育者になれたという喜びと、大丈夫だろうかという不安などが交錯すると思います。まずは、目の前の子どもたちに一生懸命関わってみましょう。次の感想は、卒業後幼稚園に就職した保育者が、5か月後の状況について書いたものです。

> **Cくん**
> 　保育は、子どものことが大好きという気持ちだけでできるものではないのですが、その気持ちが大切なのだと思います。（中略）私自身も保育の世界に入り、どうしたらいいのだろうかとわからなくなることもありました。大学では、現場で活躍された先生や専門的知識をもった先生方が、私たちがさまざまな経験ができるような授業や、また実習が実り多いものになるような指導をしてくださいました。学生生活で先生方から多くのことを学んだことで、今の保育者としての私があるのだと感じています。さまざまな授業や実習があり大変ですが、何よりも大切なことは、それぞれが目的をもって学ぶことだと思います。
> 　実際に仕事を始めてみると、クラス運営でまとまりを感じら

> れなかったり、自分の保育がうまくいっていないと感じたりするときに、行き詰まりを感じます。この子と心が通じていないと感じたとき、どのようにすれば互いに向き合うことができるのだろうかと、試行錯誤しすぎてしまい、逆効果になることもあります。また、発達に応じた保育ができず、子どもに活動内容などをうまく伝えられないことなどもあります。このようなとき、職場の先生に相談しアドバイスをもらって保育に生かしたり、園長に相談し、保育を見てもらったりして改善すべき点を見つけ、客観的に保育を修正しています。ほかの方の経験談を聞いたり、第三者に自分の保育を見てもらうことで、自分とは違った視点が得られ、自分の保育にとっての力となります。
> 　何といっても、原動力は「仕事を楽しく思う気持ち」です。就職してから今まで、つらいと感じることはありましたが、保育の楽しさを感じながら日々過ごしているので、行き詰まってもがんばろうと思えるような気がします。

　この感想から、子どもとの関わりを通していろいろと思い悩みながらも、子どもと一生懸命に向き合おうとする思いが伝わってきます。そして、子どもと心が通い合ったときの喜びが、「明日もがんばろう」というパワーの源になっているということがわかります。

　就職したその日から、一人ひとりの子どもが必要な体験を積み重ねていくことができるよう、教育的に価値のある適切な環境を計画的に構成し、適切な指導を行い、子ども一人ひとりのもつさまざまな可能性を引き出していくことが求められます。「初任だから」という言い訳は通用しません。また保護者は、新任の保育者だということは認識しても、子どもの指導にあたっては、経験年数に関係なく一人の教師としての対応を求めてきます。そういうなかで、これまで想像もしなかった課題にも出合うことでしょう。

　そのときには、職場の同僚や先輩が、よりよい保育の実現に向けてアドバイスや支援をしてくれますが、何よりも、学生時代の学びや経験の質と量が、就職してから起こるであろう課題や困難を乗り越えていくための原動力となっていくのです。そういう意味においても、学生生活を無駄に過ごさないように努力することが大切です。

2 子どもを理解することからの出発

保育とは、一人ひとりの子どもが、保育者やほかの子どもたちと生活をともにするなかで、周囲の環境と関わり、発達に必要な経験をみずから得ていけるように援助する営みです。

保育者は、子どもと生活をともにするなかで、直接的なふれあいをとおして、子どもの言動や表情などから、子どもの思いや考えなどを理解し、受け止め、一人ひとりの子どものよさや可能性を理解し続けていかなければならないのです。つまり、**子どもを理解すること**が保育の出発点といえるのです。

ここで、倉橋惣三*の残した文章をみていきましょう[†1]。

> 「飛びついて来た子ども」
>
> 　子どもが飛びついて来た。あっという間にもう何処かへ駆けて行ってしまった。その子の親しみを気のついた時には、もう向こうを向いている。私は果たしてあの飛びついて来た瞬間の心を、その時ぴったりと受けてやったであろうか。それに相当する親しみで応じてやったろうか。
>
> 　後でやっと気がついてのこのこ出かけて行って、先刻はといったところで、活きた時機は逸し去っている。埋めあわせのつもりで、親しさを押しつけてゆくと、しつこいといった顔をして逃げていったりする。其の時にあらずんば、うるさいに違いない。時は、さっきのあの時である。
>
> 　いつ飛びついて来るか分からない子どもたちである。

子どもを理解するということは、子どもの行動をあれこれと分析して解釈を加えることではありません。また、一般化された幼児の姿を基準に、その子どもを評価することではありません。私たちは、瞬時に子どもたちの言動や表情から思いや考えを理解し、その心に寄り添うことを大切にしなければならないのです。

3．これから求められる保育者の専門性

少子化、核家族化、都市化、国際化、情報化、女性の社会進出など、乳幼児を取り巻く環境の変化にともない、保護者や地域社会の就学前教育・保育に対してのニーズも多様化してきています。さらに保育者には、

◆ 補足
子どもを理解することとは
乳幼児と生活をともにしながら、乳幼児が今何に興味をもっているのか、何を実現しようとしているのか、何を感じているのかなどをとらえ、一人ひとりの乳幼児の理解を深めること。

👤 人物
倉橋惣三
1882～1955年
大正・昭和期の幼児教育の研究実践家。

▶ 出典
†1　倉橋惣三『倉橋惣三選集第3巻――育ての心／就学前の教育』フレーベル館、1965年、40頁

幼児期の幼児の総合的な発達を促すための基礎的な専門性に加え、**現代的課題に対応した専門性**などが求められます。そのようななか、2002（平成14）年6月に「幼稚園教員の資質向上について——自ら学ぶ幼稚園教員のために」（幼稚園教員の資質向上に関する調査研究協力者会議報告書）が出されました。報告書では、基礎的な専門性に加え、現代的課題に対応した専門性として、9項目があげられています。

これらに加え、現代社会の状況から「教育・保育の多様な現代社会の課題に応じる力」を身につけていくことが大切だといわれています。

これらの資質を身につけていくためには、養成校での学習を基盤として、子どもたちと生活をともにしながら、子どもが今何に興味をもっているのか、何を実現しようとしているのか、何を感じているのかなどをとらえ続けなければなりません。そのうえで、具体的に保育を構想し、実践力を身につけていくことが大切です。また、同僚や先輩と日常的に保育について語ったり、園内研修や園外での研修の場などを通じて、常に保育者としての資質・能力を高めていくことが求められます。

さらには、自分の得意分野を育成し、多様な保育ニーズへの対応や組織運営などの能力を磨くなど、年齢や経験に応じた資質・能力の向上を図っていくことが大切です。

2012（平成24）年8月24日に「教職生活の全体を通じた教員の資質能力の総合的な向上方策について（答申）」（中央教育審議会）が出されました。この答申では、子どもたちが21世紀を生き抜くための力を育成するため、これからの学校のあり方について「基礎的・基本的な知識・技能の習得に加え、これらを活用して課題を解決するために必要な思考力・判断力・表現力等の育成や学習意欲の向上、多様な人間関係を結んでいく力の育成等を重視する必要がある」としています。そして、今後、これらの新たな学びを支える教員に求められる資質・能力として、以下の3つがあげられています。

> ①教職に対する責任感、探究力、教職生活全体を通じて自主的に学び続ける力（使命感や責任感、教育的愛情）
> ②専門職としての高度な知識・技能
> 　・教科や教職に関する高度な専門的知識（グローバル化、情報化、特別支援教育その他の新たな課題に対応できる知識・技能を含む）
> 　・新たな学びを展開できる実践的指導力（基礎的・基本的な知識・技能の習得に加えて思考力・判断力・表現力等を育

参照
幼稚園教員に求められる専門性
→レッスン16

> 成するため、知識・技能を活用する学習活動や課題探究型の学習、協働的学びなどをデザインできる指導力）
> ・教科指導、生徒指導、学級経営等を的確に実践できる力
> ③総合的な人間力（豊かな人間性や社会性、コミュニケーション力、同僚とチームで対応する力、地域や社会の多様な組織等と連携・協働できる力）

今後、このような資質能力を有するために「**学び続ける教員像**^{*}」の確立が一層求められています。

さらには、2015（平成27）年12月21日に中央教育審議会より「これからの学校教育を担う教員の資質能力の向上について――学び合い、高め合う教員育成コミュニティの構築に向けて（答申）」が出されました。ここでは、「知識基盤社会の到来と情報通信技術の急速な発展、社会・経済のグローバル化や少子高齢化の進展など、我が国の社会は大きく変化してきた。特に近年は、人工知能の研究やビッグデータの活用等による様々な分野における調査研究手法の開発が進められており、将来、こうした新たな知識や技術の活用により、一層社会の進歩や変化のスピードは速まる可能性がある。このような変化の中、我が国が将来に向けて更に発展し、繁栄を維持していくためには、様々な分野で活躍できる質の高い人材育成が不可欠である。こうした人材育成の中核を担うのが学校教育であり、その充実こそが我が国の将来を左右すると言っても過言ではない。そのためには、学校における教育環境を充実させるとともに、学校が組織として力を発揮できる体制を充実させるなど、様々な対応が必要であるが、中でも教育の直接の担い手である教員の資質能力を向上させることが最も重要である」と述べられています。

つまり、私たち保育者には、子ども一人ひとりの生きる力の基礎を育むための質の高い教育および保育が求められているのです。

4. これからの教育・保育の方向性

1 「保育所保育指針」「幼稚園教育要領」「幼保連携型認定こども園教育・保育要領」

2017（平成29）年に改定（訂）され、2018（平成30）年に同時に施行された「保育所保育指針」（以下、「保育指針」）、「幼稚園教育要領」（以下、「教育要領」）、「幼保連携型認定こども園教育・保育要領」（以下、「教

✱ 用語解説

学び続ける教員像

「これからの社会で求められる人材像を踏まえた教育の展開、学校現場の諸課題への対応を図るためには、社会からの尊敬・信頼を受ける教員、思考力・判断力・表現力等を育成する実践的指導力を有する教員、困難な課題に同僚と協働し、地域と連携して対応する教員が必要である。また、教職生活全体を通じて、実践的指導力等を高めるとともに、社会の急速な進展の中で、知識・技能の絶えざる刷新が必要であることから、教員が探究力を持ち、学び続ける存在であることが不可欠である。『学び続ける教員像』の確立」（中央教育審議会「教職生活の全体を通じた教員の資質能力の総合的な向上方策について（答申）」2012年

育・保育要領」）においては、それぞれの施設の特性や機能を充実させる一方で、「小学校教育との接続」という共通の視点から改定（訂）が行われました。

　特に幼児教育においては、これまで保育所保育における教育は、いわゆる5領域に沿って、「教育要領」の教育内容との整合性が図られてきたことに加え、「保育指針」と「教育要領」を参酌＊し、幼保連携型認定こども園の特性を配慮して、2014（平成26）年に策定された「教育・保育要領」においても、5領域に関するねらいおよび内容などが示されており、いずれの施設に通う子どもについても、同等の内容での教育活動が確保されることが示されています。「保育指針」「教育要領」「教育・保育要領」においては、教育内容の5領域の「ねらい及び内容」の構成について、保育所、幼稚園、幼保連携型認定こども園のさらなる整合性が図られました。これらのことを踏まえた「保育指針」「教育要領」「教育・保育要領」の主な改定（訂）の方向性は次の通りです。

※ 用語解説
参酌
他のものを参考にして長所を取り入れること。ここでは、「保育指針」「教育要領」のよさ（長所）を取り入れること。

2　「保育所保育指針」改定の方向性
○0～2歳児の利用率の上昇やこの時期の保育の重要性を踏まえ、3歳以上児とは別に項目を設けるなど、乳児・1歳以上3歳未満児の保育に関する内容を充実させる。
○保育所保育も幼児教育の重要な一翼を担っていることなどを踏まえ、「幼児期の終わりまでに育ってほしい姿」を意識した保育内容や保育の計画・評価のあり方など、保育所保育における幼児教育の積極的な位置づけを行う。主体的な遊びを中心とした教育内容に関して、幼稚園、幼保連携型認定こども園との整合性を引き続き確保する。
○子どもの育ちをめぐる環境の変化を踏まえた健康および安全の記載の見直し、食育の推進、安全な保育環境の確保などに関して、内容を充実させる。
○保護者と連携して「子どもの育ち」を支えるという視点をもって、子どもの育ちを保護者とともに喜び合うことを重視するとともに、保育所が行う地域における子育て支援の役割について充実させる。
○職員の資質・専門性の向上について、保育士のキャリアパスの明確化とそれを見据えた研修機会を充実させる。

3　「幼稚園教育要領」改訂の方向性
○幼児教育で育みたい資質・能力として、「知識・技能の基礎」「思考力・判断力・表現力等の基礎」「学びに向かう力・人間性等」の3つを、

それまでの教育要領等の5領域（「健康」「人間関係」「環境」「言葉」「表現」）を踏まえて、遊びを通しての総合的な指導により一体的に育む。
○ 5歳児の幼稚園修了時までに育ってほしい具体的な姿（「健康な心と体」「自立心」「協同性」「道徳性・規範意識の芽生え」「社会生活との関わり」「思考力の芽生え」「自然との関わり・生命尊重」「数量・図形、文字等への関心・感覚」「言葉による伝え合い」「豊かな感性と表現」）を明確にし、幼児教育の学びの成果が小学校と共有されるよう工夫・改善を行う。
○ 自己制御や自尊心などのいわゆる非認知的能力の育成など、現代的な課題を踏まえた教育内容の見直しを図るとともに、預かり保育や子育ての支援を充実する。
○「教育要領」の改訂内容を踏まえ、「保育指針」および「教育・保育要領」の改定（訂）内容との整合性が図られるとともに、幼稚園と小学校の接続と同様に、保育所および幼保連携型認定こども園についても、小学校との円滑な接続が一層推進されることが望まれる。

4　「幼保連携型認定こども園教育・保育要領」改訂の方向性

○「教育要領」と「保育指針」の改訂（定）の方向性を受けて、「教育・保育要領」の改訂内容に反映させる。
○ 在園期間や時間などが異なる多様な園児がいることへの配慮、2歳児から3歳児への移行にあたっての配慮、子育ての支援にあたっての配慮など、幼保連携型認定こども園として特に配慮すべき事項について充実させる。

5　幼児教育において育みたい資質・能力

　幼児期に育みたい資質・能力についても、「高等学校を卒業する段階で身につけておくべき力は何か」「義務教育を終える段階で身につけておくべき力は何か」という観点を共有しながら、教育・保育を行っていかなければなりません。

　幼児教育においては、幼児期の特性から、この時期に育みたい資質・能力は、小学校以降のような、いわゆる教科指導で育むのではなく、幼児の自発的な活動である遊びや生活のなかで、感性を働かせて美しさを感じ取ったり、不思議さに気づいたり、できるようになったことなどを使いながら試したり、いろいろな方法を工夫したりすることなどを通じて育むことが大切です。このため、2016（平成28）年12月の中央教育審議会「幼稚園、小学校、中学校、高等学校及び特別支援学校の学習指

導要領等の改善及び必要な方策等について（答申）」においては、資質・能力を養うための3つの柱を、幼児教育の特質を踏まえ、より具体化したものとして、次のように整理しています。

> ①「知識・技能の基礎」（遊びや生活の中で、豊かな体験を通じて、何を感じたり、何に気付いたり、何が分かったり、何ができるようになるのか）
> ②「思考力・判断力・表現力等の基礎」（遊びや生活の中で、気付いたこと、できるようになったことなども使いながら、どう考えたり、試したり、工夫したり、表現したりするか）
> ③「学びに向かう力・人間性等」（心情、意欲、態度が育つ中で、いかによりよい生活を営むか）

これらの実現にあたっては、幼児教育の特質から、幼児教育において育みたい資質・能力は、個別に取り出して身につけさせるものではなく、遊びを通しての総合的な指導を行うなかで、「知識・技能の基礎」「思考力・判断力・表現力等の基礎」「学びに向かう力・人間性等」を一体的に育んでいくことが大切です。

このように、「高等学校を卒業する段階で身につけておくべき力は何か」「義務教育を終える段階で身につけておくべき力は何か」について、幼児教育、小学校教育、中学校教育、高等学校教育それぞれのあり方を考えつつ、幼児教育から中・高等学校教育までを通じた見通しをもって取り組んでいくことが、この3つの柱で明確にされています。

6 幼児教育と小学校教育の接続

先に述べたように、「知識・技能の基礎」「思考力・判断力・表現力等の基礎」「学びに向かう力・人間性等」の3つの資質・能力を身につけていくためには、幼小、小中、中高の学びの連携・接続が必要とされます。学校段階ごとの特徴を踏まえつつ、前の学校段階での教育が次の段階で生かされるよう、学びの連続性を確保していくことが大切です。そこで、見通しをもって幼児教育と小学校教育の円滑な接続を図る観点から、10項目に整理した「幼児期の終わりまでに育ってほしい姿」を「教育要領」等に新たに位置づけました。

この10項目は、2014（平成22）年にとりまとめられた「幼児期の教育と小学校教育の円滑な接続の在り方について（報告）」を手掛かりに、3つの柱を踏まえつつ、明らかにしています。以下で「幼児期の終わり

▶ 出典
†2 「幼稚園教育要領」第1章第2「幼稚園教育において育みたい資質・能力及び『幼児期の終わりまでに育ってほしい姿』」3

までに育ってほしい姿」について、2017（平成29）年改訂の「教育要領」からみていきましょう[†2]。

> **（1）健康な心と体**
> 　幼稚園生活の中で、充実感をもって自分のやりたいことに向かって心と体を十分に働かせ、見通しをもって行動し、自ら健康で安全な生活をつくり出すようになる。
>
> **（2）自立心**
> 　身近な環境に主体的に関わり様々な活動を楽しむ中で、しなければならないことを自覚し、自分の力で行うために考えたり、工夫したりしながら、諦めずにやり遂げることで達成感を味わい、自信をもって行動するようになる。
>
> **（3）協同性**
> 　友達と関わる中で、互いの思いや考えなどを共有し、共通の目的の実現に向けて、考えたり、工夫したり、協力したりし、充実感をもってやり遂げるようになる。
>
> **（4）道徳性・規範意識の芽生え**
> 　友達と様々な体験を重ねる中で、してよいことや悪いことが分かり、自分の行動を振り返ったり、友達の気持ちに共感したりし、相手の立場に立って行動するようになる。また、きまりを守る必要性が分かり、自分の気持ちを調整し、友達と折り合いを付けながら、きまりをつくったり、守ったりするようになる。
>
> **（5）社会生活との関わり**
> 　家族を大切にしようとする気持ちをもつとともに、地域の身近な人と触れ合う中で、人との様々な関わり方に気付き、相手の気持ちを考えて関わり、自分が役に立つ喜びを感じ、地域に親しみをもつようになる。また、幼稚園内外の様々な環境に関わる中で、遊びや生活に必要な情報を取り入れ、情報に基づき判断したり、情報を伝え合ったり、活用したりするなど、情報を役立てながら活動するようになるとともに、公共の施設を大切に利用するなどして、社会とのつながりなどを意識するようになる。
>
> **（6）思考力の芽生え**
> 　身近な事象に積極的に関わる中で、物の性質や仕組みなどを感じ取ったり、気付いたりし、考えたり、予想したり、工夫し

たりするなど、多様な関わりを楽しむようになる。また、友達の様々な考えに触れる中で、自分と異なる考えがあることに気付き、自ら判断したり、考え直したりするなど、新しい考えを生み出す喜びを味わいながら、自分の考えをよりよいものにするようになる。

（7）自然との関わり・生命尊重
自然に触れて感動する体験を通して、自然の変化などを感じ取り、好奇心や探究心をもって考え言葉などで表現しながら、身近な事象への関心が高まるとともに、自然への愛情や畏敬の念をもつようになる。また、身近な動植物に心を動かされる中で、生命の不思議さや尊さに気付き、身近な動植物への接し方を考え、命あるものとしていたわり、大切にする気持ちをもって関わるようになる。

（8）数量や図形、標識や文字などへの関心・感覚
遊びや生活の中で、数量や図形、標識や文字などに親しむ体験を重ねたり、標識や文字の役割に気付いたりし、自らの必要感に基づきこれらを活用し、興味や関心、感覚をもつようになる。

（9）言葉による伝え合い
先生や友達と心を通わせる中で、絵本や物語などに親しみながら、豊かな言葉や表現を身に付け、経験したことや考えたことなどを言葉で伝えたり、相手の話を注意して聞いたりし、言葉による伝え合いを楽しむようになる。

（10）豊かな感性と表現
心を動かす出来事などに触れ感性を働かせる中で、様々な素材の特徴や表現の仕方などに気付き、感じたことや考えたことを自分で表現したり、友達同士で表現する過程を楽しんだりし、表現する喜びを味わい、意欲をもつようになる。

この「幼児期の終わりまでに育ってほしい姿」は、5領域の内容などを踏まえ、特に5歳児の後半にねらいを達成するために、教員が指導し幼児が身につけていくことが望まれるものを抽出し、具体的な姿として整理されたものです。それぞれの項目が個別に取り出されて指導されるものではありません。

幼児教育は環境をとおして行うものであり、幼児の自発的な活動とし

ての遊びをとおしてこれらの姿が育っていくことに、留意することが大切です。そして、「幼児期の終わりまでに育ってほしい姿」を念頭に置きながら、5歳児だけでなく、3歳児、4歳児においても、5領域にわたって指導を行うことが大切です。つまり、3歳児、4歳児それぞれの時期にふさわしい指導の積み重ねが、この「幼児期の終わりまでに育ってほしい姿」につながっていくのです。

このように、保育所、幼稚園、幼保連携型認定こども園と小学校の教員が、「幼児期の終わりまでに育ってほしい姿」を共有することにより、幼児教育と小学校教育との接続の一層の強化が図られることが期待できます。

これから乳幼児期の教育・保育の重要性がますます高まるなかで、私たちは、保育・教育が子どもたちの将来に大きな影響を与えるということを常に自覚し、責任をもって、保育者としての道を歩まなければならないのです。

演 習 課 題

①自分の目指す保育者像について考えましょう。また、その目標達成のために、どのように学んでいくかについて考えましょう。
②保育士、幼稚園教諭、保育教諭の果たすべき共通する役割について、まとめましょう。
③「保育所保育指針」「幼稚園教育要領」「幼保連携型認定こども園教育・保育要領」の法的位置づけと制度の違いについて考えましょう。

レッスン **2**

保育者という仕事

乳幼児期における子どもの心身の発達は、自分の興味や関心に基づいて周囲の環境と関わることによって得る、直接的・具体的な体験をとおして促されていきます。このレッスンでは、子どもたちが発達に必要な経験をみずから得ていけるようにするために、保育者が果たす役割について学びます。

1. 乳幼児期にふさわしい生活

　保育所、幼稚園、幼保連携型認定こども園（以下、園）生活において一人ひとりの子どもが、自然な生活の流れのなかでさまざまな出来事に出合い、心を動かす体験を積み重ねていくことは、乳幼児期の子どもたちの育ちにとって、とても重要な意味をもちます。たとえば、園庭のピラカンサの実を集めてごちそうやケーキをつくることを楽しんだ子どもたちは、今日も続きをしたいと思って登園してくることでしょう。

　子どもたちの意思や必要感からつくりだされていく活動は、子どもにとって必然性があります。一人ひとりの子どもが、「おもしろい」「不思議だ」「もっといっぱいやりたい」などの満足感や充実感が味わえるように、乳幼児期にふさわしい生活の場を豊かにつくっていくことが重要です。

1　興味や関心に基づいた直接的な体験が得られる生活

　子どもたちには、自分の身の回りにあるものや事柄などに興味や関心を抱くと、そばに行って見たりさわったりして、自分なりに関わろうとする知りたがり屋、やりたがり屋といった側面があります。子どもが抱く「関わりたい」という思いから、ものや人、周囲に起こる出来事などとの深い関わりが成り立ちます。

　子どもたちは、自分の興味や関心から生じた活動を十分に行うことによって充実感や満足感を味わうことができ、さらに興味や関心を高めていきます。そのために、子どもたちがみずからの意思で願いや期待をもち、自分の力を発揮して主体的に環境と関わることができるようにすることが大事です。

2 保育者との信頼関係に支えられた生活

　乳幼児期は、自分のまわりにいる大人に受け止められ認めてもらい、守られているという安心感から情緒が安定し、自分の世界を広げ自立した生活に向かっていきます。同時に、子どもたちは自分を守り、受け入れてくれる大人を信頼します。つまり、大人を信頼するという確かな気持ちが育ちを支えていきます。

　そのためには、園生活において、一人ひとりの子どもが信頼する保育者に受け止められ、見守られている生活がしっかり保たれ、安心感をもてることが大切になります。そして、子どもたちが自分らしさを発揮して活動を展開していくためには、必要とするときに保育者から適切な援助を受けて活動を深めたり、自分の力でいろいろな活動に取り組む体験を積み重ねていけることが必要となります。

3 友だちと十分に関わって展開する生活

　子どもたちは、まわりにいる友だちの存在に気づくと、友だちと遊びたいという気持ちがふくらみ、友だちとの関わりを深めていきます。友だちとお互いに関わるなかで、自分自身の存在感を確認し、自分と友だちの違いに気づき、他者への思いやりを深め、集団で活動する意識も高まり、自律性を身につけていきます。友だちと関わって展開していく生活を大事にすることも重要です。

2. 教育・保育における保育者の多様な役割

　子どもたちは、自分ときちんと向き合ってくれる保育者や、自分のことをわかってくれる保育者がそばにいることで、安心して園での生活を展開していきます。保護者のもとを離れて生活する子どもたちにとって、保育者は心の支えとして求められています。

　登園時の子どもたちを見ていると、前日の遊びの続きを楽しみに園に走り込んでくる子どももいれば、母親との別れがつらくて涙をこぼす子ども、保育室の入り口でじーっと友だちの遊びを眺めている子どもなど、いろいろな姿があります。このように、さまざまな表情を見せながら子どもたちの、一日の園生活がスタートするわけですが、うれしい思いも、悲しい思いも、言葉にならない思いも、まるごとすべてを受け止めてくれる保育者の存在が、子どもたちにとってとても重要です。単に安全を確保するだけの関わりや、見回りだけでは、保育者の責任を果たすこと

はできません。保育者には教育・保育における専門家として、多様な役割が求められています。

1 ていねいな子ども理解

　乳幼児期にふさわしい教育・保育を実現していくために、まず必要なことは、一人ひとりの子どもに対する理解を深めることです。つまり、子どもを理解することが、乳幼児期における教育・保育の出発点となるのです。子どもの姿を保育者がどのように読み取るかによって関わり方が異なり、指導の方向性が変わってきます。たとえば、ブランコに乗って遊んでいる子どもたちを見て、「AちゃんとBちゃんはずーっとブランコをこいでいる……。ブランコの揺れが楽しいんだろうか」ととらえることもできるでしょうし、「AちゃんとBちゃんは、2人で顔を見合わせてにこにこ笑いながらブランコに乗っている。2人でいるのが楽しいのかな」ととらえることもできます。保育者の子どもの見方によって、いろいろな理解ができますが、「AちゃんとBちゃんが、ブランコで遊んでいる」ということだけでは、子どもの行動の意味を理解することはできません。

　子どもたちの活動の意味を受け止めるためには、子どもと活動をともにしながら、関わり合いを通して保育者自身が感じ取っていくことが何よりも大切になります。何が楽しくてこうしているのだろう、何に興味があるのだろう、何を実現したいと思っているのだろうなど、前後のつながりや周囲の状況などと関係づけてとらえていくことによってはじめて、その子どもの心の動きが少しずつ理解できるようになってきます。子どもが見せている姿にはどのような背景があるのかということをしっかり見極めたうえで理解していくことが、保育者には求められます。保育者の見方次第で、表面的な行動の理解だけで終わることもあれば、内面を深く読み取るということもできます。子どもたちのそれまでの動き、表情、言葉やつぶやきなどを手がかりにして、目に見えない内面の理解に努め、保育者の一方的な理解にとどまらないていねいな理解が大切です。

　また、子どもに対する的確な理解を深めていくためには、日ごろから同僚や先輩などと、具体的な子どもの姿を通して、子どもの姿について話し合うことも必要です。子どものことについて話をする場は、園内での研修の場だけではありません。子どもたちが帰ったあと、片づけや掃除をしながら話したり、廊下ですれ違ったときに情報交換をするなど、インフォーマルな場でも子どもの様子を話し合うことを重ねることが大切になります。

2　一人ひとりの子どもの育ちを支える

　保育者は担任するクラスの子どもを見ていきますが、一人ひとりの子ども発達の姿は、必ずしも一様ではありません。乳幼児期は、月齢差や生活経験の違いからも、人やものの見方や受け止め方、感じ方や関わり方、考え方などに個人差があり、年齢が小さいほど個人差が大きいという特性があります。保育者はこうした一人ひとりの個性や発達を踏まえ、その子らしさが損なわれないように指導することが大切です。だからといって、個々の子どもの要求にいつも応えることを意味するというものではありません。すべての要求に応じていると、子どもの要求に振り回され、関わりが中途半端になるばかりでなく、子どもの不安や不信感を生むことにもなりかねません。また、必要以上に子どもの要求に応じてしまうと、依存度が強くなり、自立を妨げることにもなりかねません。

　子ども一人ひとりに応じた教育・保育を進めていくためには、保育者が、子どもの要求や行動の背後にある内面の動きを読み解くことが大切です。内面の理解を図ることによって、一人ひとりの育ちに応じた指導を導き出していくことが可能となります。保育者には、その子どもの育ちにとってどのような経験が必要であるかを瞬時に的確に判断することが求められます。

　一方、園などにおいては、集団で教育・保育を行うことから、子ども同士が相互の関わりを通して育つことが期待されます。たとえば苦手なことや、やりたくないと思う場面に出合ったとき、仲のよい友だちが楽しそうにしている様子に引き寄せられてやってみようという気持ちになったり、自分では思いつかないような友だちのアイデアによって、活動が豊かに展開できたり、大勢の友だちと協力したからこそ、一人ではつくることができないほど大きなものができたりというような喜びを味わうことができます。子どもたちが豊かな体験を重ねることができるようにするためには、子ども一人ひとりの発達の特性を生かす集団をつくっていくことが大事です。

3　環境の構成

　一人ひとりの子どもが安心して毎日の園生活を送ることができるようにするために、保育者には、子どもとともによりよい環境をつくり上げていくことが求められます。環境を構成する際には、子どもの思いや願いを受け止め、子どもとの信頼関係を築いていくことが重要になります。また、環境構成は固定的にとらえるのではなく、子どもの活動に応じて再構成が必要な場合があります。ですから、環境構成は変化するものと

してとらえていくことが大切です。

　また、環境構成は、バラバラに考えるのではなく、それぞれが関連をもって結びついていることが大切で、子どもたちの動きを見ながら、機能的に活動できるよう配慮することが必要となります。

　環境構成の具体例を考えてみましょう。入園・進級当初は遊具をすべて片づけておくのではなく分類・整理して用意しておくことにより、関わってみたくなる状況が生まれます。低年齢児のクラスなどでは、遊びかけの状態で子どもたちを迎えるようにしておくことで、安心して活動に取り組んでいくことができます。

　そして、子どもたちが園に慣れたときには、子どもの要求があって遊具や用具を出すこともあるでしょうし、園がすっかり自分たちのものとなっている時期には、活動に必要な遊具や用具、素材を、子どもたちと一緒に探しながら、環境をつくっていきます。子どもたちの育ちや経験を把握したうえで環境を構成することが望まれます（写真2-1）。

　保育室の環境が一年中ほとんど変わりのない状態では、子どもたちの意欲を引き出すことはできません。保育者は、子どもたちにどのような育ちを期待し、そのためには何を経験させたいのか明確な見通しをもって、環境の構成をしていかなければなりません。いつも同じ遊具が、同じところに同じだけあるのでは、環境構成の意味をもちません。教育・保育環境は子どもの育ちを促すものであることから、子どもたちが思わず関わりたくなるような、生きた状況をつくっていくことが求められます。

写真2-1　3歳児4月の環境

遊びかけの状態にして子どもを迎える。

子どもたちが遊び始めた状態。

それぞれの思いで遊びを展開。

3. 実際の保育のなかでの保育者の役割

一人ひとりの子どもが着実な発達を遂げていくためには、保育者は子どもたちの活動の場面に応じて、さまざまな役割を果たさなければなりません。保育者の担う役割はきわめて重要であることから、保育者の役割について、「幼稚園教育要領」には次のように示されています[†1]。

> 幼児の主体的な活動を促すためには、教師が多様な関わりをもつことが重要であることを踏まえ、教師は、理解者、共同作業者など様々な役割を果たし、幼児の発達に必要な豊かな体験が得られるよう、活動の場面に応じて、適切な指導を行うようにすること。

「保育所保育指針」では、子どもたちが多様な経験を重ねていくことができるよう、「保育全般に関わる配慮事項」の一つに次のことが示されています[†2]。

> 子どもが自ら周囲に働きかけ、試行錯誤しつつ自分の力で行う活動を見守りながら、適切に援助すること。

また、「幼保連携型認定こども園教育・保育要領」においては、乳幼児期における教育および保育は、子どもの健全な心身の発達を図りつつ生涯にわたる人格形成の基礎を培うものであり、保育教諭等の担う役割はきわめて重要であるとし、保育教諭などの役割について次のように示されています[†3]。

> 園児の主体的な活動を促すためには、保育教諭等が多様な関わりをもつことが重要であることを踏まえ、保育教諭等は、理解者、共同作業者など様々な役割を果たし、園児の情緒の安定や発達に必要な豊かな体験が得られるよう、活動の場面に応じて、園児の人権や園児一人一人の個人差等に配慮した適切な指導を行うようにすること。

実際に保育者が子どもたちと関わっていく場面では、さまざまな役割が相互に関連しています。ですから、状況に応じて柔軟に対応していく

▶出典
[†1]「幼稚園教育要領」第1章第4「指導計画の作成と幼児理解に基づいた評価」3（7）

▶出典
[†2]「保育所保育指針」第2章4「保育の実施に関して留意すべき事項」（1）ウ

▶出典
[†3]「幼保連携型認定こども園教育・保育要領」第1章第2「教育及び保育の内容並びに子育ての支援等に関する全体的な計画等」2（3）ク

きめ細やかな対応が大切になります。

1 活動の理解者としての役割

　子どもたちの主体的な活動を促し、遊びの充実を図っていくためには、保育者は子どもたちが行う活動の理解者であることが求められます。子どもたちの活動を把握しようとすると、単に見回るだけでは、子どもたちが何を楽しんでいるのか、何にとまどっているのかなどについて理解することができません。また、保育者が一つの活動だけにとどまってしまうと、ほかの子どもたちの要求に応じることができなくなり、それぞれの子どもの思いや願いを実現する援助が難しくなってしまいます。

　一方、子どもたちが、保育者が意図する活動をできているかどうかという見方をしてしまうと、個々の子どもたちが経験していることが見えなくなってしまいます。

　保育者が子どもたちの活動を理解していくためには、子ども一人ひとりがこれまでの生活や遊びのなかでどのような経験をしてきているのか、そして今取り組んでいる活動ではどのようにしたいと思っているのか、ということをとらえることが重要になります。子どもたちの活動を理解していくためには、今のクラスだけでなく、これまでのクラスで経験したことも含めて考えていくことが大切になります。そして、園での生活だけでなく、家庭での経験も踏まえて理解していくことも必要になってきます。これらがすべて活動を理解するための大切な資源となります。

　たとえば、秋の自然に関心をもち、自分なりのイメージをもって絵を描くことを楽しむ経験を願うとき、子どもたちはこれまでに、どのように自然と親しむ経験を積んできたのかということを理解する必要があります。また、絵を描く経験やそれに対する思いはどうか、描くための素材や材料とどのように関わってきたのか、汚れに対する思いはどうかなど、子どもたちがどのような経験を重ねてきたのかを踏まえることも必要になります。

　そのように考えることで、子どもたちは、自分のもつ力を発揮できるようになり、活動の充実につながります。表面的な活動の流れだけを追っていたのでは、子どもたちの発達を促す教育・保育を生み出すための手がかりが見えにくくなってしまいます。一人ひとりの子どもがどのような思いで活動に取り組んでいるのか、その活動の意味を受け止めて理解していくことが大切です。

2 共同作業者・共鳴者としての役割

子どもたちの活動を充実させるためには、保育者が子どもたちとともに活動し、一緒に楽しんだり、驚いたり、不思議に思ったりすることが大切になります。

エピソード①　5歳児・11月の事例

園庭の大きなイチョウの木から、黄色く色づいた葉が一斉に舞い散る様子に気づいた子どもたちが、「すごい！」「見て！」と、外に飛び出して行きました。イチョウの木の下に行くと、子どもたちは両手を上に広げて全身でイチョウの葉を受け止めます。子どもたちの喜ぶ様子を見て、保育者も子どもたちと一緒にイチョウの葉を受け止めていると、子どもたちが「こんなにとった」「とれた！　とれた！」「私も！」など、自分がとったイチョウの葉を友だちや保育者に見せ、イチョウの葉との関わりを楽しんでいました。「これ、大きい」と、思いがけず大きい葉を見つけると、その大きさに驚いたり不思議に思ったり、また自分が受け止めた葉の量のすごさに気づき、受け止め方の工夫をするなどして、言葉や動きに表しながらイチョウとの関わりを続けていました。

保育者は子どもが見つけた葉の大きさに驚いたり、量の多さに共感したり、また「どうやってそんなにいっぱいとったの？」ととり方を尋ねたり、自分が見つけた変わった形をした葉を子どもに見せたりして、イチョウの木からたくさんの葉が落ちてくる様子を、子どもたちと楽しみました。

その後、昼食を食べ終えた子どもがふと園庭を見て「イチョウの木が、はだかんぼ！」と言った声に、ほかの子どもも保育者も誘われ、窓からじーっと園庭のイチョウの木を見つめていました。

次の朝、登園した子どもたちは、イチョウの木の下で「黄色いじゅうたんみたい」と歓声をあげ、イチョウの落ち葉の上に寝っころがったり、落ち葉を両手いっぱいにすくいあげて降らせ、「葉っぱの雨！」と雨に見立てたりして、全身で落ち葉との関わりを楽しんでいました。

◆補足

エピソード、インシデント

「エピソード」は、一つの「場面」や「状況」を切り取ったもの。後述の「インシデント」は、そこに「問題」や「課題」が生じているものを指す。

北風や舞い落ちるイチョウの葉を思いきり全身で受け止める遊びは、この時期にしか楽しめません。子どもたちはそれぞれの思いで動いていますが、保育者も、子どもたちと同じように動いたり、同じ目線に立ってものを見たりすることによって、子どもの心の動きや行動がわかるようになってきます。子どもにとっても、保育者と一緒に活動する楽しさは、活動に集中することへとつながっていきます。

　「幼稚園教育要領」の解説では、保育者（教師）の役割について次のように示されています[†4]。

> 　幼児は自分の思いを言葉で表現するだけではなく、全身で表現する。幼児に合わせて同じように動いてみたり、同じ目線に立ってものを見つめたり、共に同じものに向かってみたりすることによって、幼児の心の動きや行動が理解できる。このことにより、幼児の活動が活発化し、教師と一緒にできる楽しさから更に活動への集中を生むことへとつながっていく。

　決して子どもの思いや考えを保育者の意図した方向へ向くように誘導するのではなく、子どもの声に耳を傾け、ともに活動し、ともに考えることが、活動の充実を図る大切な要因になります。子どもたちとともに生活していると、子どもたちの気づきや驚き、発見、工夫など、いろいろな姿や表情に出合うことができます。

▶ 出典
†4　文部科学省「幼稚園教育要領解説」2019年、第1章第4節3「指導計画の作成上の留意事項」（7）

3　モデルとしての役割

　子どもたちは、身の回りの事柄を無意識のうちに吸収していきます。保育者の言葉、人との関わり方、生活のしかた、やっていいことや悪いことなど、保育者の行動や言葉、保育者の振る舞いをもとに判断します。日ごろの生活様式や価値観などが表れてきますので、保育者は日常の生活のあり方に気をつけて過ごすよう心がけなければなりません。

　また集団のなかで、保育者がそれぞれの子どもとどのように関わっているのかということを、子どもたちはよく見ています。どの子どもにも自分を認めてほしいと思う気持ちがありますので、それぞれの子どもの、その子らしいよさを認め、励ますことが大事になります。このような関わりを通して、子どもとの信頼関係を深めていきます。子どもたちは、保育者の否定的な関わりや不公平な関わりも、よく見ています。子どもたちにとって、保護者はいろいろな意味で模倣の対象であり、モデルとなっていることを意識しておかなければなりません。

子どもたちは、保育者が活動する姿を憧れのまなざしで見ています。「先生のようにやってみたい」という思いから、ものや道具などとの新たな出会いがあり、試したり工夫したりして自分の遊びに取り入れていきます。子どもたちは、保育者を**ロールモデル**＊として学んでいくのです。

✽用語解説
ロールモデル
子どもにとって具体的な行動や考え方の模範となる人物のこと。

エピソード②　4歳児・4月の事例

　保育室前の木陰にテーブルを準備し、咲き終わったパンジーの花とともに、プリンカップや割りばし、水を入れたペットボトルなどを用意していると「先生、何してるの？」と、子どもたちが集まってきました。保育者が、「お花で色水つくろうかなーと思って」と答えました。プリンカップにパンジーの花を入れ、水を加えて割りばしで花を押しつぶしていると、HちゃんやSちゃん、Mちゃんたちが「むらさきのけむりみたい」「色が変わった」など、気づいたことを口々に言いながら、保育者が使っている道具を手にし、「私もつくりたい」と色水づくりが始まりました。

　しばらくすると、Sちゃんがうつむきかげんで保育者の隣に来て、「先生みたいにならない」と、小さな声で保育者につぶやきました。「おはしでこうして、もっとつんつんするといいよ」と言いながら、保育者もSちゃんと一緒に、割りばしでプリンカップの中のパンジーの花を押していると、Sちゃんが今度は明るく弾んだ声で「見て、見て！」と、黄色くなった色水をまわりにいる友だちに見せていました。

4　援助者としての役割

　子どもたちの活動に、課題が生じたり、活動が深まってきたりするときには、保育者の援助が必要になります。

エピソード③　3歳児・10月の事例

　Aちゃんが、砂場の横に置いてあった三輪車を見つけて乗ろうとしたとき、砂場で遊んでいたKちゃんがすぐに来て、「私の！」と、

Aちゃんが握った三輪車のハンドルの手を払いのけました。Kちゃんの思いがけない言動に、Aちゃんはその場に立ちすくんで泣き出しましたが、KちゃんはAちゃんから三輪車を取ると、もとの砂場に戻っていきました。泣いているAちゃんに気づいた保育者は、Aちゃんの側に行ってAちゃんの思いを聞き、三輪車が使いたいことをKちゃんに伝えますが、「私の」と強い調子で言い、Aちゃんに譲ろうとしません。そこで保育者は「Kちゃんが終わるまで待っていようか」とAちゃんに相談すると、Aちゃんが保育者のほうを見てうなずいたので、保育者はKちゃんに「終わったらAちゃんに貸してあげてね。ここで待っていい？」と尋ねると、Kちゃんは小さな声で「うん」と返事をしました。
　保育者がAちゃんと一緒に、Kちゃんが貸してくれるのを楽しみに待っていると、Aちゃんの表情も徐々にゆるみ、涙は止まりました。しばらく待っていると、Kちゃんは砂場のそばに置いてある三輪車を持ってきて、小さな声で「使っていいよ」と、Aちゃんに渡しました。

　三輪車で遊んでいたKちゃんですが、砂遊びをしたくなり、使っていた三輪車を自分のそばに置いて砂場に移りました。今のKちゃんには三輪車は必要ないのですが、Kちゃんは、今乗りたいAちゃんの思いを受け入れることができませんでした。3歳児期の子どもにとって、相手の思いを理解したり先の見通しをもったりするのが難しいことをとらえ、それぞれの思いを仲立ちする保育者の関わりが必要だと考えました。そこで、この事例では、保育者は、AちゃんとKちゃんの思いを確かめながら、Kちゃんが貸してあげようという思いになるのを、Aちゃんと一緒に待つ関わりを行っています。
　保育者の援助は、どのようなときに、どういう方法で行えばよいのかということについて、一口にこの方法でとはいえません。子ども一人ひとりの発達や、その場の状況などに応じた援助を行うことにより、子どもは、自分自身で気持ちを切り替えるきっかけをつくり、新たな展開につなげることができるようになります。それぞれの子どもの思いに沿った関わりを心がけることが大切です。

4．保育者同士の協働的な関わり

　子どもたちは、園のさまざまな場所で活動を展開しています。保育者には、子どもたちの活動を把握し、適切な援助を行うことが求められていますが、ある子どもやあるグループとだけ関わっていると、ほかの子どもを十分には把握できなくなってしまいます。一人ひとりの子どもが主体的に環境と関わって活動を展開し、充実感や満足感を味わっていけるように援助するためには、保育者同士が協力して園全体で保育にあたることが必要です。

　忙しい毎日のなかでは時間をとることが難しい場合もありますが、保育者同士支え合ったり励まし合ったりして、子どもたちの教育・保育に取り組む園の環境をつくっていくことが求められます。そのためには、日ごろから気軽な雰囲気のなかで、子どものことや保育の悩みなどについて話し合うことを大事にしなければなりません。また、それぞれの保育者がもつ得意分野を生かすことで、子どもたちの新たな興味や関心を引き出すことができます。子どもたちが充実感や満足感を味わうことは、子どもの豊かな成長につながっていきます。園の保育者同士が、コミュニケーションを大切にしながらそれぞれの持ち味を生かすことによって、園全体で一人ひとりの子どもに対して柔軟に対応することができるようになります。

　また、特別な支援を必要とする子どもに対する対応については、園の保育者全員での共通理解と協力体制が必要です。特に、障害のある子どもについては、障害の種類や程度などに関する専門的な知識や技能が求められます。外国籍の子どもについては、文化の違いや言葉についての理解や配慮をしたうえで、子どもや保護者とともに園全体で考えていくような積極的な関わりが求められます。

　子どもたち一人ひとりが安心感をもって活動に取り組み、発達に必要な経験を積み重ねていくためには、保育者が心を合わせて教育・保育に取り組んでいくことが重要です。

演習課題

①子どもの活動している姿を記録にとり、読み取ったことをグループで話し合いましょう。

②子どもと保育者との関わりの場面について記録をとり、保育者はどのような役割を果たしていたのか具体的に考えてみましょう。
③組織で教育・保育を進めていくうえで、保育者間の協力体制をつくっていくことは不可欠です。協力体制の構築のためには、どのような日ごろの取り組みが必要でしょうか。

レッスン3
教職観の変遷

このレッスンでは、保育者がどのように世間に受け入れられてきたかについて「教職観の変遷」という視点から説明します。教師のイメージや理想像は、先人である思想家がまず先駆的に切り拓いていくものです。しかし、多くの場合、その時代の人々には理解されず、後世になってようやく一般化されるものです。その痕跡を取り上げながら、教職観の変遷についてみていきます。

1. 古代ギリシア

　学校のはじまりは、古代ギリシアにあります。古代ギリシアにおいては、教師は、もっぱら**スコレー***という学校のなかでみずからの職務を遂行していました。すでに紀元前600年ごろには、学校というものがあったといわれています。

　スコレーとは暇の意味で、時間に余裕のある者が、人生の真理とは何か、自然の真理とは何かを学ぶところでした。教師の役割は、子どもたちに生活に必要な事柄を教えるというよりは、むしろ物事の真理を知識として教えることが中心となっていました。

　古代ギリシア、**アテナイ***の学校では、ムシケーと呼ばれる学芸が教えられ、ギュムナスティケーと呼ばれる体育によって体を鍛練することが子どもたちに求められていました。学芸では、特に情緒に訴えかけるものが重視されました。なぜかというと、理屈を理解できない子どもには、感情に訴える働きかけが有効だと考えられていたからです。

　体を鍛えるという点に特に傾注したのが、古代ギリシアのポリス、**スパルタ***でした。「スパルタ教育」という言葉が残っているように、当時、スパルタは、国家をあげて強靭な兵隊を養成するために全力を傾けました。一説では、「鞭で打たれても平気な子ども、暗闇のなかに置かれても平然と耐える子ども」が理想とされたとされています。教師の仕事は、国家の教育機関のなかで、こうした子どもへと鍛え上げていくことでした。

　古代ギリシアでは、アテナイのように学芸や体育を重視するのではなく、知識を切り売りして、それをみずからの職務とする教師たちもいました。いわゆる**ソフィスト***です。彼らは、教育方法としては「**注入主義***」の立場をとっていました。

　ソフィストとは逆の立場をとったのが**ソクラテス***でした。ソクラテスは、

※ 用語解説

スコレー
スコレーは、schoolの語源となった。当時、生活に追われる人々は、学校に行くことができなかった。余裕のある時間という言葉が、学校をも意味していた。

※ 用語解説

アテナイ
古代ギリシアのポリスの一つ。ここで教えられたムシケーはmusicの語源、ギュムナスティケーはgymnasticsの語源となった。

スパルタ
古代ギリシアのポリスの一つ。ポリスをあげて厳格な教育を行っていたので、しばしばアテナイと対比される。

ソフィスト
古代ギリシアにおいて高度な知識を教えるために登場した職業人としての教師。

注入主義
水を器に注ぐように、知識を子どもに与え、暗記させる手法。

知識を注入するのではなく、むしろ人間のなかにある能力を引き出そうとしました。彼が実際に対象としたのは、乳幼児ではなく、アテナイの青少年でした。ソクラテスは、彼らのなかにある善なる心を呼び覚ますことがみずからの使命だと考えました。人間は誰しも、知っていると思えば学ぼうとはしません。むしろ、自分は知らないということを知っているからこそ、学ぼうとする姿勢が生まれるのです。ソクラテスはこの視点に立ち、知らないということを自覚していること、つまり「無知の知」こそが最高の知であるという認識に到達しました。この意味から、ソクラテスは、子どもの素質・能力を引き出す「**開発教授***」の父、人類の教師とみなされ、今日に至っています。今日の教職観も、基本的にはこの立場から出発しています。

しかし、あまりに偉大な智恵は一般の民衆に理解されることが難しいように、ソクラテスの教授法が当時の教師に受け継がれることはなく、教師たちは、先のソフィスト的立場に固執しがちでした。

2. 古代ローマ

「教育」を表すラテン語は、educareで、引き出すという意味だといわれています。言葉のそもそもの意味合いからわかるように、教え込む、あるいは知識を与えるといった意味は込められていません。

古代ローマでは、ギリシアで尊重されていた閑暇に代わって、生活に必要であることが教育上重視され、「生活を教える」ことが当時の教師の使命だとされました。たとえば、子どもは「**12表法***」を暗記しなければなりませんでした。それは、法律や起訴手続きなどを知っていないと、将来の市民生活において困ることになる、という立場からでした。しかしその教育方法は、子どもの発達段階を考慮したものではありませんでした。また教育手段として、鞭によって子どもを教育しようとする教師も頻繁に現れ、それが常態化していきました。当時の記録からは、白い服を着て登校した子どもが、教師から体罰を受けて、服を赤く染めて帰宅することもあったことがわかります。

3. 中世から近世

中世までは、子どもは「不完全な大人」であるという認識がせいぜい

人物

ソクラテス
(Sokraltes)
紀元前469年ごろ～紀元前399年
古代ギリシアの哲学者、思想家。プラトンなどの偉大な弟子を輩出した。

用語解説

開発教授
外から知識や技術を与えるのではなく、人間のなかにある素質を開花させ引き出す手法。注入主義と対比されることが多い。

用語解説

12表法
古代ローマにおいて、慣習となっていた法が、はじめて12の表として成文化された。教養として、子どもにも暗記が強いられた。

第1章 保育者を目指す人たちへ

で、子ども独自の考え、感じ方、子ども時代があるというとらえ方がされていませんでした。それどころか人間としての扱いを受けていなかったとさえいえるのです。**人権***や子どもの権利という感覚は存在していませんでした。したがって当時、子どもが教師の期待や意に沿わない場合、当然のこととして体罰が行使されました。教育と暴力は表裏一体のものですらあったのです。宗教改革の立役者、**ルター***でさえも、教育上、子どもに鞭を使うことが非常に有効だと考えていました。

このように子どもの人権を無視し、子どもの独自性を考慮しない中世から近世にかけての考え方を根本から覆したのは、**ルソー***でした。ルソーは『エミール』のなかで、教育は、事物の教育、人間の教育、自然の教育に区分し、自然の教育を重視すべきことを主張しました。しかしここで彼のいう「自然」とは、植物、動物などによって構成されている地球環境のことではありません。むしろ子ども本来の変えることのできない素質・資質という意味が込められていました。この「自然」という子どもの素質・資質を花開かせるために、物的環境や人的環境を整えることが重要であり、それこそが教師の役割であると考えられました。人間の素質は他者には変えることができないので、一番の基礎になります。そして物的環境は、もし不都合があれば、人間によって変えることができます。つまり教育上、唯一実行可能な支配的な力をもっているのは人的環境としての人間です。ルソーに従えば、教師は、子どもの素質を見極め、それがすっかり花開くよう支援するために、物的環境や人的環境を整える役割を負っています。実はこの考え方は、今の私たちの保育的なものの見方や考え方にきわめて近いといえます。

4. 近代から現代

1 幼稚園の誕生：遊びを支援する教師

幼稚園は、ドイツにおいてはじめて設立されました。**フレーベル***が幼稚園を設立したのは、母親たちの教育を支援するという立場からであり、母親たちの子育てを不要にしたり、母親の就労を支援したりするという目的からではありませんでした。フレーベルは、幼児は植物の萌芽、幼稚園を庭園、教師を庭師にたとえていました。

フレーベルが提唱する「**遊び***」の強調は、今日まで続く保育の基本原理を示すものです。フレーベルの考える遊びとは、活動自体が目的であるような活動で、損得や打算を超えていく活動という意味合いをもっ

※ 用語解説

人権
生存権、教育権など、人間が最低限保障されるべき権利のこと。

👤 人物

ルター
(Luther, M.)
1483～1546年
ドイツの神学者。ローマ・カトリック教会からプロテスタント派を独立させた宗教改革の中心的人物。

ルソー
(Rousseau, J. J.)
1712～1778年
スイスに生まれ、フランスで活躍した哲学者、教育思想家。彼の思想がフランス革命の起爆剤になったともいわれている。教育上の主著は『エミール』で、自然の教育が説かれている。

👤 人物

フレーベル
(Fröbel, F. W. A.)
1782～1852年
ドイツの幼児教育思想家。ロマン主義的傾向をもち、世界ではじめて幼稚園を設立し、幼児の遊びの意義を強調した。主著は『人間の教育』。

※ 用語解説

遊び（spiel）
フレーベルに従えば、遊びは、人間の自己活動性に基づき、教師が受動的・追随的となって発展する活動である。

ていました。そのためにこそ、遊びには教育的価値があるとされました。ちなみに、フレーベルまでの教育思想家の多くは「遊び」という活動に対して否定的でした。遊びは、自身の意のままに行う活動なので、わがままが助長されると考えられがちだったのです。

2 幼稚園と公教育

フレーベルが創設した幼稚園は、まだ公共機関としての学校ではありませんでした。幼稚園は現在でも義務教育制度に組み込まれていませんが、**公教育***の一端を担っています。この意味で、教師は公教育の実施者です。やがて、公教育を担う教師は私利私欲に走ってはならず、他者の模範、手本とならなければならないことが、社会通念として浸透していきました。

3 労働者か聖職者か

18世紀から19世紀に活躍した**ペスタロッチ***は、教育のためにすべてを捧げ尽くした生涯を送ったとされており、教育上の聖人であるというようにしばしば語られています。彼がスイスのシュタンツで、戦争孤児となった子どもたちを引き受け、教育した記録は、現在でも読み継がれています。最終的には学園を破綻させてしまい、挫折のうちに生涯を閉じたため、実際は、教壇の上で倒れたわけではありませんでした。しかし後世になると、ほぼ殉職者に等しい扱いを受けるようになりました。

近代のわが国においても、教師には殉職者というイメージが求められるようになり、**吉田松陰***は教育の精神を体現した人物とされていました。萩のいわゆる小さな私塾にすぎなかった松下村塾から、明治黎明期の立役者を次々と輩出した吉田松陰は、政治犯として処刑されたものの、その精神は教え子たちによって引き継がれ、また彼の生き方は書物を通じて後世に多くの感銘を与え、教育者の手本、鑑(かがみ)となりました。

このようなことから、昭和初期のわが国においては、ペスタロッチと吉田松陰の2人が、西洋と東洋の教育的聖人として扱われるようになりました。当時は、教育にすべてを捧げ尽くす精神こそ、教師の本懐(ほんかい)であると見なされていたのです。

そのような考え方が表れた典型的な例は、1922(大正11)年の「小野さつき訓導事件」への反響でした。赴任したばかりの尋常小学校の教員であった小野さつきは、子どもたちを写生に連れていきました。そこで彼らのうちの数人が、川の深みにはまりました。彼女は、子どもを助けようと川に飛び込み、溺死しました。この事件は「小野さつき訓導事

※用語解説
公教育
プライベートではなく、公の性質をもつ教育。狭い意味では、公立・公設の教育組織・制度をさすが、広くは、私立学校も公の性質をもつとされる。

人物
ペスタロッチ
(Pestalozzi, J. H.)
1746~1827年
教育実践者にして教育思想家。職業教育よりも、まず人間教育の優位を提唱した。政治思想としても、教育を最優先させた。

人物
吉田松陰
1830~1859年
思想家、教育者。私塾・松下村塾を開き、伊藤博文をはじめ、多くの明治時代の立役者を輩出した。

件」として、全国的な反響がありました。生徒のためなら命を賭けることも厭わないのが真の教師の姿である、と語り継がれたのです。

また、第二次世界大戦前の日本では、教師は、保護者や地域の人々から尊敬の対象とされていました。教師は、子どもたちに正しい真理・知識を伝導してくれる存在であり、尊敬に値する存在とされていたのです。

戦前、教師はなぜ聖人のように扱われるようになったのでしょうか。明治維新以降、どんどん軍国主義に傾いていった日本では、国家のためにすべてを捧げることが美徳だと考えられる風潮がありました。それと軌を一にして、教師にも当然のように、聖人のごとくふるまうことが求められていたのです。

4 教師の「崇高な使命」

第二次世界大戦後、日本においては、**教育勅語**＊が無効とされたことにより、儒教道徳的な価値観は否定され、民主的な教育観とともに民主主義的な教師観がいっそう広がっていきました。それにともない、教師は聖人ではなく、プライベートな面をもち、毎月給与をもらいながら仕事をする一人の人間として認識されるようになったのです。

確かに教師という職業には、他の職種と同じように、給与を受給し、生活を営んでいく労働者としての面があります。しかし「人を育てる」ことが尊い仕事であることに変わりはありません。現在の「教育基本法」第9条にも、教師には「崇高な使命」があると明記されています。

この「崇高な使命」を別の視点からみると、教師は子どもを意のままに操る権限があるかのように思えるかもしれません。しかし、子どもは人格をもった独立した存在です。教師の思いと子どもの思いとがすれ違うとき、教師は子どもが別の人格であることを思い知りますが、だからといって、子どもは単なる赤の他人ではありません。教師は、子どもにとって人生の先人であり、模範となるべき存在です。

ここで、教師がもつ権力と権威については、厳密に区別する必要があります。教師には権力がまったくないとはいい切れません。権力とは、物理的な力あるいはそれに匹敵する力で相手をおさえるものです。しかし権力によって子どもをおさえつけることは、本来、教師のとるべき行動ではありません。とはいえ、権威まで否定してはいけません。

権威＊とは、傑出した能力に対する他者からの尊敬の念です。他者がこうした念を抱き、人々が引き寄せられるような力は、けっして軽く扱うべきではありません。教師は権力を濫用すべきではありませんが、権威はもつべきです。それは過去の教師観が私たちに教えてくれることな

＊ **用語解説**
教育勅語
1890年、明治天皇が教育の理念を国民に示した言葉だとされる。第二次世界大戦末まで、わが国の教育はすべてこれに準拠して行われていた。儒教道徳の性格が強い。

＊ **用語解説**
権威（authority）
日本語の権威には、「他の者をおさえて服従させる威力」という意味があるが、ここでいう権威は「ある分野できわめて高い信頼性があること」を意味している。

のです。教師は、他者から尊敬され、また子どもの人格を育てるという「崇高な使命」を担っているのです。

5 現代の教師の立場：過去の教職観から

昨今の情報化社会のなかにあって、学校や幼稚園などで取り上げられる知識や事柄は、必ずしも時代の最先端のものとは限りません。むしろ最先端の情報は、毎日毎時、メディアや情報端末が教えてくれます。

学校は、現実を縮小化し、単純化した社会です。しかし、社会の悪をそのまま学校に持ち込んではいけません。学校は、現実の社会を縮小化し、単純化し、さらにまた理想化された社会でなければなりません。それを**デューイ***は、著書『学校と社会』で力説しています。

現代が競争化社会のなかにあるからといって、あまりに早期に子どもを競争にさらすのは考えものです。確かに、競うことをすべて否定すべきではありません。そうではなく、競争の負の側面、すなわち排他的、自己本意的な傾向をどのように扱うかが課題です。競うことによって、寛大さ、助け合い、愛情、信頼の徳性が失われては、元も子もありません。

教師にとって大事なのは、こうした徳性を守りながら、子どものすべての力、その素質の完全な開花を目指して、最良の支援を行うことです。そしてその支援を実現するために、教師、特に幼児教育者には、特別な資質が求められます。

人物
デューイ
(Dewey, J.)
1859～1952年
哲学者、教育思想家。プラグマティズムの主唱者。経験こそが人間を発展させる源だと考え、「なすことによって学ぶ」ことを教育の基本原理とした。

6 わが国の幼児教育の代表的な人物

西洋に劣らずわが国でも、明治からすでに傑出した幼児教育者観が出現しています。明治初期、幼稚園の創成期に活躍した**豊田芙雄***は、幼児教育者の資質（資格）として、次のことをあげています。爽快活発であり、慈愛深く、注意深く、忍耐をもつこと、そして音楽唱歌や遊戯や教材の使用法に熟練すべきことなどです。また清潔さを心がけ、園内に置かれているものを秩序正しく整頓するよう心がけることもまた必要だとしています。さらに、美術にもある程度造詣が深いこと、また幼児にわかりやすい説明ができること、言葉よりもまず実物を示すことを重視すべきだとしています。これらは、もちろん現代の幼児教育者にも求められることであり、時代を超越した幼児教育者の理想の姿です。

豊田はまた、幼児教育者の心得を25箇条で細かく示しています。なかでも目を引くのは、子どもを成人のように扱ってはならないこと、子どものペースを無視して教育を急ぎ過ぎてはいけないことなど、幼児教育の独自のあり方に触れていることです。また実際に幼児と接するときには、

人物
豊田芙雄
1845～1941年
日本初の幼稚園、東京女子師範学校附属幼稚園の保母。フレーベル主義を、わが国の文化になじむよう解釈し、実践していった。

事物の破損や人を害することには毅然とした態度をとるべきこと、わがままに対しては、感情的に注意するのではなく温和に諭すべきこと、えこひいきなどの偏愛を避けるべきことなどをあげています。最後に幼児は明日の大人であり、大人の師だとしています。豊田もまた、現代の私たちと同様に、幼児教育者は子どもから多くを学ぶべきだと考えていたのです。

大正期に入り、**倉橋惣三**は、日本の幼児教育界をリードする存在として、大きな影響力をもちました。彼は、幼稚園教育の特徴を4つに分けて説明しています。まず第一に、幼児の自発的生活を尊重すべきこと、しかしその自発的生活は、必ずしも非干渉的・放任的生活ではないこと、第二に、教育方法としては、教師が子どもを教え込むのではなく、幼児同士の相互的生活を支援するのが重要であること、第三に、幼児の生活を、小学校教育のように時間割を作って分割してはならないこと、第四に、幼児教育は概念的、観念的ではなく、情緒主義的でなければならないことです。情緒主義的というのは、もちろん感情的になるべきだという意味ではなく、幼児教育は、単に知識の伝達や言葉のやりとりではなく、子どもたちとの心の交流、幼児教育者と子ども、また子どもたち同士の情緒の交流が基盤となる、という意味です。

倉橋は、こうした幼児教育の4つの特徴を実現するために、幼稚園生活には方法上の段階があることを提唱しました。第一に、設備を整え、子どもに自由を与えることによって、子どもに自己充実を感じさせること、この充実した感じのうえに立ってはじめて指導が成り立ちます。そしてそののち、幼児の生活が教師の願いに沿うように、誘導の段階がきて、さらにその次に教導がくる、というのです。倉橋の提唱するこの段階は、幼稚園の入園から卒園に至る大まかな指導の流れとしてとらえていくことも可能です。教導の段階は、就学を意識したものとなっています。遊びをきわめて重視した倉橋でしたが、彼は、単に遊びを助長するだけではなく、教師の意図を反映させる支援のあり方を提案しました。一般的には、倉橋は「誘導保育」を提唱したといわれています。

この倉橋と対比されることが多いのが、昭和初期に幼児教育のあり方を提言した**城戸幡太郎**＊です。彼は、小学校と緊密な連携がなければならないはずの幼稚園や託児所（現在の保育所に相当）が、学校とまったく連携がとれていないことに警鐘を鳴らしています。さらに彼は、幼稚園や託児所の保育者は、家庭の保護者の再教育の役割を果たすものだとしています。

また彼は、幼稚園で身につく社会性は、家庭では育むことは難しいと

参照
倉橋惣三
→レッスン1

人物
城戸幡太郎
1893〜1985年
童心を賛美する児童中心主義に対して、社会生活に注目し、幼児の社会性の育成を強調した。昭和初期より、集団主義保育の理論的主導者となった。保育問題研究会を結成した。

して、施設独自の教育的意義を見いだしています。彼は、幼稚園の役割として、両親の再教育とともに、幼児が生活するなかでの社会的訓練を視野に入れていました。来るべき社会生活に備えるよう教育することが、幼児教育者の重要な役割であると指摘したのです。しかし彼は、大人の価値観を子どもに押しつけることを勧めたわけではありません。むしろ子どもたちが社会性を身につけることにより、やがて彼らが生活している時代以上の生活文化を創造していくことのできる人間を育むことを期待したのです。彼は教育方法として、積極的な多角的教育法を提唱しました。それは子どもが自分自身で生活上の問題の解決を工夫するような方策でした。今でいう、**問題解決型学習***を幼児教育に当てはめたものだといえます。

そして城戸は、そのためには、保育者が自らの保育について徹底的に顧みて反省することが必要だと考えました。自身の保育が独善的にならないように、たえず自己を見つめなおすことを保育者に求めたのです。

7 生涯学習者としての教師

教職が、人を育てるという貴い職業である限り、基本的には間違いは許されないといえます。しかし、完全な人間などいないとすれば、完璧な教師もまたいないことになります。

教師もミスを犯す人間であることを、子どもに隠すべきではありません。しかし、もっと重要なのは、教師自身が誠実に生きることによって、その生き様を手本として子どもに指し示すということです。完全ではないものの、完全になろうと努力していることが伝われば、子どもたちは感化されるのではないでしょうか。

昨今、保育の世界において研修が注目されているのは、自らの力を磨く機会をたえずもたなければ、自身の力を向上させることができないからです。たえざる自己研鑽こそ教師のとるべき道で、これが現代の教職観につながっていきます。かつて**ディースターヴェーク***は、「進みつつある教師のみ人を教える資格あり」と力説しました。私たちの教職観に寄与するところが、非常に多いといえます。

✱ 用語解説
問題解決型学習
与えられた課題に回答するのではなく、自ら問題を見つけ出し、工夫しながら解決していく学習法。

👤 人物
ディースターヴェーク
(Diesterweg, F. A. W.)
1790〜1866年
ドイツの教育実践家。教員養成制度の改革者。国民教育の向上のために尽力した。

演習課題

① 教育の歴史に登場する人物を、自分なりに書籍で調べてみましょう。
② 「このような幼児教育者が素晴らしい」といった自身のイメージを文章でまとめてみましょう。
③ 現在求められている幼児教育者のあるべき姿について、箇条書きで書き出してみましょう。

レッスン4

現在の保育制度

このレッスンでは、現在の保育制度における保育者の位置づけや役割について学びます。「制度」という言葉には少し堅いイメージを抱くかもしれません。確かに言葉の解釈など難しい側面もありますが、保育者として保育制度を理解しておくことは、子どもたちの未来のためにとても重要です。

1. 保育制度を学ぶ意義

1 「制度」を学ぶ意義

　保育者を目指す皆さんにとっては、「制度」と聞くと「堅苦しい」というイメージを抱くかもしれません。『広辞苑』を引いてみると、「制度」は「(1)制定された法規。(2)社会的に定められた、しくみやきまり[†1]」と説明されています。(1)の「法規」には、国の最高法規である憲法を筆頭に、国会が制定する法律、内閣が制定する政令、中央省庁が制定する省令、国際的な取り決めである条約などを指すことが一般的です。これらを聞くと、やはり堅苦しいという印象どおりかもしれません。しかし、(2)の「社会的に定められた、しくみやきまり」をかみくだいて言い換えると「みんなで決めたルール」と表現でき、このルールをしっかり理解することは、保育者を目指すうえでとても重要です。

　「制度」では、しくみやきまりを通じて達成したい「目的」と、その「目的」を実現するための「手段」が規定されています。たとえば、道路交通法では「道路の交通に起因する障害の防止」という目的を達成するために、国民に「信号等に従う義務」を課しています。赤信号で通行すると罰則が与えられるのは、「道路の交通に起因する障害の防止」という目的を達成するための手段だからです。

　「制度」を学ぶ際には、「制度」を通じて「何を目的としているのか」「どのように目的を達成しようとしているのか」を意識することが重要です。

2 福祉制度が目指すもの

　それでは、現行の保育制度は、何を目的としているのでしょうか。まずは児童福祉に関する規定についてみていくことにします。

　「日本国憲法」第25条で、すべて国民は「健康で文化的な最低限度の

▶出典
†1 『広辞苑（第6版）』岩波書店、2008年

☑法令チェック
「日本国憲法」第25条第1項

生活を営む権利」、つまり「生存権」をもつと規定されています。すべての国民の「生存権」がしっかり守られるように、社会福祉や社会保障のしくみを具体的に規定した法律等が定められています。児童福祉については「児童福祉法」が制定されており、すべての児童は下記の4つが保障される権利をもつと規定されています。

☑ 法令チェック
「児童福祉法」第1条第1項

①適切に養育されること
②生活を保障されること
③愛され、保護されること
④心身の健やかな成長及び発達並びにその自立が図られること

これらの権利がしっかり守られるように、国や地方公共団体に児童の保護者の支援や保育の実施に関する責務等が課されており、その手段の一つとして保育所が整備されています。

3 教育制度が目指すもの

次に、教育に関する規定についてみてみましょう。**「日本国憲法」第26条第1項**で、すべての国民は「ひとしく教育を受ける権利」をもつと規定されており、子どもも当然、対象に含まれています。この権利を具体的に保障するために、準憲法的性格をもつとされる**「教育基本法」第11条**では、「幼児期の教育は、生涯にわたる人格形成の基礎を培う重要なものであることにかんがみ、国及び地方公共団体は、幼児の健やかな成長に資する良好な環境」の整備その他の方法によって、その振興に努めることを課しており、その「手段」の一つとして幼稚園が整備されています。

☑ 法令チェック
「日本国憲法」第26条第1項

☑ 法令チェック
「教育基本法」第11条

さらに、国家間の合意である条約も、「制度」の一つとしてとらえられます。保育制度に関連するものとして**「児童の権利に関する条約」**(1989年国連採択)があります。第3条で「児童に関するすべての措置をとるに当たっては（中略）児童の最善の利益」を考慮し、児童の福祉に必要な保護および擁護を確保することを求めています。日本はこの条約に批准していますので、「児童の最善の利益」も「目的」の一つとしてとらえられます。

☑ 法令チェック
「児童の権利に関する条約」第3条第1項、第2項

これらをまとめると、現行の保育制度の「目的」としては、育つ子どもを中心に考えられた適切な擁護や教育を受けながら、すべての子どもが心身の健やかな成長・発達・自立が可能となることであるといえます。このような「目的」を実現できるように、国や地方公共団体、国民等に責務を課しており、その「手段」として、保育所や幼稚園、認定こども

園などの施設が整備されているととらえることができます。

2. 保育所・幼稚園・認定こども園に関するしくみ

では、現在整備されている保育所・幼稚園・認定こども園には、どのような相違点があるのでしょうか。各施設の「制度」を概観してみましょう（図表4-1）。

1 保育所のしくみ

保育所は、「児童福祉法」に基づき、保護者の労働や疾病などの理由から、保育を必要とする乳児・幼児を、日々保護者の下から通わせて保育を行うことを目的とする児童福祉施設です。そのため、保育所へ入所できるのは「**保育を必要とする**」と認められた保護者をもつ乳児（満1歳未満）・幼児（満1歳から小学校就学の始期に達するまでの者）に限定されます。

入所を希望する保護者は、入所したい保育所と「保育を必要とする事由」を添えて市町村へ申し込みます。市町村は、就労状況や家庭状況の諸事情等を総合的に判断して、入所の可否を決定します。保育内容は、厚生労働大臣が定める保育所保育指針を基準にして各保育所が策定しますが、**1日の保育時間**は原則8時間とされており、さらに保護者の労働や疾病の状況により延長できることもあります。保育所を設置する主体の制限は定められておらず、市町村のほかに、社会福祉法人や株式会社も設置することができます。

保育所では、保育士、嘱託医や調理員等が働いています。保育士を置く人数や保育室の面積などは、「児童福祉施設の設備及び運営に関する基準」などに示されており、これらの基準をすべて満たせば認可保育所として国や地方公共団体から財政的な支援を受けることができます（図表4-1）。ただ、基準に満たなくても、**認証保育所**のように、都道府県や市町村が独自に基準を定めて支援を受けられる場合もあります。

2 幼稚園に関するしくみ

幼稚園は、「学校教育法」に基づき、義務教育以後の教育の基礎を培うものとして、**幼児**を保育し、幼児の健やかな成長のために適当な環境を与えて、その心身の発達を助長することを目的とする学校です。

満3歳から小学校に就学する始期に達するまでの幼児が入園でき、幼

→ 補足
保育の必要性
子ども・子育て支援新制度により、パートタイムでも保育の必要性が認められるようになった。認定にあたっては「事由」「区分」「優先利用」が考慮される。

→ 補足
1日の保育時間
「児童福祉施設の設備及び運営に関する基準」第34条である。

→ 補足
認証保育所
認可外保育施設に対する入所児童の処遇改善等を目的として、地方自治体が独自に実施している。

幼児の年齢
「児童福祉法」と「学校教育法」では「幼児」を指す年齢が異なる。

図表4-1　幼稚園・保育所の主な相違点

事項	幼稚園	保育所
管轄省庁	文部科学省	厚生労働省
法令	「学校教育法」第1条	「児童福祉法」第7条
目的	「幼児を保育し、幼児の健やかな成長のために適当な環境を与えて、その心身の発達を助長すること」（「学校教育法」第22条）	「保育を必要とする乳児・幼児を日々保護者の下から通わせて保育を行うこと」（「児童福祉法」第39条第1項）
対象	満3歳から小学校就学の始期に達するまでの幼児（「学校教育法」第26条）	保育を必要とする乳児（1歳未満）・幼児（1歳から小学校就学の始期まで）（「児童福祉法」第39条第1項）
設置者	国、地方公共団体、学校法人等（「学校教育法第2条」）	特に規定なし（地方公共団体、社会福祉法人、株式会社等）
設置基準	「学校教育法施行規則」「幼稚園設置基準」	「児童福祉施設の設備及び運営に関する基準」
保育内容	「幼稚園教育要領」	「保育所保育指針」
保育時間	4時間を標準	8時間を原則
職員	○必置職員 ・園長、教頭、教諭 ○置くことができる職員 ・副園長、主幹教諭、指導教諭、養護教諭、栄養教諭、事務職員、養護助教諭	○必置職員 ・保育士、嘱託医、調理員
資格	幼稚園教諭普通免許状	保育士資格証明書
入園(所)手続き	就園を希望する保護者と設置者の契約	保育を必要とする乳幼児をもつ保護者が保育所を選択し、市町村に申し込む
保護者負担	設置者の定める入園料、保育料を納める	市町村ごとに家庭の所得等を勘案して設定された保育料を納める

◆ 補足

幼稚園の保育料
子ども・子育て支援新制度での「施設型給付」を得る幼稚園は、市町村ごとに家庭の所得等を勘案して設定された保育料を納める。

稚園の入園を希望する保護者は、幼稚園の設置者と直接契約し、設置者の定める入園料と保育料を納めます。保育内容は、文部科学大臣が告示する幼稚園教育要領を基準にして各幼稚園が策定しますが、1日の保育時間は4時間が標準とされています。幼稚園は国、地方公共団体、学校法人、宗教法人のみが設置することができます。

幼稚園では、園長、教頭、教諭等が働いています。教諭の人数や園舎の面積などは、「学校教育法施行規則」や「幼稚園設置基準」などに示されており、これらの基準をすべて満たせば、都道府県教育委員会や都道府県知事から設置を認めてもらうことができます（図表4-1）。

3　認定こども園のしくみ

認定こども園は、就学前の子どもに関する教育、保育等の総合的な提供の推進に関する法律（以下、「認定こども園法」）に基づき、教育・保

図表4-2 認定こども園における各類型の主な相違点

施設類型	法的性格	設置主体	職員の性格
幼保連携型	学校かつ児童福祉施設	国、自治体、学校法人、社会福祉法人	保育教諭（幼稚園教諭＋保育士資格）
幼稚園型	学校（幼稚園＋保育所機能）	国、自治体、学校法人	【満3歳未満】保育士資格が必要【満3歳以上】両免許・資格の併有が望ましいがいずれかでも可
保育所型	児童福祉施設（保育所＋幼稚園機能）	制限なし	【満3歳未満】保育士資格が必要【満3歳以上】両免許・資格の併有が望ましいがいずれかでも可
地方裁量型	幼稚園機能＋保育所機能	制限なし	【満3歳未満】保育士資格が必要【満3歳以上】両免許・資格の併有が望ましいがいずれかでも可

育を一体的に行う施設で、幼稚園と保育所の両方の機能をあわせもつ施設です。主に、都市部における待機児童問題や過疎地域における就学前保育施設の定員割れ問題などを解消するために2006年に導入されました。

認定こども園は、地域の実情や保護者のニーズに応じて選択が可能となるように、「幼保連携型」「幼稚園型」「保育所型」「地方裁量型」の4タイプがあります（図表4-2）。保育・教育課程は「幼保連携型認定こども園教育・保育要領」に基づいて各園が策定します。なお、後述するように、**幼保連携型認定こども園で働くためには、幼稚園教諭と保育士資格の両方をもった保育教諭でなければなりません。**

3. 保育士・幼稚園教諭・保育教諭の制度的位置づけ

各施設では保育士・幼稚園教諭・保育教諭が働いていますが、これらにはどのような相違点があるのでしょうか。それぞれの「制度」を概観してみましょう。

1 保育士の制度的位置づけ

保育士は、「児童福祉法」第18条の4で「専門的知識及び技術をもつて、児童の保育及び児童の保護者に対する保育に関する指導を行うことを業とする者」と規定されています。

保育士として働くためには、まず保育士資格を取得する必要があります。保育士資格を取得する方法として、①都道府県知事の指定する保育士を養成する学校その他の施設で所定の課程・科目を履修し卒業する、②**保育士試験**に合格する、の2通りがあります。保育士資格を取得後、保育

◆補足
幼保連携型認定こども園
子ども・子育て支援新制度により、学校と児童福祉施設の両方の法的位置づけをもつ単一の施設とされた。

◆補足
保育士試験
厚生労働大臣の定める基準により、保育士として必要な知識及び技能について行うものであり、毎年1回以上、都道府県知事が行う。

士登録簿に氏名、生年月日等を記載して都道府県に提出し、都道府県知事から保育士登録証が交付されれば、保育士の資格を取得することができます。

ただし、①成年被後見人又は被保佐人、②禁錮以上の刑に処せられ、その執行を終わり、又は執行を受けることがなくなった日から起算して2年を経過しない者、③児童福祉法違反等により罰金の刑に処せられ、その執行を終わり、又は執行を受けることがなくなった日から起算して2年を経過しない者、④保育士登録を取り消され、その取消しの日から起算して2年を経過しない者等は保育士として働くことができません。

また、保育士の信用を傷つけるような行為をすることや、保育士を辞めた後でも、正当な理由がなく、保育士業務に関して知り得た人の秘密を漏らすことは**禁止**されています。これらが発覚した場合も、保育士登録の取り消しや、保育士の名称を使用することが停止されます。

2 幼稚園教諭の制度的位置づけ

幼稚園教諭は、「学校教育法」第27条第9項で「幼児の保育をつかさどる」者と定義されています。幼稚園で働くためには、幼稚園**教諭免許状**を取得する必要があり、幼稚園教諭養成課程のある大学等で必要な単位を修得し、卒業することが取得の条件となります。免許状には有効期限があり、10年に一度免許状更新講習を受講・修了する必要があります。

ただし、①18歳未満の者、②高等学校を卒業しない者、③成年被後見人又は被保佐人、④禁錮以上の刑に処せられた者、⑤懲戒免職や分限免職等により免許状の効力を失い、当該失効の日から3年を経過しない者、⑥免許状取上げの処分を受け、当該処分の日から3年を経過しない者、⑦政府を暴力で破壊することを主張する政党その他の団体を結成し、又はこれに加入した者等は、幼稚園教諭として働くことができません。

3 保育教諭の制度的位置づけ

保育教諭は、認定こども園法第14条第10項で「園児の教育及び保育をつかさどる」者と定義されています。保育教諭は、幼保連携型認定こども園で働くために必要な資格であり、幼稚園教諭の普通免許状と保育士の登録を受けていることが必要です。つまり、教育分野と福祉分野の両方の専門性をもった教職員として位置づけられています。

なお、先述した保育士および幼稚園教諭として働くことができない事由がある人は、保育教諭としても働くことはできません。

◆補足
保育士の禁止事項の根拠
「児童福祉法」第18条の21、第18条の22、第18条の23である。

◆補足
教員免許状
普通免許状、特別免許状、臨時免許状がある。普通免許状には、学校種ごとに、専修免許状、第一種免許状、第二種免許状がある。

◆補足
保育教諭資格取得の特例制度
2019年度までは、実務経験がある幼稚園教諭免許保有者が保育士資格を取得するための特例制度がある。また、保育士としての勤務経験がある保育士が幼稚園教諭免許状を取得できる特例制度がある。

4 公務員としての「職務上の義務」と「身分上の義務」

公立の保育所・幼稚園・認定こども園で働く保育者の身分は、地方公務員となります。地方公務員は「地方公務員法」第30条で「全体の奉仕者」として公共の利益のために勤務することが規定されており、勤務時間を主体として職を遂行するうえで守るべき義務である「**職務上の義務**」として、①服務の宣誓、②法令等及び上司の職務上の命令に従う義務、③職務に専念する義務が課せられています。また、勤務時間とかかわりなく公務員としての身分を有する限り守るべき「**身分上の義務**」として、①信用失墜行為の禁止、②秘密を守る義務、③**政治的行為の制限**[*]、④争議行為等の禁止、⑤営利企業等の従事制限が課せられています。

→ 補足
職務上の義務の根拠
「地方公務員法」第31条、32条、35条である。

身分上の義務の根拠
「地方公務員法」第33条、34条、36～38条である。

✳ 用語解説
政治的行為の制限
幼稚園教諭および保育教諭は、勤務している地方自治体以外でも政治的行為が制限される。

4. 子ども・子育て支援新制度とは

2015年度から開始された子ども・子育て支援新制度（以下、「新制度」）は、どのような「目的」を、どのように達成しようとしているのでしょうか。「新制度」を概観し、保育者に求められることを学びましょう。

1 子ども・子育て支援新制度とは

子ども・子育て支援新制度は、2012（平成24）年8月に成立した子ども・子育て支援法、認定こども園法、子ども・子育て支援法及び認定こども園法の一部改正法の施行に伴う関係法律の整備等に関する法律の「子ども・子育て関連3法」に基づく制度のことをいいます。

第2節でみたように、小学校に入学する前の幼児教育・保育施設として、保育所、幼稚園、認定こども園などが整備されてきました。しかし、1990年代以降、少子化などにより、子どもの数が定員に満たない幼稚園が増えてきました。一方で、保育所に入りたくても入れない、いわゆる**待機児童**[*]が社会問題化してきました。これらの課題を解決するために、従来の保育所・幼稚園・認定こども園を総合的にとらえて、保護者のニーズを満たす保育の量を確保することが目指されました。

保育所や幼稚園、認定こども園は、小学校就学前の子どもを対象とし、生涯にわたる人格形成の基礎を培ううえで重要な施設であることは共通しています。そこで、保護者の事情で保育所と幼稚園に分断することなく、どの施設でも子どもに「質の高い幼児教育・保育」を保障する、いわば保育の質を高めていくことも目指されました。

このような考え方をいかにして「保育制度」に組み込むかという議論が、

✳ 用語解説
待機児童
厚生労働省「保育所等利用待機児童数調査要領」では、「保育の必要性の認定がされ、特定教育・保育施設又は特定地域型保育事業の利用の申込みがされているが、利用していない者」と定義されている。

> **用語解説**
> **幼保一体化**
> 幼保一体化とは、(1)質の高い幼児教育・保育の一体的提供、(2)保育の量的拡大、(3)家庭における養育支援の充実、を目的とする考え方。

2009（平成21）年に当時の民主党政権が**幼保一体化***という理念を提示してから具体的に進められてきました。最終的に、高齢者に偏っていた社会保障制度を、子どもや若者世代も含めた全世代型社会保障へ転換するために、社会保障制度改革と、消費増税分の7,000億円を子ども関係の恒久財源とする税制改革とが一体的に実施されることになりました。

2　「新制度」が目指す社会

「新制度」は、子どもの最善の利益が実現される社会を目指すという考え方を基本としています。子どもの最善の利益という考え方は、「児童の権利に関する条約」第3条において「児童に関するすべての措置をとるに当たっては、公的若しくは私的な社会福祉施設、裁判所、行政当局又は立法機関のいずれによって行われるものであっても、児童の最善の利益が主として考慮されるものとする」と規定されているものです。そのうえで、子どもの生存と発達が保障されるように、すべての子どもに対し、身近な地域において、法に基づく支援を可能な限り行うことで、一人ひとりの子どもの健やかな育ちをひとしく保障することが目指されています。

3　「新制度」の目的

先述した「『子どもの最善の利益』が実現される社会」を目指すために、「新制度」の目的として質の高い幼児期の教育・保育を総合的に提供することが掲げられています。これまでも、「教育基本法」第11条において、「幼児期の教育は、生涯にわたる人格形成の基礎を培う重要なものである」と規定されてきましたが、乳幼児期の保育や発達支援、小学校就学後の放課後支援など、教育分野だけでは解決できない困難を抱える子どもや保護者が多く存在しています。そのため、これまで「教育制度」と「福祉制度」という別々の制度に基づいて成立してきた幼稚園や保育所というしくみに縛られず、総合的に子どもや保護者を支援するという思いが質の高い幼児期の教育・保育を総合的に提供するという言葉に込められています。

4　「新制度」の実施主体

「新制度」の実施主体は、市町村と位置づけられました。これまでも、公立幼稚園と公立保育所は市町村が実施主体でしたが、幼稚園の定員割れや保育所の待機児童問題などの解消を目指すとともに、「質の高い幼児教育・保育」を適切に提供するためには、地域住民に最も身近な市町

村が望ましいと判断されました。国や都道府県は、市町村を重層的に支えるしくみを整えることが目指されました。

具体的には、①認定こども園、幼稚園および保育所と小学校等との連携のための取り組みの促進、②幼稚園教諭、保育士等に対する研修の充実等による資質の向上、処遇改善をはじめとする労働環境への配慮、③教育・保育施設および地域型保育事業を行う者に対する適切な指導監督、評価等の実施を通じて、質の高い教育・保育および地域の子ども・子育て支援事業の提供を図ること、④市町村および都道府県は、これらの事項について、**子ども・子育て支援事業計画**＊に記載するとされています。

5　教育・保育施設における評価のあり方

教育・保育施設は、教育・保育の質の確保および向上を図るため、自己評価、関係者評価、第三者評価等を通じて運営改善を図ることを求められています。「質の高い幼児教育・保育」を提供するためには、自分たちが行った保育が子どもたちにとってよかったのかどうかについて、保育者自身で評価し（＝自己評価）、その自己評価について、保護者など教育・保育施設の関係者から評価してもらいます（＝学校関係者評価）。さらに、教育・保育施設に直接関係がない人から評価してもらうことで（＝第三者評価）、客観性や専門的立場からの知見をもらい、よりよい保育を提供できることが目指されています。これは、すでに小学校等で実施されている**PDCAサイクル**［Plan（計画）―Do（実施）―Check（評価）―Action（改善）］を導入したものと考えられます。ただし、あくまでも「改善」を促すという目的を達成するための「手段」として、評価を実施するものであり、「評価をするための評価」にならないよう留意が必要です。

6　「保育の質の向上」に関わる保育者

「質の高い幼児期の教育・保育を総合的に提供」するための要として期待されるのは、保育者です。保育者の資格として、先述したように保育士、幼稚園教諭、保育教諭があります。特に保育教諭は、「新制度」の目的であり「質の高い幼児期の教育・保育を総合的に提供」するために、教育と福祉を総合的にとらえることができるように、教育と福祉の両方の専門性をもった教職員として位置づけられています。

以上を踏まえると、これからの保育者に求められる役割とは、「『子どもの最善の利益』を最優先にしながら、教育と福祉を『総合的』にとらえ、生涯にわたる人格形成の基礎に関わることを自覚しながら幼児教育・保

＊用語解説
子ども・子育て支援事業計画
市町村および都道府県が5年を1期として策定する、教育・保育および地域子ども・子育て支援事業の提供体制の確保や業務の円滑な実施に関する計画。

参照
PDCAサイクル
→レッスン5

育に従事すること」であるといえます。

7 地域子ども・子育て支援事業の制度化

「新制度」では、「子育てがしやすい社会の実現」も目指されています。これまで実施されてきたさまざまな子育て支援事業が保育制度として位置づけられ（図表4-3）、子育て支援事業等を支援する子育て支援員と、放課後児童クラブに勤務する放課後児童支援員が新設されました。

図表4-3 地域子ども・子育て支援事業の一覧

事業名	概要
利用者支援事業	子どもおよびその保護者等の身近な場所で、教育・保育・保健その他の子育て支援の情報提供および必要に応じ相談・助言等を行うとともに、関係機関との連絡調整等を実施する事業
地域子育て支援拠点事業	乳幼児およびその保護者が相互に交流を行う場を提供し、子育てについての相談、情報の提供、助言その他の援助を行う事業
妊婦健康診査	妊婦の健康の保持および増進を図るため、妊婦に対する健康診査として、①健康状態の把握、②検査計測、③保健指導を実施するとともに、妊婦期間中の適時に、必要に応じた医学的検査を実施する事業
乳児家庭全戸訪問事業	生後4か月までの乳児のいるすべての家庭を訪問し、子育て支援に関する情報提供や養育環境等の把握を行う事業
養育支援訪問事業	養育支援が特に必要な家庭に対して、その居宅を訪問し、養育に関する指導・助言等を行うことにより、当該家庭に適切な養育の実施を確保する事業
子どもを守る地域ネットワーク機能強化事業	要保護児童対策協議会（子どもを守る地域ネットワーク）の機能強化を図るため、調整機関職員やネットワーク構成員（関係機関）の専門性強化と、ネットワーク機関間の連携強化を図る取り組みを実施する事業
子育て短期支援事業	保護者の疾病等の理由により家庭において養育を受けることが一時的に困難となった児童について、児童養護施設等に入所させ、必要な保護を行う事業（ショートステイ事業、トワイライトステイ事業）
子育て援助活動支援事業	乳幼児や小学生等の児童を有する子育て中の保護者を会員として、児童の預かり等の援助を受けることを希望する者と当該援助を希望する者との相互エンジョイ活動に関する連絡、調整を行う事業
一時預かり事業	家庭において保育を受けることが一時的に困難となった乳幼児について、主として昼間において、認定こども園、幼稚園、保育所、地域子育て支援拠点その他の場所において、一時的に預かり、必要な保護を行う事業
延長保育事業	保育認定を受けた子どもについて、通常の利用日および利用時間以外の日および時間において、認定こども園、保育所等において保育実施する事業
病児保育事業	病児について、病院・保育所等に付設されたスペース等において、看護師等が一時的に保育等する事業
放課後児童クラブ	保護者が労働等により昼間家庭にいない小学校に就学している児童に対し、授業の終了後に小学校の余裕教室、児童館等を利用して適切な遊びおよび生活の場を与えて、その健全な育成を図る事業
実費徴収に係る補足給付を行う事業	保護者の世帯所得の状況等を勘案して、特定保育・保育施設等に対して保護者が支払うべき日用品、文房具その他の教育・保育に必要な物品の購入に要する費用または行事への参加に要する費用等を助成する事業
多様な事業者の参入促進・能力活用事業	特定教育・保育施設等への民間事業者の参入の促進に関する調査研究その他多様な事業者の能力を活用した特定教育・保育施設等の設置または運営を促進するための事業

出典：内閣府「地域子ども・子育て支援事業について」2015年をもとに作成

保育者が活躍する場面が拡大するなかで、質の高い幼児期の教育・保育を総合的に提供する要として、保育者の重要性はさらに高まりました。

5. 保育者を目指すために

このレッスンの冒頭で確認したように、現行の保育制度の目的は、「育つ子どもを中心に考えられた適切な擁護や教育を受けながら、すべての子どもの心身の健やかな成長・発達・自立が可能となること」であるといえます。しかし、社会環境の変化によって待機児童問題などが生じたことから、「保育の量」を増やしながら「保育の質」を高めるために「新制度」が開始されました。ただ、「保育の量」を増やすために保育施設の多元化が進められるなかで、「保育の質」を保障するために、保育者が学ぶしくみをいかに構築していくのかなど、難しい課題も生じることが推察されます。

教育や保育では、時代や国が違っても変わらず価値がある不易と、社会環境の変化等に対応する流行を、いかに両立していくかが重要だといわれています。保育者は子どもたちの「未来」に関わる重要な仕事です。保育や教育における不易と流行を念頭に置いたうえで、保育制度によって「何を守ろうとしているのか」「どのように守ろうとしているのか」「どのように変わってきたのか」「その結果どのようになるのか」、そして「保育者としてどのような成長をしていくべきなのか」について、知識や経験を積み重ねながら常に学び続けてください。

演習課題

①保育制度に関わる法令の条文を調べて、実際に読んでみましょう。
②子ども・子育て支援新制度によって、保育所や幼稚園ではどのような変化が生じているのかを、保育者や自治体関係者に聞いてみましょう。
③保育制度における不易なものとは何でしょうか。まわりの人と自分の考えを持ち寄り、みんなで考えてみましょう。

参考文献……………………………………………………………………………………

レッスン1
中央教育審議会幼稚園教員の資質向上に関する調査研究協力者会議報告 「幼稚園教員の資質向上について——自ら学ぶ幼稚園教員のために」 2002年

レッスン2
小田豊・神長美津子編著 『平成20年改訂 幼稚園教育要領の解説』 ぎょうせい 2008年
神長美津子・塩美佐枝編著 『保育方法』 光生館 2009年
神長美津子・湯川秀樹・鈴木みゆき・山下文一編著 『専門職としての保育者——保育者の力量形成に視点をあてて』 光生館 2016年
厚生労働省編 『保育所保育指針解説 平成30年3月』フレーベル館 2018年
内閣府・文部科学省・厚生労働省 「幼保連携型認定こども園教育・保育要領解説」 2018年
文部科学省 「幼稚園教育要領解説」 2018年

レッスン3
原聡介編 『教職用語辞典』 一藝社 2008年

レッスン4
柏女霊峰 『子ども・子育て支援制度を読み解く——その全体像と今後の課題』 誠信書房 2015年
田村和之・古畑淳編 『子ども・子育て支援ハンドブック』 信山社 2013年
内閣府子ども・子育て本部 「子ども・子育て支援新制度について」 2018年
前田正子 『みんなでつくる子ども・子育て支援新制度——子育てしやすい社会をめざして』 ミネルヴァ書房 2014年

おすすめの1冊

前田正子 『みんなでつくる子ども・子育て支援新制度——子育てしやすい社会をめざして』 ミネルヴァ書房 2014年

著者は、元横浜市副市長として保育行政に直接関わってきた経験から、子ども・子育て支援新制度のねらいについて、わかりやすく解説している。さらに、データ等をふまえて、子ども・子育て支援新制度が必要とされる背景についても触れており、保育制度をさらに掘り下げて理解するためにはおすすめの1冊である。

第2章

保育者に求められる専門性

本章では、保育者となるために必要な専門性のうち、発達への理解と、保育の計画の作成、実践、振り返りについて学んでいきます。子どもを理解するには、それぞれの年齢ごとの発達の特徴を知り、個人差に配慮する必要があります。また、保育の計画を立てることは、保育者にとって大切な仕事の一つです。理解していきましょう。

レッスン5　子どもの発達と保育者の関わり
レッスン6　みずから保育を構想し展開する
レッスン7　自己の実践を振り返り明日の保育をつくる

レッスン5

子どもの発達と保育者の関わり

このレッスンでは、子どもの発達を理解したうえで一人ひとりがいきいきと活動できる環境を設定し、実際に保育を実践し、省察し、次の保育に生かしていくという保育者の役割について、年齢ごとにくわしく学んでいきましょう。

1. 養護に関する基本的事項

　子どもの発達と保育者の関わりを理解するうえで大切なのは、「養護」の視点です。保育所や幼稚園、幼保連携型認定こども園など（以下、園）における「養護」とは、子どもの生命の保持および情緒の安定を図るために保育士等が行う援助や関わりであり、保育を行ううえで重要な基盤となるものです。

　2017（平成29）年3月に告示された「保育所保育指針」において、「保育における養護とは、子どもの生命の保持及び情緒の安定を図るために保育士等が行う援助や関わりであり、保育所における保育は、養護及び教育を一体的に行うことをその特性とするものである。保育所における保育全体を通じて、養護に関するねらい及び内容を踏まえた保育が展開されなければならない[†1]」というように、養護の理念が示されています。同様に、2017年3月に告示された、「幼保連携型認定こども園教育・保育要領」においては「生命の保持や情緒の安定を図るなど養護の行き届いた環境の下、幼保連携型認定こども園における教育及び保育を展開すること[†2]」と示されています。

　一方、「幼稚園教育要領」に「養護」という語は使われていません。しかし、保育において「養護」とは、生命の保持（健康で安全に生活できること）、情緒の安定（落ち着いて過ごせるようにすること）、さらに自己肯定感をもてるようにすることを指しています。よって、「幼稚園教育要領」において「幼児は安定した情緒の下で自己を十分に発揮することにより発達に必要な体験を得ていくものであることを考慮して、幼児の主体的な活動を促し、幼児期にふさわしい生活が展開されるようにすること[†3]」と示されているのは、すなわち「養護」を指しているものと考えられます。

▶出典
†1 「保育所保育指針」第1章2（1）「養護の理念」

▶出典
†2 「幼保連携型認定こども園教育・保育要領」第1章第3の5

▶出典
†3 「幼稚園教育要領」第1章第1の1

保育所等が子どもにとって安心して過ごせる生活の場となるためには、保育者の適切な援助と関わりが必要です。子どもは保育者との信頼関係を基盤に、身近な環境への興味や関心を高め、その活動を広げていくとともに、望ましい生活のしかたや習慣・態度を徐々に体得していきます。

　また、養護に関わる保育の内容には、教育に関わる内容が含まれており、教育に関わる保育の内容には、同時に養護に関わる内容が含まれているということも大切です。養護と教育とは、どちらか一方が単独で存在するのではなく、相互に関連し重なり合いながら、子どもたちの生活を通して一体的に展開されていくものです。

2．養護に関わるねらいおよび内容

　「保育所保育指針」において、養護に関わるねらいおよび内容は、「生命の保持」と「情緒の安定」に分けて示されています†4。

　「生命の保持」 は、以下のとおりです。

> ①一人一人の子どもの平常の健康状態や発育及び発達状態を的確に把握し、異常を感じる場合は、速やかに適切に対応する。
> ②家庭との連携を密にし、嘱託医等との連携を図りながら、子どもの疾病や事故防止に関する認識を深め、保健的で安全な保育環境の維持及び向上に努める。
> ③清潔で安全な環境を整え、適切な援助や応答的な関わりを通して子どもの生理的欲求を満たしていく。また、家庭と協力しながら、子どもの発達過程等に応じた適切な生活のリズムがつくられていくようにする。
> ④子どもの発達過程等に応じて、適度な運動と休息を取ることができるようにする。また、食事、排泄せつ、衣類の着脱、身の回りを清潔にすることなどについて、子どもが意欲的に生活できるよう適切に援助する。

　「情緒の安定」 は、以下のとおりです。

> ①一人一人の子どもの置かれている状態や発達過程などを的確に把握し、子どもの欲求を適切に満たしながら、応答的な触れ合いや言葉がけを行う。

▶ 出典
†4 「保育所保育指針」第1章2（2）「養護に関するねらい及び内容」

◆ 補足
「幼保連携型認定こども園教育・保育要領」における「生命の保持」
「幼保連携型認定こども園教育・保育要領」では二重下線部については「園児一人一人」、下線部については「園児」となっているが、本書では、「保育所保育指針」の表記のみ掲載している。

◆ 補足
「幼保連携型認定こども園教育・保育要領」における「情緒の安定」
「幼保連携型認定こども園教育・保育要領」では二重下線部については「園児一人一人」、下線部については「園児」となっている。

> ②一人一人の子どもの気持ちを受容し、共感しながら、子どもとの継続的な信頼関係を築いていく。
> ③保育士等との信頼関係を基盤に、一人一人の子どもが主体的に活動し、自発性や探索意欲などを高めるとともに、自分への自信をもつことができるよう成長の過程を見守り、適切に働きかける。
> ④一人一人の子どもの生活のリズム、発達過程、保育時間などに応じて、活動内容のバランスや調和を図りながら、適切な食事や休息が取れるようにする。

3. 3歳未満児における保育の実際

「保育所保育指針」および「幼保連携型認定こども園教育・保育要領」においては、乳児から2歳までは、心身の基盤が形成されるうえできわめて重要な時期であり、生涯の学びの出発点ということから、その保育の意義が一層明確にされました。特に乳児期（1歳未満）は、「健やかに伸び伸びと育つ」「身近な人と気持ちが通じ合う」「身近なものと関わり感性が育つ」の3つの視点[5][6]から保育内容を整理して示されており、より乳児期の保育の重要性が示されました。これから3歳未満児の保育について実際の事例をとおして学んでいきましょう。

▶出典
[5]「保育所保育指針」第2章1（2）「ねらい及び内容」

[6]「幼保連携型認定こども園教育・保育要領」第2章第1「乳児期の園児の保育に関するねらい及び内容」

1　0歳児の発達と保育者の関わり

0歳児クラスでの出来事です。

インシデント①　0歳児　「知らない人」が来たよ

保育室では、ちょうどお散歩にでかける準備をしている最中でした。そこへ1人の来客者が保育室に入ってきました。3人の保育者が来客者に向かって「おはようございます」と声をかけたことで、子どもたちは来客者のほうを向きました。そこに「知らない人」がいることがわかると、今まで動いていた子どもたちの動きがぴたりと止まり、じっと来客者を見ています。保育者の膝に乗っていた子どもは、体をぴたりと保育者にくっつけてきます。そして腹ばいをしていた子どもは、視線をずらすことなく来客者の顔をじっと見つめています。柵につかまっていた子どもや部屋のなかを歩いていた子どもは、

保育者の顔と来客者の顔を交互に見ています。その様子を見ていた保育者は、子どもたちに優しく笑いかけ、「ぞうさん」の歌を歌い始めました。それに合わせてぬいぐるみを子どもたちの目の前で揺らしてみたり、体に触れたり、手をパチパチたたいたりします。自然と子どもたちの目線がぬいぐるみや目の前のおもちゃに移るようになると、来客者に目を向けることも少なくなりました。こうして保育者によるお散歩の準備は止まることなく完了し、子どもたちは一人ずつお散歩カートに乗せられ、お散歩へとでかけていきました。

　このクラスでは、9か月から1歳4か月ごろまでの子どもたちが一緒に生活を送っています。この時期の子どもは、お座りやはいはい、つかまり立ち、ひとり歩きができるようになるなど、運動機能の発達がめざましい時期でもあります。また、保育者が子どもの行動や意思、声などを受け止めていねいに関わっていくことにより、情緒的な絆が深まり、この先の人間関係を築く基礎へとつながっていきます。

　このころには、はじめての人や知らない人に対しては、人見知り（8か月不安）をするようになります。インシデント①のなかでは、来客者を見て泣く子どもはいませんでしたが、「知らない人」がいることがわかると、今まで動いていた子どもたちの動きがぴたりと止まり、じっと見ています。これは、「知らない人」「見たことのない人」を認識しているということです。さらに保育者の膝に乗っていた子どもが体をぴたりとくっつける行為は、体が保育者と触れていることで「安心」を感じ、緊張をほぐしていることを表しています。つまり人見知りとは、特定の大人との愛着関係が育まれている証拠なのです。

　大人からの簡単な言葉も理解するようにもなりますので、「楽しいね」「おもしろいね」など、言葉かけをしてみましょう。大人側の独断や勝手でものごとを進めるような言葉かけではなく、「～しようか」「～するよ」というように、子どもを尊重するような声かけをすることが大切です。さらに、指差しや身振りや喃語*で伝えてきたりするのも、この時期の特徴です。子どもの行動をよく観察し、その行動に合った言葉かけをしましょう。

　インシデント①において、保育者はどのように関わっているのか考えてみましょう。3人の保育者は、散歩の準備のためそれぞれ分担して動いています。1人は子どもたちが見える場所に座り、一緒に遊んでいます。1人はオムツの交換と着替えを順番に行っています。1人は外にあるお散歩カートの準備をし終えたところで、持ち物と着替えの準備の手

＊ 用語解説

喃語
赤ちゃんは誕生後、泣き声だけだったのが、意味をもたない発声そのものを目的とした喃語を発するようになる。生後2か月ごろになると、「アーアー」「ウーウー」など口や舌を使って、主に母音を発声する「クーイング」（cooing）と呼ばれる声出しをする。
そして、生後4か月ごろから「マンマンマン」「アムアム」というように、複数の音節（母音＋母音または母音＋子音）からなる喃語を発声するようになる。

伝いをしています。保育者は、保育室のなかで大きな声をだしたり、子どもたちの目の前を何人もの保育者がせわしなく動き回ったりすることがなるべくないように配慮しています。そして、オムツの交換がスムーズに運ぶように保育者らが常に声をかけ合い、一人ひとりの子どもの状態で順番を決めていきます。このようなときには、**保育者同士の連携**が必要です。

保育者など特定の人との間に形成される愛着は、情緒の安定や信頼感に結びつくため大変重要となります。子ども自身が愛され守られていること、そしてこの人のそばにいると安心だと感じられる関係をつくることで、みずから動き、まわりに興味や関心をもつことができ、さまざまなことを学んでいくようになります。

◆補足
保育者同士の連携
中央教育審議会「チームとしての学校の在り方と今後の改善方策について（答申）」2015年を参照。

2　1歳児の発達と保育者の関わり

1歳児クラスの自由遊びでの出来事です。

インシデント②　1歳児　「おなじ」がそれぞれに

Sくん（1歳児）はお盆に小さい積み木をいくつも載せて遊んでいます。それをもって保育者に見せています。それを見ていたKくん（1歳児）も、まねをしてお盆に積み木を載せ始めました。Sくんが積み木の棚に戻るとKくんがいたため、「だめ」と言ってKくんを押しのけました。Kくんのお盆に載っていた積み木が床に散らばり、Sくんのもっていたお盆も床に落ちてしまいました。それから、SくんとKくんは床に散らばった積み木を拾い始め、それぞれのお盆に積み木を載せていきました。Sくんは、保育者のところに積み木が載ったお盆を見せにいきますが、Kくんは、積み木棚のところでSくんを気にすることなくお盆に積み木を載せています。次にSくんは、巾着袋をもってきて、その中に積み木を入れ始めました。積み木を入れると、また保育者のところにもっていきます。そこで保育者は、両端のひもを引っ張ると巾着袋の口が閉まることをSくんに見せ、Sくんに渡しました。Sくんは、巾着袋を保育者に再度渡し、元の形にするよう要求しました。両端のひもをもって巾着

袋の口を閉めるのを自分でもやってみたいのですが、なかなかうまくできません。保育者の力を借りて巾着袋の口を閉めることができると、うれしくて何度も繰り返しています。Kくんは、その様子を見ていましたが、お盆に積み木を載せては棚に戻すことを繰り返して遊んでいました。

　このころには他児への興味も生まれ、同じことをする「まねっこ」という行為も出てきます。一緒に生活することや、友だちと触れ合ったり関わったりすることを通し、同じ行動をする楽しさを知っていきます。しかし、インシデント②では、Sくんの遊びを見ていたKくんがまねをすると、Sくんが積み木棚にいるKくんに気づき「だめ」と言っています。これはどういうことでしょうか。まねをしたことについて「だめ」と言ったのでしょうか。Sくんは、Kくんが自分と同じことをしていたことに「だめ」と言ったのではなく、その場にいたことに「だめ」と言ったのです。
　1歳児は、ほかの子どもの存在や行動が気になり、近づこうとします。しかしその関わり方が一方的であることはこの時期の特徴でもあります。Kくんは、Sくんの遊びに興味をもちました。それで同じことをしたいという思いから積み木棚に行き、積み木をお盆に載せて遊びました。ただKくんはSくんと違い、積み木をお盆に載せたあと、保育者に見せにいくことはしていません。積み木をお盆に載せる遊びのみを楽しんでいました。この時期はまだ、それぞれ好きなように遊んでいることがわかります。
　ここで、1歳児の発達と保育に関わるねらいおよび内容に触れていきましょう。
　1歳児では歩く、走る、跳ぶなどの基本的な運動機能が発達します。そして指先も器用になり、衣類の着脱も保育者の助けを借りながらできるようになります。社会性の側面では、自我が芽生え、自己主張も強くなります。そして自分でやろうとするのですが、なかなかうまくできず、怒ったり反発したりすることも増えます。さらに自分の思いや状況を言葉で伝えることができないため、保育者は、子どもの思いをくみ取ったり受け止めたりしながら、温かく見守っていく必要があります。
　また、歩けるようになることで、目の前に見えるすべてのものが興味の対象となり、主体的に動きまわるようになります。何でもさわって確かめることもします。このことが自由な探索行動や、好奇心、探求心へとつながっていきます。運動機能が発達するということはただ単に体だけのことを指すのではなく、あらゆる成長に関連していくことを理解し

て関わっていきましょう。

3　2歳児の発達と保育者の関わり

2歳児2人による、会話のやりとりです。

インシデント③　2歳児　「よかったね」

　Tくん（2歳児）とAちゃん（2歳児）が向かい合って座り、真ん中に穴の開いたビーズにひもを通して遊んでいます。Aちゃんが「Tくん見てー。Tくんより長いよー」と声をかけると、2人で見せ合いっこしながら長さを比べています。ときどき机の下をのぞいてみたり、椅子から立ってひもを上に上げたりして長さを確認しています。しばらくそのやりとりがあったあと、「ねえねえAちゃん、Aちゃん。Tくんのおじいちゃんは、しょうじだよ」「どうしてしょうじっていうの？」「そういうお名前だから」などと、2人は手を動かしながら会話も楽しんでいます。すると、そこに小物を干すハンガーに布などをはさんだMくん（2歳児）が、透明のホース（3cm程度の長さ）にひもを通して遊び始めました。最初は、ひもをホースに入れることはできても通すことができず、ホースとひもを一緒に持って、「できたー」と右手を上げて喜んでいました。すると、そばにいた保育者が「ここをもってひっぱってごらん」と声をかけました。Mくんは、ひもを通して落ちていくホースを見て、「もう一回」と言って、ひもをホースに入れます。しかしうまくできません。何度もやっているうちにやっと、ホースが抜けたひもを右手でひっぱると、ホースが落ちていきました。Mくんが「できたー」と再度声を上げました。そばにいた保育者の「できたね」の声を聞いたAちゃんは、自分の手を動かしながら「よかったね」とMくんに声をかけていました。

　2歳児になると、友だちと一緒に活動することが増えてきますが、一緒の場所にいても、実は別々のことをしていることも多いのです。これが「平行遊び」と呼ばれるものです。友だちを名前で呼ぶようになるのもこの時期です。また、一つの遊びにかける時間も少しずつ長くなり、

手を動かしながら会話を楽しむことができるようになります。インシデント③のなかでも、TくんとAちゃんはビーズにひもを通す遊びをしながらやりとりをしています。さらに、TくんとAちゃんは途中何度もお互いのものを確認し合っていました。つまり、長さの違いも少しずつ理解できるようになっているのです。

　また、別の場所で、ホースへひもを通して遊んでいたMくんがうまくホースにひもを通すことができたときに、保育者の「できたね」という言葉を聞き、Aちゃんが「よかったね」と声をかけました。他児への関心や共感が意識でき、言葉で表せるようになったことを示しています。

　一方で、2歳児という時期は、好きなものを自分のものにしたいという気持ちが強くなるため、友だち同士のトラブルも増えます。この時期は、自分の要求を言葉で伝えられないと、行動で自分の要求を通そうとするところがあります。かと思えば、すぐに気持ちが変わってしまうという一面もあります。保育者は、その時その時の子どもの行動をよく理解し、対応をしていくことが大切です。

　また、この時期は、自己肯定感の土台をつくる時期でもあります。自分で自分を肯定することは、何かにチャレンジしたいという意欲を育て、それをやり遂げることでがんばる気持ちにつながります。たとえうまくいかなくても、子どもたちの意欲や努力が認められたり、自分の気持ちが受け入れられたりすることを通して、より多くの力を身につけていきます。

4．3歳以上児における保育の実際

1　幼児の発達の特性に応じた指導

　子どもの発達する姿は、大筋では共通した過程をたどると考えられています。保育者が子どもを指導する際に、その年齢の子どもたちの発達の姿や様子について知っておくことは、子どもを理解し指導していくうえで必要なことです。しかし、発達においても子ども一人ひとりには個人差があることを忘れてはいけません。

　同年齢で同じ遊びをしていても、子ども一人ひとりの生活経験や興味・関心などは異なります。これは、これまで関わってきた環境が、子どもの発達に影響しているからです。ここからわかるとおり、「発達の特性を理解する」ことは、一人ひとりの子どもの姿を一定の発達の姿に照らし合わせたり、同年齢の子ども同士を比較してその発達を理解したりする

ことではありません。子ども自身が「何に興味をもっているのか」「何を実現しようとしているのか」「何を考え感じているのか」などを理解したうえで、適切な援助を行うことにより、個々の発達の特性に応じた指導が可能になるのです。言い換えるならば、最初に一人ひとりの子どもを理解することが、保育のスタートであるといえるでしょう。

それでは、実際に事例をとおして学んでいきましょう。

インシデント④　3歳児　硬い表情の運動会

10月の運動会での出来事です。この幼稚園では、3歳児はダンスとかけっこの種目に取り組むことになっています。運動会までに、子どもたちの興味がわくように、保育室でダン  スを踊る機会を設けたり、園庭で「よーいどん」とかけ声をして友だちと走ってみたりするなどの活動を、少しずつ取り入れていきます。Tちゃんは活発でしたが、ダンスをすることに消極的な面もある子どもでした。当然、保育室でのダンスもはじめのころは恥ずかしがる姿を見せていたのですが、日が経つにつれ、徐々に楽しめるようになってきました。すっかり慣れてくると、曲が流れると前奏の段階で決めポーズをするなど、意欲的な姿も見られるようになってきました。

そして迎えた運動会当日。たくさんの保護者や子どもたちが見ているなか、Tちゃんはいつもと違う雰囲気に、終始硬い表情のまま、ダンスの曲が流れてもまったく踊ろうとしません。担任が声をかけても動かず、結局、曲の合間にちょっと回るというだけで終わってしまったのです。保育者は、保育室では楽しそうにダンスをしていたのに、どうしてだろう、ふだんのTちゃんの姿と違うので残念だなあと思っていました。

その翌週の出来事でした。保育室でTちゃんと過ごしていると、運動会のときのダンスの曲を口ずさみながら踊る姿が見られたのでした。それも、他学年のダンスの曲を踊ろうとしていたのです。後日、保護者の方と話をしたところ、家でもダンスを踊って見せてくれるということでした。動きはむちゃくちゃだそうですが、自分の学年とは違う年中組や年長組のダンスも踊って見せてくれるということでした。

この事例では、保育者が「運動会の当日に一番よいダンスができるようにすること」を目的としすぎたあまりに、子どもへの理解がおろそかになってしまっています。つまり、「保育者の思い」だけで保育が進められた事例といえるでしょう。

Tちゃんの運動会後の行動を見ていると、自分なりに感じたことをリズムに合わせて体を動かしたりして表現することを楽しんでおり、決して決まった振りつけを踊ることを楽しんでいるのではなかったということがわかります。また、3歳児にとっての運動会は、大勢の前で表現したり、走ったりするなど、ふだんの保育と雰囲気の違うなかで行うはじめての行事であり、緊張感があったことから、踊ることができなかったのではないかと考えられます。

ここから学ばなければならないことは、保育者が望ましいと思う活動を一方的に子どもに行わせるだけの保育では、子ども一人ひとりの発達を促すことにはつながらないということです。運動会で踊れたか踊れなかったのかという結果よりも、Tちゃんがリズムに合わせて表現を楽しんだり、期待をふくらませたり、自分なりに工夫した踊りを楽しんでいることに着目すべきだったのではないでしょうか。

乳幼児期における保育者の存在は、子どもにとって大きな影響を与える「環境」であるといえます。全員に、ただ決まったとおりの振りつけを伝えたり、遊ばせているだけでは、保育は成立しないのです。保育者自身が、子どもたちの思いを十分に発揮できる「環境」となるためには、子ども一人ひとりの状況を理解し、どういった言葉をかけるのがよいか、どのような遊具がふさわしいか、どのようなタイミングで保育者が関わるのかなどについて見極めながら援助することが大切です。

次の事例をみていきましょう。

インシデント⑤ 4歳児 「トイレはそこだよ」

Rくんは2年保育の新入園児です。この4歳児クラスは3年保育の子が多く、3歳児から園生活を経験してきた子どもがほとんどでした。朝、登園したら靴箱で靴を履き替えること、保育者と「おはよう」のあいさつをすること、ノートにシールを貼ること、かばんをロッカーに片づけることなど、ほかの子がスムーズにできていることも、Rくんにとってははじめてのことばかりで、とまどうことも多かったようです。そこで保育者は、一つずつ伝えながら一緒に取り組んできました。しかし、頭で

◆補足
トイレという空間
トイレは排泄行為をなすための空間でもあるが、排泄という基本的生活行為を学び、習慣づけるための空間でもある。そのため、清潔で不安を感じずにリラックスできる空間にする努力や工夫が必要不可欠といえる。

は経験の差を理解していたのですが、なかなか毎日ていねいに関われていなかったのです。

　そんなある日の出来事です。園庭で遊んでいる際に、Rくんが「おしっこ」と言いました。担任はほかの園児と関わっており、「トイレはそこだよ」と指で示すことで、Rくんに伝えたつもりでした。Rくんは示されたトイレに向かって行きました。担任は完全にトイレに行けているものと疑いもしなかったのですが、Rくんは、実はしばらくその入り口で立ち止まっていたのです。幸い、ほかの保育者が「どうしたの？」と声をかけ、トイレは済ませたようだったのですが、今思うと、なぜあのとき一緒に行ってあげられなかったのかと担任は後悔しました。Rくんにとっては、それが園内においてはじめてのトイレの経験だったのです。

　インシデント⑤もインシデント④と同様に、4歳児なら排泄の自立はできている、という保育者の思い込みから、Rくんに最後まで対応することができず、不安な気持ちを生じさせる結果となった事例です。

　確かに、4歳児という年齢だけでとらえると、排泄に関して自立はできているから一人でも大丈夫だと考えてしまうでしょう。保育者の言葉を理解して行動に移すことも、年齢だけでみれば、保育のなかで十分に考えられる場面でもあります。しかし、ここで考えなくてはいけないのは、「Rくん自身がどうなのか」という個別性です。保育においては、子どもを「知る」だけでなく、「理解する」ことが必要なのです。保育実践において、この年齢なら大丈夫、あの子ならこれくらいできる、などの経験則で子どもと関わることは、まれではありません。しかし、ときとしてそれは、目の前の子どもを決めつけてみてしまうことにつながってしまうのです。

　子どもの発達は、決して平坦な一本道ではありません。とても多様な経過をたどります。さらに一人ひとり異なります。保育者は、そのことをまず理解したうえで、子どもに目を向ける必要性があります。

　「幼稚園教育要領解説」においては、「教師は、幼児が自ら主体的に環境と関わり、自分の世界を広げていく過程そのものを発達と捉え、幼児一人一人の発達の特性（その幼児らしい見方、考え方、感じ方、関わり方など）を理解し、その特性やその幼児が抱えている発達の課題に応じた指導をすることが大切である[†7]」と示されています。つまり、保育者は、子ども一人ひとりの発達の特性と発達の課題を把握し、その子らしさを大切にした指導が大切なのです。

▶出典
†7　文部科学省「幼稚園教育要領解説」第1章第1節3（3）①「一人一人の発達の特性」

2　発達の課題に応じる

　インシデント④のTちゃんについてさらに考えてみましょう。これまでの経緯を見てみると、Tちゃんはイメージしたことを自分なりに表現しようとしたり、ほかのクラスのダンスを見てまねをしたり、自分でやってみようとする意欲がうかがえます。ただ、運動会という少し雰囲気の違った場所では、そうした表現をすることを躊躇していたのです。

　指導という側面から見たときに、保育者が「これからもっと育ってほしいな」という観点から「発達の課題」をとらえることが必要です。つまりそれは、子どもにとって次へのステップを考えることです。

　Tちゃんにとっての発達の課題を考えてみましょう。Tちゃんはすでに自分なりにイメージをもって表現することはできています。では、次の課題をどのように設定すればよいでしょうか。たとえば、運動会などふだんと違う場面でも友だちの存在を感じながら一緒に表現を楽しんだり、達成感を味わったりすることなのではないか、と考えることもできるでしょう。このように、現在の発達の特性と発達の課題を把握し、子どもに合わせて指導していくことにより、子どもがそのよさを発揮しつつ育っていくのです。

　けれども子どもたちの発達の課題を考えるとき、保育者が「こんなことをしてみたい」「あんなことも試したい」と思うことは悪いことではありませんが、保育者の思いや願いを一方的に押しつけたり、同じ時期に同じ方法で、どの子どもにも同じことを指導したりするだけでは、適切な指導を行うことはできません。

　また、私たち大人が当たり前にできることも、子どもにとっては、順を追った道筋で得てきた経験によるものであることも忘れてはなりません。たとえば、服の着脱にしても、ある日突然できるようになるわけではありません。子どもの目が少し先に向かうような目標を設定することで、発達が促されていきます。保育者としては、発達が遅いとか早いとかの判断ではなく、その子が今どういう状況なのか、どういうことを思っているかなどをとらえたうえで、子どもが環境に適応していく過程を系統的にみていくことが大切です。

インシデント⑥　5歳児　幼稚園での一番の思い出

　冬の時期、この幼稚園では、5歳児が鉄芯のコマを回す遊びを始めます。昔の正月遊びの定番となっているものですが、コマにひもを巻きつけて、タイミングよく力を加えないと、なかなかうまく回りません。子どもたちは夢中になって取り組みますが、簡単には回

第2章 保育者に求められる専門性

らないため、当然苦労します。最初の難関は、コマにひもを巻きつけることです。強く巻きつけすぎると、すぐにほどけてしまいます。絶妙な力加減とコツがいるのです。**直接体験することで学べる**ものがそこにはあります。さらに、ヒモを巻きつけるのがうまくいっても、コマを回すのは簡単ではありません。コマが思わぬ方向に飛んでいったり、ひもから離れずにぶらんとなるたびに、子どもたちの悔しさとため息が聞こえてきます。

5歳児のOくんも、コマを回せるようになるまでに苦労した一人でした。保育者と一緒に、ときには友だちと一緒になってチャレンジを繰り返し、コマと向き合い、しばらくは回せず悔しい日々を過ごしました。ただ、このコマ回しのいいところは、努力したら必ず報われる、というところです。そして夢中になれます。一人ひとりの「はじめて回せた」という達成感は、きっと本人が一番噛みしめたことでしょう。Oくんのはじめて回せた瞬間もそうだったはずです。

Oくんが卒園して、小学2年生になったときのことです。Oくんから年賀状が届きました。そこには、「小学校の授業で、幼稚園のときのコマ回しが自分にとって忘れられない経験になったと発表した」「今でもコマを大切にしていて、幼稚園での一番の思い出となっている」ということが記されていました。

> ◆補足
> **体験することでの学び**
> ノーベル賞を受賞した経済学者ヘックマン（Heckman, J. J.）は、忍耐力や意欲などのいわゆる「非認知能力」と呼ばれる力が、就学前において重要であることを述べている。

5歳児になると、就学を前にした年齢でもあり、たくましさとしなやかさを身につけていきます。このように、コマ回しに何度もチャレンジする姿は、その先にある成功を見据えられる見通しと、自分ならできるという肯定感に支えられています。そこには、保育者のみならず、まわりの友だちの存在も大きく関わっています。コマを回せる友だちを見て込み上げる悔しさ、一緒になって回すためのコツを教え合う姿、回せるようになれば、お互いに見せ合って勝負する姿など、コマ回しに向き合うなか、まわりの人と関わることが子どもたちに大きな影響を与え、成長を促しています。そうしたさまざまな感情や関わりが見られる姿は、今まで十分に園生活を経験して育ってきた5歳児らしい姿ともいえるでしょう。

しかし、保育者が子どもの成長を感じられる瞬間は、リアルタイムに訪れるものだけではありません。この事例のように、何年後かに実感で

きることもあります。

　保育はよく植物の生長にたとえられます。生長にはじっくりと時間をかけること、無理やりに引っ張って伸ばすのではなく、土に栄養を与えたり、水やりが欠かせないなど、どの行為も保育に照らし合わせることができます。そして乳幼児期は、特にその根っこを育てているのだといわれています。根っこがしっかり張っていないと、すぐに倒れてしまいます。根の役割はまさに土台です。目に見えて花を咲かせることではなく、地中にある土台になるものを育む、そういった関わりが、保育には求められているのです。花が咲いたのを確認できるのは、もしかしたらインシデント⑥のように卒園してからかもしれません。また、もっともっと先の、教え子が大人になったときかもしれません。保育者は、今の子どもたちを保育しながら、未来の子どもの育ちを支えているのです。保育者は、未来を紡ぐ職業であるといっても過言ではないでしょう。

5．より質の高い教育・保育を目指して

　2017（平成29）年3月に告示された「幼稚園教育要領」「保育所保育指針」「幼保連携型認定こども園教育・保育要領」では、幼児教育から高等学校までを通した**育みたい資質・能力**＊が示されました。さらに、小学校教育との円滑な接続のために、「**幼児期の終わりまでに育ってほしい姿**」が明確にされ、学びの連携・接続の重要性が示されたのです。今後これらの実現に向けて、幼児の自発的な活動としての遊びを中心とした教育を実践していくことが重要であり、幼児の自発的な遊びを生み出すために必要な環境をどのように構成していくかということが、これまで以上に求められます。そこで、より質の高い教育・保育の実現に向けて大切にしたいことについて考えていきたいと思います。

1　発達の理解

　これまでも述べてきたように、まず大切なことは、一人ひとりの子どもの興味や関心はどこにあるか、今何を経験しているか、何を実現しようとしているか、これまでの経験をどのように生かしているか、友だちとの関係はどのように変化してきたかなど、多様な視点から子どもの発達の実情を理解することです。

用語解説
育みたい資質・能力
幼児教育においては、幼児期の特性から、この時期に育みたい資質・能力として、3つの資質・能力が示されている。
→レッスン1

参照
幼児期の終わりまでに育ってほしい姿
→レッスン1

2 具体的なねらいと内容の設定

具体的な「ねらい」や「内容」を設定する場合には、「保育所保育指針」「幼稚園教育要領」「幼保連携型認定こども園教育・保育要領」の各領域に示された「ねらい」「内容」を踏まえて、子どもに育ってほしい姿の実現に向けて、子どもがどのような経験を重ね、何を身につけていくかや、いけばよいかを設定することが大切です。その際、「幼児期の終わりまでに育ってほしい姿」を意識しておくことも忘れてはいけません。

3 環境を構成する

環境を構成する場合、子どもが具体的な「ねらい」を身につけるために必要な体験を得られる状況をつくることが大切です。具体的には、人や物、自然や事象、時間や空間、教材など、さまざまな要素を関連させながら環境を構成していきます。子どもは、具体的な「ねらい」「内容」によって構成された環境に興味や関心をもって関わり、さまざまな活動を生み出していきます。そのとき、保育者は子どもの活動をとおして、子ども一人ひとりにどのような体験が積み重なっているのか、その体験が子どもにとって意味ある体験となっているのかなどについて常に把握し、「ねらい」の実現に向けて必要な援助を行っていくことが大切です。

具体的には、何をどのように配置すれば遊びが盛り上がるのかを考えたり、どれくらいの人数にするのか、場所は適切かどうかなど、子どもの動線をイメージすることなどが必要です。たとえば、砂場遊びをする場面においても、バケツやスコップが無造作に置かれているだけでは環境構成とは呼べません。そこにいる子どもたちがそれに対して関わりをもってはじめて、子どもたちにとって有用な環境となります。

また、年齢によって用意するものも異なります。季節によっても異なり、夏ならば、水を用意しておくと遊びが広がるかもしれません。その環境が、子どもの発達に必要な経験や、望ましい発達を実現していくように考えなくてはいけないのです。だからこそ、遊具や教材に対して、そこからどのような興味や関心、好奇心や探求心が芽生えるのかを予想し、構成する工夫が必要となります。

さらには、物的環境を意識するだけではなく、保育者自身がどのような環境になり得るのか、ということも忘れてはいけない視点です。保育者自身も人的環境なのです。保育者の立ち位置はどこがいいのでしょうか。またどのような姿勢がいいのでしょうか。また、どのように関わるのがいいのでしょうか。考えることはたくさんあります。どれも環境を構成する大切な視点といえるでしょう。声をかけるのなら、どのような

◆補足
主体的・対話的で深い学び
○「主体的な学び」の視点
周囲の環境に興味や関心をもって積極的に働きかけ、見通しをもって粘り強く取り組み、自らの遊びを振り返って、期待をもちながら、次につなげる「主体的な学び」が実現できているか。
○「対話的な学び」の視点
他者との関わりを深めるなかで、自分の思いや考えを表現し、伝え合ったり、考えを出し合ったり、協力したりして、自らの考えを広げ深める「対話的な学び」が実現できているか。
○「深い学び」の視点
直接的・具体的な体験のなかで、「見方・考え方」を働かせて対象と関わって心を動かし、幼児なりのやり方やペースで試行錯誤を繰り返し、生活を意味あるものとしてとらえる「深い学び」が実現できているか。
(以上、中央教育審議会「幼稚園、小学校、中学校、高等学校及び特別支援学校の学習指導要領等の改善及び必要な方策等について（答申）」2016年、80-81頁)

言葉を選びますか。保育者の何気ない言葉であっても、子どもにとっては影響力をもつものとなります。

このように、保育者は常に子どもの視点に立ち、「**主体的・対話的で深い学び**」の実現に向けて、**アクティブ・ラーニング**＊の視点に立った教育・保育の充実を求められているのです。

4 反省や評価と指導計画の改善

子どもたちの遊びの広がりや発展を発達過程に従ってコーディネートするのが、保育者の役割といえます。計画（Plan）→実行（Do）→評価（Check）→改善（Act）していく、この循環（**PDCAサイクル**＊）を行っていくことが重要です。つまり、子ども一人ひとりの発達の理解に基づく「ねらい」「内容」、環境の構成と子どもたちの活動の展開、それに沿った保育者の援助、反省や評価という循環のなかで行われるということです。常に、指導の過程を通して反省と評価を行うことにより、より質の高い教育・保育の実現につながっていくのです。

> ※ **用語解説**
> **アクティブ・ラーニング**
> 教員による一方的な講義形式の教育とは異なり、学習者の能動的な学習への参加を取り入れた教授・学習法の総称。

> ※ **用語解説**
> **PDCAサイクル**
> PDCAサイクルとは、もともとは企業における生産性を高めることや、管理業務を円滑に進めるための手法として注目された。今では、保育・教育業界でも取り入れられるようになっている。また、最近ではR-PDCAとしてR（Research：調査）を加えることや、RV-PDCAとしてV（Vision：見通し）を据えるなど、よりサイクルの充実を図る動きもある。

演習課題

①自分自身の乳幼児期の記憶を思い返してみましょう。またその当時の保育者からの関わりで、記憶に残っていることは何でしょうか。
②このレッスンで取り上げた事例を読み、あなたが保育者ならどのように関わりますか。また、その関わりについてグループで話し合ってみましょう。
③保育者にとって大切なことは何でしょうか。このレッスンで学んだことと自分自身が意識したいこととを比較して、発表してみましょう。

レッスン **6**

みずから保育を構想し展開する

このレッスンでは、保育者がみずから保育を構想し展開するための基本的な考え方について学びます。保育者の役割は、子どもがみずからの可能性を開いていけるよう援助していくことです。それは、やみくもに取り組んでもうまくいくものではありません。では、保育者にはどのような役割が必要なのでしょうか。

1．保育を構想し、計画することの必要性

　乳幼児期の保育は、子どもが一つひとつの活動を効率よく進めていけるようになることを目指すものではありません。子どもがみずから周囲に働きかけ、その子どもなりに試行錯誤を繰り返し、発達に必要なものを獲得しようとする意欲や態度を育むことを大切にしています。楽しい経験から「もっとやってみたい」「こんなことも知りたい」「みんなと一緒にやってみよう」など、子どもの主体性や周囲の人との関係を育てていきます。

　色水遊びなら、決められたとおりに混ぜるのではなく、「あの色とこの色を混ぜてみたいな」「どうやったらもっと素敵な色になるだろう」「もっとこうしてみたい」などと自由に発想を広げ、水の量や混ぜる色を工夫します。時には驚き、大喜びすることもあるでしょう。うまくいかなくてがっかりしても、気持ちを切り替え、みずから次の挑戦につなげていくこともあります。友だちとさまざまな形の容器を並べて、共通のイメージに近づくように考え合ったりする姿も見られるかもしれません。

　しかし、保育の基本がこうした子どもの自由な発想や主体性を大切にするものだからといって、どこまでも「子ども任せ」にしてよいというわけではありません。偶然に任せるような保育や行き当たりばったりの保育では、準備や配慮も不十分となり、発達に必要な体験を得るための機会を子どもたちに保障できないままになってしまうこともあります。つまり、子どもの育っている姿を適切に理解し、発達を見通したうえで、計画的に援助や指導を行っていくことが必要です。

　具体的には、保育者が日々の子どもたちの様子から、子どもたちの興味・関心などを読み取り、そのうえで子どもたちの発達を促すために必要な環境や活動をイメージし構想することから始まります。たとえば、

色水遊びがよいだろうと判断したとしても、次に、その活動を通してどのような育ちが期待されるのかを考え、あらかじめ色水をつくっておくのか、同じ形の容器ばかりを用意しておくのか、色水遊びの次の展開としてどのようなことが考えられるのかなどを想定しておくことが必要です。つまり、子どもの姿を予想し、保育を具体的にイメージし、計画していくことが大切です。

見通しのない保育は、「放任」になりやすく、よりよい子どもの発達につながらないばかりか、最悪の場合、思わぬ事故を引き起こしてしまうこともあります。子どもが安全に、安心して、その時期の発達に必要な経験や活動を積み重ねていけるよう、保育者には、保育を構想し、計画していくことが求められているのです。

2. 入園から卒園までを見通した計画：教育課程・全体的な計画など

保育の計画には、大きく分けて2種類あります。一つは、入園から卒園に至るまでの保育の全体的な計画であり、もう一つは、その全体的な計画を具体的に展開するための実践計画とされるものです。それらの関係を図表6-1にまとめてみました。

まずは、保育実践の前提となる全体的な計画について考えてみましょう。

図表6-1 教育課程・全体的な計画等と指導計画の関係（イメージ図）

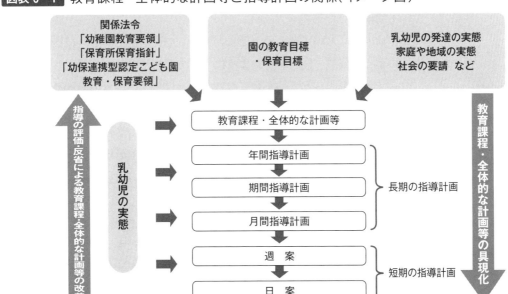

出典：文部科学省『幼稚園教育指導資料第1集　指導計画の作成と保育の展開　平成25年7月改訂』フレーベル館、2013年をもとに作成

1 全体的な計画とは何か

　図表6-2に示すように、全体的な計画は、子ども一人ひとりが園生活を送るなかで、さまざまな体験を通して成長していくための大きな道筋を示したものととらえることができます。つまり、入園から卒園までの在園期間の全体にわたり、どのような過程をたどって保育が進められていくかを明らかにするものです。ただ、わが国では保育制度が一つに統合されていないため、幼稚園、保育所、幼保連携型認定こども園などそれぞれにおいて、全体的な計画のとらえ方が少しずつ異なっています。以下に説明していきましょう。

図表6-2 全体的な計画のイメージ図

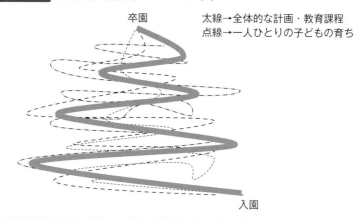

出典：高知県教育委員会事務局幼保支援課「指導計画・園内研修の手引き」2011年をもとに作成

①幼稚園

　幼稚園においては、幼児期にふさわしい生活をどのように展開し、どのような資質・能力を育むようにするのかを示す「教育課程」を編成することが求められています。教育課程とは、学校教育の目的や目標を達成するために、教育の内容を児童生徒の心身の発達に応じて総合的に組織した学校の教育計画のことです。小学校以上であれば、各教科、特別活動などを含めた全体計画となりますが、幼稚園の場合は、入園から修了までの園生活全体のなかで身につける経験内容の総合的な計画になります。

　幼稚園における教育課程は、3歳から就学前までの子どもの育ちを見通し1日4時間の教育時間を標準として編成されます。また、その時間を超えての預かり保育などは、教育課程外の教育活動と位置づけられています。

　さらに2017（平成29）年の「幼稚園教育要領」の改訂では、教育課

程を中心に、教育課程外の教育活動、学校保健計画、学校安全計画などを関連させ、一体的に教育活動が展開されるよう全体的な計画を作成することが求められています。

② 保育所

保育所においては、「**全体的な計画**」の作成が求められています。保育所における全体的な計画とは、保育所保育の全体像を包括的に示すものであり、保育の目標や方針、子どもの発達過程を踏まえ、保育所生活の全体を通して身につける経験内容の総合的な計画と位置づけられます。

保育所では、子どもの家庭環境や生育歴、また保育時間や保育期間も一人ひとり異なります。たとえば、生後2か月から入所する乳児もいれば、保護者の就労状況などによって、年度途中から入所する子どももいます。早朝から長時間保育を受ける子どもや、比較的短時間で帰宅する子どももいるでしょう。こうした状況から「全体的な計画」は、保育時間や在所期間の長短、途中入所などにかかわらず、入所しているすべての子どもを対象として計画する必要があります。さらに、延長保育、夜間保育、休日保育などを実施している場合には、それらも含めて子どもの生活全体をとらえて編成することが求められています。

③ 幼保連携型認定こども園

幼保連携型認定こども園においては、「教育及び保育の内容並びに子育ての支援等に関する全体的な計画」の作成が求められています。幼保連携型認定こども園には、幼稚園に相当する保育時間のみを園で過ごす子どもと、保育所のように長時間の保育を必要とする子どもとが、一緒に生活しています。また延長保育、夜間保育、休日保育など、多様な保育サービスを実施している園もあります。こうしたことから、幼保連携型認定こども園では、「教育及び保育の内容並びに子育ての支援等に関する全体的な計画」として、教育課程と保育所における全体的な計画を兼ね備えた計画の立案が求められています。

> 補足
> **全体的な計画**
> 保育所における「全体的な計画」は、2017年の「保育所保育指針」改定以前は、「保育課程」と称されていた。よって「保育課程」として説明されている書籍などもある。

2 教育課程・全体的な計画等の編成の手順

教育課程・全体的な計画などは、全国共通の様式や決められたものがありません。そのため、子どもや地域の状況を考慮しながら、独自のものを作成していく必要があります。教育課程・全体的な計画等の編成は、園長・所長によるリーダーシップのもと、全職員が参画し、共通理解をはかりながら創意工夫して編成することが大切です。職員全体での計画作成のプロセスは、全職員による一貫性のある保育の実現を可能にするでしょうし、また日々の保育実践から保育の意義を見いだし、思考を深

め、次の実践につなげていこうとする保育者一人ひとりの力量形成にもつながっていきます。

では、実際に教育課程・全体的な計画等の編成の手順をたどってみましょう。

①編成に必要な基礎的な事柄について共通認識を図る

第一に、「教育基本法」や「児童福祉法」「就学前の子どもに関する教育、保育等の総合的な提供の推進に関する法律」などをはじめとする関連法令や、基準となる「幼稚園教育要領」「保育所保育指針」「幼保連携型認定こども園教育・保育要領」の理解を深め、共通認識を図ることが大切です。

また園を取り巻く地域の環境、保育の対象となる子どもや家庭の実態、保護者の意向なども把握し、また、乳児期から幼児期、学童期にわたる一般的な発達のプロセスの理解も必要です。

②園の目標について共通理解を図る

「こんな子どもに育ってほしい」という保育者や保護者の願いを出し合いながら、期待される子ども像や現在の保育における課題などを考え、園の目標についての理解を深めていきます。なぜその目標を設定したのか、実践ではどのように展開され、どのように実現していくのかを十分に検討していくことも必要です。

園の目標は、その設立の背景や大切にしたいことによって、さまざまに表現されます。たとえば、「いきいきといっぱい遊ぶ子ども」「健康な体の子ども」「よく考え最後までやり抜く子ども」「自分をかけがえのない存在と感じ、自信をもって生きていける子ども」など、多様なものが目標として掲げられています。その設定の理由や園で大切にしたいことも、そこからうかがえます。

③乳幼児の発達のプロセスを見通す

次に、入園から卒園までを通じて子どもがどのように発達していくのか、どの時期にどのような生活が展開されるとよいのかについて、発達の節目を探り、長期的な見通しを立てていく段階に入ります。それぞれの園に蓄積されている指導計画や記録をもとに、子どもの発達のプロセスを共通認識するのもよいでしょう。そのうえで、園の目標が、子どもの発達の過程に応じてどのように達成されていくのかについて、おおよその予測をしていきます。

④具体的なねらいと内容を組織する

「幼稚園教育要領」「保育所保育指針」などに示されている「ねらい及び内容」について、職員間で共通理解したうえで、各園での子どもの発

達の実情や、地域の実態などを再確認し、教育課程・全体的な計画等における具体的なねらいや内容を検討していきます。子どもの発達を節目によって区切り、そのなかで期待される子どもの姿、主な保育内容、方法を検討し、それらを組織的に編成していきます。

⑤教育課程・全体的な計画等を実施した結果を評価し、次の編成に生かす

こうして編成された教育課程・全体的な計画等に基づいて、具体的な指導計画が立案され、実際の保育が展開されていきます。教育課程・全体的な計画等と実際の保育における子どもの姿との間にずれが生じた場合、次の編成の際には、教育課程・全体的な計画等を改善していくことが必要です。

3. 日々の保育の計画：指導計画

教育課程・全体的な計画等の編成により、園全体で組織的、計画的に保育に取り組むことや、一貫性、連続性のある保育実践が期待されるようになります。しかし、教育課程・全体的な計画等だけの編成で日々の保育が可能かというと、そうではありません。教育課程・全体的な計画等は、保育の計画の一つではありますが、日々の保育実践を行うにあたっては、それらはむしろ「道しるべ」の役割を果たすものとなり、より具体的な計画が求められていきます。保育実践のための、この具体的な計画を「指導計画」といいます。

1 指導計画とは何か

指導計画とは、教育課程・全体的な計画等に基づき、保育目標や保育方針を具体化していく実践計画です。指導計画には、具体的なねらいと内容、環境構成、予想される活動、保育者の援助、家庭との連携などが記載されます。指導計画は、保育実践の具体的な方向性を示すものであり、一人ひとりの子どもが、乳幼児期にふさわしい生活のなかで、必要な体験が得られるよう見通しをもって作成していくものになります。

2 長期の指導計画と短期の指導計画

指導計画は、年、期、月などを単位として作成される「長期の指導計画」と、週や一日の計画である「短期の指導計画」との、大きく2つに分けることができます。長期的な指導計画は、子どもの生活や発達を見通すためのものであるのに対し、短期的な指導計画は、日々の子どもの

姿からより具体的に作成されるものになります。

長期的な計画と短期的な計画についての関係は前出の図表6-1に示しています。教育課程・全体的な計画等に示された園全体の目標に向かって、そこから年齢ごとに1年間を通した年間指導計画が作成され、学期ごとの期間指導計画、月ごとの月間指導計画が作成されます。それらをもとに、日々の子どもの実態に即して、週ごとに作成する週案、日々の保育計画である日案へと、より具体的な計画が作成されていきます。

3 教育課程・全体的な計画等から長期の指導計画の作成へ

では、教育課程・全体的な計画等から具体的な指導計画を作成するためには、どうすればよいのでしょうか。まずは、長期の指導計画である年間指導計画を作成しましょう。

①年間指導計画の作成の手順

○教育課程・全体的な計画等のとらえ直し

年間指導計画は、4月からの1年間の子どもの育ちを見通して、具体的なねらいや内容、環境構成、援助を作成したものになります。まずは教育課程・全体的な計画等における発達の過程、ねらい・内容などを、実際の園生活の流れに即した姿として具体的にとらえ直します。

○昨年度の年間指導計画の評価から

昨年度の年間指導計画の評価をもとに、今年度の園生活を計画していきます。昨年度の子どもの姿、保育の記録なども参考にします。また、自然との関わりや行事、地域との交流、小学校との連携など、長期的な見通しが必要な内容についても検討していきます。

○ねらいと内容の作成

それぞれの時期にふさわしい生活が展開されるように、その時期に育てたい「ねらい」と「内容」を明確にします。

○環境の構成と保育者の援助

保育の実践にあたって、環境をどのように構成するか、保育者がどのように関わろうとするのかについて示していきます。園全体の保育環境と子どもの遊びの関係をとらえ直し、保育室、園庭、共通で使う施設、遊具、自然、人など、子どもを取り巻くすべてのものについて検討します。

保育者の援助については、子どもの発達や人との関係などから、どのような援助に重点を置くかを明確にしていきます。

②月間指導計画作成の手順

月間指導計画は、年間の計画を具体化したものとして、月ごとに作成されるものです。作成の手順は、クラスの子どもの実態の把握から始ま

ります。前月の子どもの姿を把握し、年間指導計画をもとに季節の変化や行事などに応じて、その月の園生活の様子を予想し、具体的なねらいと内容を設定していきます。さらに、それらを実践するための環境の構成や保育者の援助などについて考え、計画を作成していきます。図表6-3に、月間指導計画の一例を紹介しておきましょう。

③長期の指導計画から短期の指導計画の作成へ

短期の指導計画は、週などの生活の区切りを単位とした週案と、一日を単位とする日案とに分けられます。

週案では、一人ひとりの姿から、クラス全体の姿を考えていくことが

図表6-3 月間指導計画の書式の一例(一部抜粋)

6月の指導計画　4歳児

長期のねらい	今月のねらい	
※長期の「ねらい」の記入	※前月までの子どもの実態をもとに、子どもたちの発達過程を見通し設定	
○戸外で体をいろいろと動かして遊ぶ楽しさを味わう。 ○友だちとのふれあいのなかで、一緒に遊ぶことを楽しむ。	○天候に応じた生活のしかたを知り、遊びや生活に必要なことを自分でしようとする。 ○いろいろな遊びや場に興味をもち、自分から関わって遊ぶ楽しさを味わう。 ○自分のやりたいことを動きや言葉に表しながら、友だちと一緒に遊ぶことを楽しむ。	
前月の子どもの姿	子どもの経験する内容	環境の構成と保育者の援助
※前月までの子どもの実態を、生活や遊び、人との関わりなど、さまざまな視点から記述する。	※子どもに経験してほしい事柄、経験可能な活動内容を記述する。発達、興味や関心、子どもの生活の連続性、季節の変化などに考慮する。	※ねらいを達成するために適切な環境の構成や、子どもが主体的に活動を展開していけるような保育者の援助・指導を記述する。
○身じたくや所持品の始末のしかたがわかり、自分から取り組む姿が多く見られる。 ○身近な自然物や、いろいろな素材や遊具に興味をもち、ふれたり使ったりして遊んでいる。 ○一緒にいたい友だちとふれあい、同じ場にいたり、同じものを身につけて遊んだりすることを楽しむ姿が見られる。	○水遊び・プール遊びの着替えや汚れた衣服の後始末、天候に応じた衣服の調節のしかたを知り、保育者と一緒に取り組む。 ○水・砂・土・泥などの素材に存分にふれるなかで、その感触を味わいながら遊ぶ。 ○興味をもった遊びや場に自分から関わり、楽しんでいろいろな遊びをする。	○汗をかいたり、衣服が汚れたりしたら、自分から着替えができるように、取り出しやすく、落ち着いて着替えられるような空間など動線を考えて環境を整え、必要に応じて言葉をかけていく。 ○水・砂・土・泥などの感触を存分に味わえるように砂場を整備し、砂の状態を確認しておく。 ○個々に思い描いたものや遊びに必要なものをつくったり、つくったもので遊んだりする楽しさが感じられるようにする。
家庭・地域との連携	園で長時間過ごす子どもへの配慮	健康・食育・安全
※家庭および地域社会との連続した生活が展開されるように配慮する。保護者支援や小学校との連携も視野に入れる。	※子どもの発達過程、生活リズムや心身の状態に配慮して、保育内容や方法、職員の協力体制、家庭との連携などを記入する。	※健康・安全への理解を深める活動や災害等の避難訓練、食育指導に関する配慮などを記入する。
○衣服の調節や、水遊び・プール遊びのしたくや後始末に自分で取り組み、自分でできる喜びが味わえることの大切さを伝え、一人ひとりの様子に合わせて必要なものを用意してもらうように協力をお願いする。	○雨が多い時期なので、室内で楽しく過ごせる遊具や教材で遊んだり、体を動かして遊べるような活動をしたりする。	○雨天時には、遊具の安全な使い方、室内での過ごし方を知らせたり、場所を変えて気分転換を図ったりするなど工夫して過ごす。 ○栽培中の夏野菜の生長に関心をもち、食べることへの期待がもてるようにする。

注:表中の各項目の下にどのように記入したらよいかの説明を付している。
出典:月刊保育とカリキュラム編集委員編「指導計画の基本的な考え方と年齢別　年の計画」『月刊保育とカリキュラム』2018年4月号特別附録、お茶の水女子大学子ども発達教育研究センター編『幼児教育ハンドブック』2004年、『月刊保育とカリキュラム』2016年6月号をもとに作成

大切になります。共通に経験していることは何かを把握し、次週はどんな経験として展開していくことが期待されるのかを考えていきます。それが、次週のねらいや内容として位置づけられ、環境構成や保育者の支援等について計画を作成していきます。

また、登園してから降園するまでの1日の保育についての計画を作成するのが日案です。明日の日案の作成は、今日の保育について振り返り、子どもたちの様子やその行動の理由、何を「おもしろい」と感じていたのかなどを、具体的にとらえていくことから始まります。こうした子どもの実態の把握が、明日の保育をよりよいものにしていくスタートとなるのです。

ただし、こうした計画は、あくまでもあらかじめ考えた保育の「仮説」であって、実際の保育では、計画と実践にずれが生じたり、計画どおりに進まないこともあります。計画は、実践のなかで絶えず修正されるものであり、保育者には柔軟な対応が求められます。また、3歳未満児や障害児の保育については、個別の指導計画の作成が必要です。

4．指導計画作成のプロセス：日案を例にとって

では、日案を例にとって、具体的に指導計画を作成してみましょう。

ステップ1　今日の子どもの姿を把握する

次の事例は4歳児クラスの6月の姿です。まずは担任の保育者（以下、K保育者）による記録[†1]から、子どもたちの姿について理解を深めてみましょう。

▶出典
†1　高知県教育委員会事務局幼保支援課「指導計画・園内研修の手引き」2011年より一部改変

〈砂遊び1〉
　A、B、Cの3人は、スコップで砂を掘って川をつくっていた。そのうち、Cは、ペットボトルに水を汲んでは川に流し始めた。
　だんだん水がたまってくるのを見たAが「海みたいや」と言ったことで、3人の遊びは海づくりに変わっていった。
　3人の楽しそうな声に気づいたDは、「ぼくも入れて」と言って仲間に加わろうとしたが、Aが「いかん」とすぐに言った。Dは入れてもらえなかったが、そばで3人の遊びを見ていた。K保育者はDの気持ちを探るため、少し様子を見守ることにした。
　A、B、Cは、たまった水の感触が楽しくて、ぐちゃぐちゃ

になって遊んでいるうちに片づけになった。

〈砂遊び2〉

E、F、G、Hの4人は、砂場の横に置いているテーブルの上に、カップで型抜きをしてはケーキをつくり、さらに粉や小石などをのせていた。

いろいろなケーキが並んでいたので、K保育者は「食べてもいい?」と、4人に声をかけた。Eたちが「いいよ、いちごケーキどうぞ」と差し出してくれたので、4人の顔を見ながら「甘くておいしいね」と言って食べると、4人は顔を見合わせてにっこり笑った。

子どもの姿を理解しようとするとき、子どもは自らの心の内をすべて話してくれるわけではありません。保育者は、保育を通して見られた子どもの表情や動き、つぶやきなどをていねいにとらえ、その内面のありようや発達の実情を理解していきます。

事例の子どもたちは、どんな楽しみやこだわりをもっていたのでしょうか。また、今の興味・関心はどこにあるのでしょうか。保育者や友だちとの関わりについてはどうでしょうか。考えてみましょう。

図表6-4 子どもの姿からねらいと内容を設定するプロセス

今日の子どもの姿
・気の合う友だちと同じ場所で一緒に遊びを楽しんでいる。
・自分の考えを友だちに伝えたり、同じイメージで遊んだりする姿が見られるが、それぞれが自分の遊びを楽しんでいる。
・遊びの仲間入りをめぐっていざこざになることもある。
・汚れも気にせず、砂や水の感触を楽しんでいる。

　　　　　　子どもの姿から、ねらい・内容へ

〈長期の指導計画をもとに育ちをとらえる〉

発達の過程	・一緒に遊びたい友だちや好きな遊びが見つかり、活発に遊ぶ姿が見られる。 ・自分が興味をもった遊びを思う存分楽しんでいる。 ・気の合う友だちと遊ぶことが楽しくて誘い合って遊ぶが、遊びに必要なものや場、仲間入りなどをめぐって思いがぶつかり、いざこざになることがある。
生活の連続性	・日に日に暑さが増し、戸外で水を使って遊ぶことが多くなっている。
興味や関心	・自分なりに見立てて遊ぶことが楽しい。 ・砂や水の感触が心地いい。 ・汚れたり濡れたりを気にしないで遊ぶことが楽しい。

＋

保育者の願い
・興味をもった遊びに思う存分取り組んでほしい。
・自分なりに見立てて遊ぶ楽しさを味わってほしい。
・気の合う友だちと一緒に遊ぶ楽しさを経験してほしい。
・自分とは違う友だちの思いにも気づいてほしい。
・汚れを気にせず、思い切り心も体も解放して遊んでほしい。

出典:図表6-2と同じ

K保育者は、今日の子どもの姿を図表6-4のようにとらえました。そして、長期の指導計画も参照しつつ、発達の過程や生活の連続性、興味や関心といった観点から、子どもたちの育ちを整理しています。さらに、この時期の保育者の願いも書き出してみました。

ステップ2　具体的なねらいと内容を設定する

次の段階として、具体的なねらいと内容を設定していく必要があります。この時期にどのような育ちを期待するのかといった、乳幼児期に育てたい心情・意欲・態度としてのねらいと、ねらいを達成するための内容も考えていきます。あなたが担任の保育者であったら、明日の保育のねらいと内容はどのように設定しますか。考えてみましょう。

K保育者は、ねらいと内容を次のように設定しました[†2]。

▶出典
†2　†1と同じ

ねらい（○）と内容（■）

○気の合う友だちと一緒に、自分なりのイメージに沿って砂や水の感触を味わいながら、砂遊びを楽しむ。
　■気の合う友だちと砂を掘ったり積んだりして、山や川をつくることを楽しむ。
　■砂や土、草などを使ってごちそうをつくる。
○気の合う友だちと関わって遊ぶことを楽しむ。
　■気の合う友だちと一緒に、レストランごっこなどをする。
　■自分の思いを言葉でそばにいる友だちに伝える。

ステップ3　環境構成を考える

次は、このねらいと内容を達成するために、場や空間、ものや人、身の回りに起こる事象、時間などと関連づけ、子どもたちみずからが環境に関わり活動したくなるような環境の構成を考えます。

みずから関わりたくなるような遊具や用具、材料とはどのようなものが考えられ、それらをどのように配置すればよいのでしょうか。数や種類、友だちとの関わりを踏まえた環境、遊びをもっと発展させる素材など、どのように考えればよいのでしょうか。また、子どもが安心して遊べる雰囲気づくり、保育者の立ち位置などは、どのように考えればよいのでしょうか。図にして考えてみるのもよいでしょう。

K保育者は、図表6-5のような環境の構成とそれぞれの意図を考えました。さらに、子どもたちの砂遊びの様子を見ながら、楽しい雰囲気づくりをしていく必要があると考えました。また、じっくりと遊びに取り組めるように、時間を十分確保していくことも必要です。

図表6-5 K保育者による環境構成の構想

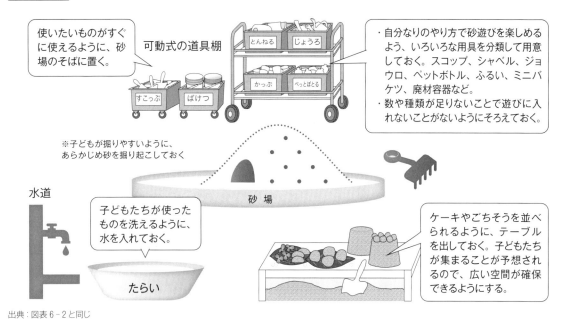

出典：図表6-2と同じ

ステップ4　保育者の援助を考える

　保育者の援助は、ねらい・内容を達成するために、一人ひとりの子どもの思いや考えをみずから実現していけるように支えていくことです。まずは、子ども一人ひとりの心の動きを読み取り、ありのままの姿を温かく受け止めましょう。そして子どもたち一人ひとりが着実な発達を遂げていくように、活動の場面に応じて、活動の理解者や共同作業者、提案者などの役割を果たしていきます。K保育者は、次のような援助を考えました[3]。

▶出典
[3] [1]と同じ

砂遊びの援助

・自分なりに砂と関わって遊ぶ楽しさが味わえるよう、保育者も遊びの仲間になって子どもたちと一緒に砂を掘ったり積んだり、ごちそうをつくったりして、それぞれの遊びが楽しめるように援助する。
・一緒に遊ぶ友だちがいる楽しさが感じられるよう、楽しさを共感したり、仲良しがいるうれしさを受け止めたりしていく。
・子ども同士のイメージの違いなどからいざこざが起こったときは、それぞれの思いを受け止めたうえで、相手にも思いがあることを知らせ、どうしたらよいのかを一緒に考えるようにする。
・仲間に入りたいものの、うまく関われなくてとまどいを感じているようなときは、それぞれの思いを受け止め、お互いに思いがあることに気づけるように仲立ちをし、どうしたら自分の思いがわかってもらえるのか一緒に探っていく。

第2章 保育者に求められる専門性

こうしてK保育者は、明日の保育の日案を作成しました。その一部を紹介しておきましょう（図表6-6）。さあ、明日はどんな保育になるでしょうか。

ステップ5　実際の保育の展開

日案をもとに、実際の保育に臨みます。前述したように、指導計画は、あくまでもあらかじめ考えた保育の「仮説」です。子どもの状態や天候、突発的な出来事などにより、計画と実践にずれが生じることもあります。

特に環境構成については、いざ活動を始めてみると変更が必要になることもあります。子どもの姿をよく見ながら、興味や関心に沿って環境を再構成していきましょう。

図表6-6　K保育者の作成した日案

子どもの姿	○気の合う友だちと同じ場所で一緒に遊びを楽しんでいる。 ○自分の考えを友だちに伝えたり、同じイメージで遊んだりする姿が見られるが、それぞれが自分の遊びを楽しんでいる。 ○遊びの仲間入りをめぐっていざこざになることもある。 ○汚れも気にせず、砂や水の感触を楽しんでいる。	月日	6月　○日（○曜日）
		対象児	うみ組（4歳児） 男児15名　女児15名　計30名
		ねらい（○） 内容（■）	○気の合う友だちといっしょに、自分なりのイメージにそって砂や水の感触を味わいながら、砂遊びを楽しむ。 ■気の合う友だちと砂を掘ったり積んだりして、山や川をつくることを楽しむ。 ■砂や土、草などを使ってごちそうをつくる。 ○気の合う友だちとかかわって遊ぶことを楽しむ。 ■気の合う友だちといっしょに、レストランごっこなどをする。 ■自分の思いを言葉でそばにいる友だちに伝える。

時間	予想される子どもの姿	環境構成	保育者の援助
8:30 11:00	○登園する。 ・持ち物の始末をする。 ○好きな遊びを見つけて遊ぶ。 ・砂遊び 　砂を掘ったり、積んだりして遊ぶ。 　器に砂や土を入れてご馳走をつくって遊ぶ。 　レストランごっこなどをする。 ・色水遊びをする。 ・ブランコ、滑り台などで遊ぶ。	・戸外で好きな遊びが見つけられるように、必要な用具をそれぞれの場所に用意しておく。 ・一人一人の興味に応じられるよう、スコップやシャベル、プラスチック容器などの用具を砂場の周りに準備しておく。 ・自分なりに話したりつくったりすることができるよう、時間を十分に確保する。	・登園してきた子どもを温かく受け止め、一日が気持ちよくスタートできるようにする。 ・子どもたちを戸外に誘っていく。保育者も戸外での遊びを楽しむ。 ・その子どもなりに気づいたことを受け止めたり、楽しんでいることに共感したりして、発見する楽しさが味わえるように援助する。 ・自分がイメージしたことが実現できるよう、戸惑っているような時は、子どもの思いを聞きながら手助けしたり、アイデアを出したりする。 ・イメージの違いからいざこざが起こった時は、それぞれの思いを受け止めたうえで、相手にも思いがあることを知らせ、どうしたらよいのかを一緒に考える。

出典：高知県教育委員会事務局幼保支援課「指導計画・園内研修の手引き」2011年より一部抜粋

ステップ6　今日の保育の振り返り

　実際の保育から、K保育者はどのように子どもの実態をとらえたのでしょうか。保育は毎日の連続の積み重ねです。日々の保育を振り返り、評価し、明日への保育につなげていくことが必要になります。この具体的な内容と方法は、引き続き次のレッスンで説明していきましょう。

演習課題

①保育の計画にはどのようなものがありましたか。それぞれの特徴と作成のプロセスについて確認してみましょう。

②K保育者の実践について、あなたならどのようなねらいと内容、環境構成、保育者の援助を考えますか。まわりの人と話し合ってみましょう。

③子どもの実態を踏まえた保育の事例を持ち寄り、あなたなりの子ども理解を整理し、日案を作成してみましょう。

レッスン7

自己の実践を振り返り明日の保育をつくる

前のレッスンでは、子どもの発達を意図する保育の計画には、さまざまな種類があることを理解しました。このレッスンでは、実際に展開された保育実践が、子ども一人ひとりを理解し、発達にふさわしいものであったかを振り返り、自己の保育の質を高めていくための方法について学んでいきます。

1. 保育を振り返ることの意味

1 「保育を振り返ること」の大切さ

わが国の幼児教育の父ともいわれる倉橋惣三の言葉を紹介しましょう。「子どもが帰った後、その日の保育が済んで、まずほっとするのはひと時。大切なのはそれからである。（中略）子どもが帰った後で、朝からのいろいろのことが思い返される。われながら、はっと顔の赤くなることもある。しまったと急に冷や汗の流れ出ることもある。ああ済まないことをしたと、その子の顔が見えてくることもある。一体保育は…。いったい私は…。とまで思い込まれることも屡々である。大切なのは此の時である。この反省を重ねている人だけが、真の保育者になれる。翌日は一歩進んだ保育者として、再び子どもの方へ入り込んでいけるから[†1]」。このように倉橋は、その日その日の保育の振り返りや反省を、保育者の力量を高める大切なものとしてとらえていました。

保育の場面では、さまざまな出来事が同時にあちこちで起こり、それらが複雑に絡み合っています。そんな状況に対応していくために、保育中の保育者は、一人の子どもの動きや思い、一つの場にじっくりと関われないといった課題を抱えることになります。しかし、保育後にその日の保育を振り返ることで、そのときには見えなかったものが断片をつなぎ合わせるように見えてくることも多く、保育者は、そこから新たな気づきや理解を得て、明日への保育につなげていきます。こうした振り返りのプロセスは、子どもをとらえる視点やみずからの保育をとらえる視点を養い、保育者自身の専門性を向上させていくことにもつながっていくのです。

保育の振り返りは、「幼稚園教育要領」や「保育所保育指針」等においても明確に示されています。たとえば、「幼稚園教育要領」においては、

参照
倉橋惣三
→レッスン1

▶出典
†1　倉橋惣三『育ての心（上）』フレーベル館、2008年、49頁

「幼児の実態及び幼児を取り巻く状況の変化などに即して指導の過程についての評価を適切に行い、常に指導計画の改善を図るものとする[2]」と、実践後の評価の大切さが示されています。

一方、「保育所保育指針」では「保育士等は、保育の計画や保育の記録を通して、自らの保育実践を振り返り、自己評価することを通して、その専門性の向上や保育実践の改善に努めなければならない[3]」と示されています。保育は、計画、実践、省察、評価、改善、計画、という循環を重ねながら展開されるものです。つまり、実践のあとの振り返りがあってはじめて、明日の保育が成り立ち、よりよい保育実践をつくり上げていくことができるのです。

▶出典
[2]「幼稚園教育要領」第1章第4 2「指導計画の作成上の基本的事項」

▶出典
[3]「保育所保育指針」第1章3（4）「保育内容等の評価」ア（ア）

2 「保育を振り返る」とはどのようなことか

では、「保育を振り返る」とは、具体的にどのようなことを指すのでしょうか。津守真は『保育の体験と思索』のなかで、「過去は現在となり、そして未来を生み出す力になる。その精神作業は、反省に考察を加えること、すなわち省察である[4]」（傍点は筆者）と述べています。つまり省察とは、自分の主観的な善し悪しや後悔の念などの感情で保育実践を「評価」することではなく、保育実践の意味を何度も問い返し見いだすことだといえます。こうしたことから保育の振り返りとは、漠然と自分の保育実践を思い返すというよりは、反省と考察を繰り返す「省察」のことを意味すると考えられます。「かわいかった」「楽しそうだった」「あの関わりはよくなかった」といったものは、単なる感想でしかなく、これらを保育の振り返りとして高めていくためには、より客観的な観点からの反省と考察を繰り返す作業が必要になるともいえます。

では、保育の振り返りのための観点として、どのようなことが考えられるのでしょうか。次に述べていきましょう。

▶出典
[4] 津守真『保育の体験と思索』大日本図書、1980年、9頁

◆補足
評価
ここでいう評価は、子どもの発達の到達度などについて何らかの基準に基づいて客観的に診断・評定することではなく、保育の過程において、子どもの発達を援助するためにより適切な保育環境や指導のあり方について検討することを目的として行われるものを意味している。

3 子どもの一人ひとりの姿を振り返る

一つ目の観点として、子ども一人ひとりの姿を振り返ることがあげられます。実際に、次の観点から子どもの姿を振り返ってみてはどうでしょうか。
○遊びへの取り組み（何に興味をもち、何をしようとしているのか）
○人との関係（保育者や子ども・保護者など）
○生活への取り組み（食事・睡眠・排泄など基本的な生活習慣）

たとえば、あなたが実際の保育に入ったとして、今日の子どもたちの様子を思い返してみましょう。子どもたちは何に関心をもち、何に夢中

になっていましたか。その遊びは、子どもにとってどんなところがおもしろかったのでしょうか。また、ほかの友だちと離れたところで過ごしている子どもがいたとしたら、その子どもは、どんな思いからそのような行動をとっていたと考えられますか。食事や睡眠は、十分とれていましたか。など、多くの観点があげられます。

このような観点から子どもの姿を思い返してみると、いろいろな側面から子どもをとらえることができます。言い換えると、個人差を踏まえながら、まずは一人ひとりの子どもの興味・関心や得意なことに目を向けること、そのうえで何につまずいているかを理解していくことだといえます。また、子どもは発達の特性上、自分の思いを言葉だけでなく全身で表現します。そのため保育者は、「〜ができる、〜ができない、〜遊びをしている」といった目に見えることだけではなく、子どもの言葉や行為から、育っている、育とうとしている、子どもの心情、意欲、態度を理解していくことも大切になります。

4 みずからの保育を振り返る

もう一つの観点として、**保育者自身の保育を振り返る**ことがあげられます。たとえば、レッスン6（77頁〈砂遊び2〉）の実践について、K保育者は図表7-1のように振り返りを行っています。ごちそうづくりを楽しむ子どもたちの姿を思い浮かべたものの、子ども同士の言葉のやりとりの少なさに課題を感じ、今後の援助についてどうしたものかと考えているところです。このひとときが、倉橋のいう、一歩進んだ保育者になるための大切な振り返りや反省の時間といえるでしょう。

そしてあらかじめ「仮説」として設定したねらいと内容は適切であったか、環境構成や保育者の援助はどうであったかを問い返し、考察を深めていきます。K保育者は、砂場の遊具や用具の種類や数、子ども同士の遊びをつなげる関わりのあり方などについて振り返りを行っています。また、子どもに十分に遊びに没頭する姿が見られなかったり、想定していた展開とは異なる状況となったりした場合には、なぜ計画と実践の間にズレが生じたのか、その理由を考え、次の対応策やさらなる発展の可能性を構想していくことも必要になります。さらに、保育中の子どもの様子を振り返るだけでなく、子どもの制作物やこれまでの記録なども、違った観点からの素材として扱うことを考えてもよいでしょう。

こうした振り返りのプロセスは、保育者に、保育中には気づかなかった子どもの行為の意味を見いださせたり、自分の保育のよさや課題に気づかせたりすることにもつながります。K保育者も、一人ひとりの思い

レッスン7　自己の実践を振り返り明日の保育をつくる

図表7-1　K保育者の振り返り（砂遊びの場面）

心に残った場面を振り返る

砂場にカップやお皿などを置いておくと、Eたち4人のごちそうづくりが始まった。しばらくすると、1人で遊ぶことが多いJも4人のそばで、ごちそうづくりを始めた。保育者もその姿をうれしく思い、ごちそうづくりに加わった。子どもたちは、ごちそうをつくっては、「これは妹の誕生日ケーキ」「クッキーができた」「甘い、甘いコーヒー牛乳です」などと言っていた。保育者と言葉のやりとりは多いものの、子ども同士の言葉のやりとりはあまり聞かれなかったが、どうすればよかったかなぁ。

環境や保育者のかかわりを振り返る

- 仲間には加わらず、その様子を、もう少し見守っていたほうがよかっただろうか。
- 砂場の遊具や用具の種類や数は、よかったか。
- 一人ひとりが楽しいと思っていることに共感できていただろうか。
- 子ども同士の遊びをつなげる関わりをしたほうがよかっただろうか。

子どもたちが楽しんでいたことは、何だったんだろう。（今日の子どもの姿をもう一度思い浮かべてみよう。）

もっと掘り下げてみる

- EとFは2人で、型ぬきをしたものに砂や小石などを飾って、いろいろなケーキをつくることを楽しんでいたな。
- Jは、4人の遊んでいる様子を見ながら、友だちのしていることをまねて、型ぬきを楽しんでいたな。
- Hは、お気に入りのカップで型ぬきをして、たくさん並べていくのが楽しそうだったな。
- Gは、お盆に型抜きをして順番に並べ、保育者に「これ、チョコレート味。こっちは、イチゴ味」などと言って、ケーキをつくることを楽しんでいたな。

明日の保育につなげる

子どもたちは、今、自分なりのイメージで遊びを楽しんでいる。一人ひとりの思いを受け止め、子どもと共感する関わりをもったことが、遊び込めたことにつながったのではないかと思う。
　このことをこれからの育ちにつなげていくためには、一人ひとりの子どものイメージを豊かにしていくことが大事ではないだろうか。このように子どもの姿を振り返ってみると、（計画の「内容」に示した）「自分の思いを言葉でそばにいる友だちに伝える」ことよりも、保育者が子どもの言葉の仲立ちをしながら、子ども同士が自分の思いを言葉で伝えるようにしていきたい。

出典：高知県教育委員会事務局幼保支援課「指導計画・園内研修の手引き」2011年をもとに作成

を受け止め共感する保育者の関わりが、子どもの遊び込む姿につながったのではないかと考察しています。さらに、子ども同士の言葉のやりとりを急ぐよりも、保育者がまず子どもの言葉の仲立ちをすることの必要性を、明日の保育の課題としてとらえるようになっていました。このような振り返りを通して、保育者は、自分の保育実践の「強み」と「弱み」を把握し、今後の保育をよりよいものにしていくためには何が必要かということを、具体的に整理し吟味していくことになります。

　この振り返りのプロセスをモデルにすると、図表7-2のようになります。まず、保育中の観察や保育後の想起から、子どもの行為や言葉の意味、興味・関心、他者との関係性、クラス集団の状況などの実態を把握していきます。K保育者の実践でいえば、「心に残った場面を振り返る」ところが入り口となるでしょう。そのうえで、設定した保育のねらいや内容は妥当であったか、環境構成はふさわしいものであったかといった、

保育の計画と実践を照らし合わせていきます。空間的環境のつくり方や、玩具、用具の数、保育者の関わりによって子どもの様子がどのようになったか、保育のねらいや内容がどのように達成されたかを反省、考察するのです。遊びが発展したところ、課題となるところなどが整理されてきたら、それらを改善の手がかりとして次の計画や実践に反映させていきます。さらに、全体的な計画と照らし合わせたり、保護者や職員間での情報共有から新たな子どもの側面をとらえたりする視点も必要になります。

このような振り返りのプロセスを経ることで、保育者の子ども理解が深まり、多様な視点から新たな気づきを得ることもあるでしょう。またみずからの保育を客観視していく力量形成にもつながり、今後の保育の改善点をより具体的に整理、検討できるようになるといえます。

図表7-2 保育者による振り返りの過程モデル

```
┌─────────────────────────────┐
│         振り返りの材料          │
│   保育中の観察・保育後の想起      │
│            ↓                │
│         保育の記録             │
│ (日誌・個人記録・保育場面のエピソード記録など) │
│      環境図・制作物            │
│   作品や活動課程の写真・映像 等    │
└─────────────────────────────┘
              ↓
┌─────────────────────────────┐        ┌──────────────────┐
│         子どもの実態            │        │   全体的な計画      │
│      行為や言葉の意味           │        │ 指導計画(短期・長期)│
│   感じていること・願い・思い      │        └──────────────────┘
│    心身の健康・発達の状況        │ 照らし
│        興味・関心              │ 合わせる ┌──────────────────┐
│       特性・可能性・課題         │ ←→    │ 保護者との情報共有  │
│ 他者との関係性・クラス集団の状況 等│        │(面談・日常の会話・連絡帳など)│
└─────────────────────────────┘        │ニーズ・意向・苦情の把握│
              ↓                        │(アンケート調査など)│
┌─────────────────────────────┐        └──────────────────┘
│        保育の計画・実践          │
│ 設定した保育のねらいや内容は妥当であったか │        ┌──────────────────┐
│ 環境構成はふさわしいものであったか │        │ 保育者や職員間での   │
│ 保育者の関わり方は適切であったか  │        │ 情報共有・語り合い・学び合い │
│   (援助・行動・言葉・位置・      │        │(ミーティング・職員会議・園内研修・│
│     タイミング・配慮など)       │        │ 保育カンファレンス・公開保育など)│
│ 保育の展開に応じて柔軟に対応できていたか │        └──────────────────┘
│ その他(家庭との連携・教職員間の連携等) │
└─────────────────────────────┘
              ↓
┌─────────────────────────────┐        ┌──────────────────┐
│        改善の手がかり           │        │   子ども理解の深まり │
│ 子どもの内面や発達についての理解・推測 │        │    新たな気づき    │
│       育ちに必要な経験          │ ←──── │ 多様な視点からのとらえ直し│
│    より実態に即したねらい・内容   │        │みずからの保育のよさ・課題の発見│
│ 環境構成・保育者の関わりの改善点・工夫 │        │ 改善点の整理・具体的検討 │
└─────────────────────────────┘        └──────────────────┘
              ↓
┌─────────────────────────────┐
│       次の計画・実践への反映     │
└─────────────────────────────┘
```

出典:高辻千恵「計画に基づく省察と評価」日本保育学会編『保育学講座3　保育のいとなみ』東京大学出版会、2016年を一部改変

2. 保育の振り返りの方法

では、保育の振り返りには、どのような方法があるのでしょうか。

1 記録することの意味

人間の記憶はあいまいなものです。つい先日のことであっても、「そうだった」「そうじゃなかった」などと、メンバー間でも覚えている内容が異なっていた経験はありませんか。人間の記憶は、それを確かめる何かがなければ、主観的なものとして置き換えられてしまうか、単に忘れられていってしまうものです。子どもの発達を見通し保障していく保育の営みにおいては、記憶の手がかりとして、大事な出来事や客観的事実を何らかの形で残しておく必要があります。その一つの方法が「記録」です。

記録をとる意味は、次のように示されます[5]。

・保育者自身の覚え書きとしての必要性
・幼児の姿を継続的に把握し、理解を深めるための必要性
・自分の保育を振り返り、反省・評価をするための必要性
・次の保育につなげていくための手がかりとしての必要性

また、記録するという行為は、自らの保育を意識化することでもあります。「Aちゃんは、○○遊びをしていたな」「Bくんは、今日はCちゃんに話しかけていた」などと、その日の出来事を思い返すだけでなく、子どもの姿や保育の様子の「なぜ」を問いやすくする側面もあります。「なぜDちゃんは、あのとき△△したのだろうか」「なぜ次の遊びに発展しなかったのだろうか」などといった振り返り自体が、子ども理解を深め、反省と考察を繰り返す省察へと導いてくれるのです。それはもちろん、次の保育のための評価や改善にもつながっていきます。

またこうした記録が、1週間、1か月、1年と積み重ねられると、一人ひとりの子どもたちの成長のプロセスを確認する手がかりになります。入園から卒園までの、個としての子ども、集団としての子どもの育ちを理解することも助けてくれるでしょう。その積み重ねは、次の長期の指導計画や教育課程・保育課程の作成にも生かされていきます。

さらに記録は、人に事実を伝える媒体としても活用することができます。保育の様子が文字や画像、映像になっていれば、保育者間でのイメー

▶出典
[5] 高梨珪子「指導計画の評価と記録」小田豊・神長美津子編著『指導計画法』北大路書房、2009年、106頁

ジの共有を容易にし、保育の振り返りやそこからの学び合いを効果的なものにするでしょう。また、最近では、記録を保育者のみ、職員のみでとどめておくのではなく、保護者との子どもの育ちの共有に活用する園も増えてきています。

2　さまざまな記録

「記録」といっても、さまざまな方法があります。特に、デジタルカメラやコンピュータなどの機器が身近なものとなってからは、保育における記録にも変化が生じてきました。文字記録ばかりではなく、図や写真を多く取り入れた記録、保護者が日々の保育を身近に感じられるように、画像記録を加工して公開する園もあります。

では、記録の実際について、もう少し具体的にみていきましょう。

①エピソード記録

まず、次の2つの記録を読み比べてみましょう[6]。

▶出典
[6] 鯨岡峻・鯨岡和子『保育のためのエピソード記述入門』ミネルヴァ書房、2007年より一部改変

〈記録1〉

　○月×日。今日は、お集りの後に、はと組さんは全員で○○公園にお散歩。3人の保育士が引率。途中、コンビニの角の交差点のところでUくんが散歩の犬に手を出しかけてほえられて泣いたが、それ以外は何事もなく公園に到着。全員公園の固定遊具で遊ぶ。Sちゃんが初めてブランコの立ち漕ぎに挑戦して保育士みんなで拍手。NちゃんとAちゃんはあずまやのところで2匹のカマキリが戦っているのを見つけ、その近辺にいた子どもがみな集まってその戦いの成り行きを見守った。今日は暑かったので、早めに水分補給をして、帰路につく。帰り道、Nくんがよその家の垣根の葉っぱに黄アゲハの幼虫を見つけたので、もうじきこれがチョウになるよと説明した。11時20分に園に帰り着き、すぐに昼食の準備に取りかかった。

〈記録2〉

背景

　8月のある日。「今日も暑いな」と感じながら、戸外遊びを楽しむ子どもたちの姿を見ていた。集団になって遊んでいる子どもたちから少し離れたところに4歳児のRちゃんが一生懸命、空を見上げていた。普段からなかなかみんなと遊べないRちゃ

んである。
エピソード
　私もRちゃんに誘われるように戸外に出て空を見上げると、2機の飛行機が飛び交い、飛行機雲ができていた。Rちゃんはこの飛行機雲を見ていたのだとわかり、「Rちゃん」と私が声をかけると、嬉しそうに駆け寄ってきて、私の手をとり、空を見上げて「先生、飛行機さん…」と言いかけた。そのとき、そばで大きな泣き声がした。(中略) 私はすぐにそちらに駆け寄り、(中略) いつもの対応をとった。泣いていた子どもがやっと泣きやんだところで、はっとRちゃんのことを思い出した。
　Rちゃんはさっきいた場所で、同じように空を見上げていた。私はあわててRちゃんのかたわらに行き、「ごめんね」と言った。しかし、もうそのときには飛行機雲は消えかけていた。Rちゃんは「先生、飛行機さんは、お空にどんな絵を描こうとしていたのかな…」と少し寂しそうに言った。「そうだね、どんな絵だろう…」と言いながら、私はなぜか言葉に詰まってしまった。
考察
　本当は、Rちゃんが私の手をとってきたあのときに、Rちゃんは飛行機雲を見つけた気持ちを私に共有してほしかったのだろうと思うし、何よりも、私がすぐに来てくれなかったことに心を痛めていたと思う。泣く子への対応を優先してしまい、Rちゃんの気持ちに寄り添えなかったことを申し訳なく思った。Rちゃんはとても感性の豊かな子なのに…。

　〈記録1〉は、ある日の保育の経過記録です。この記録では、時間の経過とともに起こった出来事が客観的につづられています。もちろん、こうした記録が必要な場合もありますが、子ども一人ひとりの気持ちや保育者の思いなどはあまり伝わってきません。初めて立ち漕ぎをしたSちゃんは、どんな思いでブランコに向かったのでしょうか。立ち漕ぎが成功したときのSちゃんの表情からどんな内面が読み取れたのでしょうか。保育者は、Sちゃんの初めての立ち漕ぎに対してどのような気持ちを抱き、どのような関わりをしたのでしょうか。子どもの姿を継続的に理解し、理解を深めるための記録という観点から考えると、〈記録1〉のあり方は、Sちゃんのいきいきした姿や保育者たちの実感をともなった援助のありようを描き出しているとはいえません。
　一方、〈記録2〉は「エピソード記録」という方法です。Rちゃんの

用語解説

レッジョ・エミリアの保育実践
「イタリア北部のレッジョ・エミリア市を中心に展開されている保育実践。この保育の考え方の特徴は、すべての子どもは生まれつき有能であり、さまざまな可能性や好奇心をもち、社会的なやりとりにかかわることに興味を示す。そして、他者やモノと関係性を確立しながら、自分の学びを構成していくという"構成主義的な立場"に立っている」森上史朗・柏女霊峰編『保育用語辞典（第8版）』ミネルヴァ書房、2015年205頁

プロジェクト・アプローチ
1918年、キルパトリック（Kilpatrick, W.H.）によって提唱された学習法をプロジェクト・メソッドという。子どもの自発的で目的ある活動を軸に、学習を組織する方法とされている。レッジョ・エミリアでは、小グループを形成し、プロジェクトと呼ばれるテーマ発展型の保育方法を取り入れている。レッジョ・エミリアの保育実践が日本に紹介されると同時に、プロジェクト・アプローチにも関心が向けられるようになった。

出典

†7 請川滋大・高橋健介・相馬靖明編著『保育におけるドキュメンテーションの活用』ななみ書房、2016年、4-5頁

これまでの姿、関心や興味、どのようなことを契機に保育者と関わりをもつようになったかがよく理解できます。また、Rちゃんとのやりとりを深めたい保育者の思いと、それをすぐに実現できなかった現実とのジレンマから、これからの保育をどう展開していくのか、保育者による問い返しの作業が期待されるところでもあります。

これらのことから、エピソードとは、もともと小説などの本筋の間に挟む、本筋とは直接関係のない、短くて興味のある話や逸話のことを指しますが、保育者が書くエピソードとは、何らかの理由で保育者の心が強く揺さぶられたときに浮かび上がってくる子どもと保育者の関わりなどの保育場面を、「あるがまま」に書いたものだと説明されています。そこでは、これまでの出来事や保育者自身の背景を踏まえたうえでエピソードが語られ、そのエピソードをどう読み取るのかという書き手の保育者による考察が加えられていきます。〈記録1〉のような事実を断片的に記述したものとは異なり、保育者自身の子どもの見方や価値観と密接につながるものであり、まるで子どもを中心とした小さな物語のようにも見えます。子どもの姿や保育者の思いなどがいきいきと語られることから、園内研修やケースカンファレンスなどで事例を保育者間で共有する際にも役立ちます。

②ドキュメンテーション

ドキュメンテーションには、情報を収集して整理・体系化し、記録をつくるという意味があります。イタリアの**レッジョ・エミリアの保育実践***、**プロジェクト・アプローチ***への関心の高まりから、その実践の基盤となっているドキュメンテーションにも注目が集まるようになりました。レッジョ・エミリア・アプローチにおけるドキュメンテーションとは、「プロジェクト活動の結果や完成された作品のみを記録して表すだけでなく、むしろ、子どもの活動や表現に至るプロセスを可視化するための記録[†7]」であると説明されています。子どもの言葉や行動、制作物などをメモや写真、録音、ビデオなどに記録し、これらの記録のなかから保育者が必要なものを選択し構成していくのです。

レッジョ・エミリアの影響から、日本においても少しずつドキュメンテーションを導入する園が見られるようになってきました。文章や言葉ではうまく伝わらない学びと育ちの物語を、写真を使って「**見える化***」し、保育のねらいや経過、子どもに対しての気づき、保育者の関わりや見通しなどを表示し構成していくのです。こうしてできあがったドキュメンテーションは、玄関や保育室の前など、多くの人の目に触れやすい場所に掲示されることが多く、子どもの発達の姿や発達に沿った保育内

容の展開などが目で見てわかるようになります。簡潔な文章が示されることで、子どもたちがそこから何を学び、どのような力をつけているかを理解することもできます。子どもの表情、身体的な動き、保育環境の変化していく様子、子どもと環境との相互作用など、保育の意図するところとその展開が、子どもの姿を通してプロセスとして映し出されていくのです。

ドキュメンテーションの有効性は、子ども・保護者・保育者それぞれの側から指摘されています。子どもの側からみれば、自分たちの活動を振り返ることができるだけでなく、ほかの子どもたちの活動の様子がわかり、それぞれの経験から刺激を受けることにつながります。保護者の側からは、今まで保育者からの「○○をしました」という報告で知るだけだった園内での様子が、活動に込められた保育の意図とともに画像となって可視化されることで、子どもの発達や園の方針、保育そのものへの理解を深めることにつながっていきます。またドキュメンテーションを介して、子どもとの会話が深まったり、保護者同士の会話につながったりと、人との関係づくりにもその役割を果たしています。保育者の立場からは、活動が共有され、保護者や保育者同士で語り合う機会が増えるだけでなく、自らの保育に織り込まれる教育的なアプローチを認識し、それを評価につなげていくことも可能になると思われます。また新人研修や園内研修などの教材としても活用でき、保育の質の向上のためのツールとしても注目されています。

③ポートフォリオ

ポートフォリオは、資料や情報を綴じるものとしてのファイル、紙ばさみ、書類入れ、書類かばんという意味があります。アーティストやデザイナーなどは、以前から自分の作品や履歴をファイルしプレゼンテーションする道具として、ポートフォリオを用いてきました。

近年では、保育現場でもポートフォリオの活用がなされるようになっています。それは子どものありのままの成長プロセスの理解を助けてくれるものであり、子どもにふさわしい保育、教育環境を構成していくための原動力にもなっていきます。日々の記録、エピソード、子どもの作品、画像なども、ファイルに綴じていきます。コンピュータに一人ひとりの子どものフォルダを用意して、電子データとして蓄積する方法をとる園や、子どもたちが手に取れるところにファイルを置いて、情報を共有できるようにするところもあります。

こうしたポートフォリオは、遊び、学び、生活などの体験の振り返りを可能にします。担任の保育者はもちろんのこと、子ども自身、子ど

＊用語解説

見える化
一般的には、そのままでは気づきにくく、共通認識が困難なことを、さまざまな手段を用いて目に見える形に表現し、共通理解につなげるようにすること。

同士、保護者、ほかのクラスの保育者や小学校教員などによる活用も考えられます。目の前の子どもの姿をさまざまな関係者が見ることで、一人ひとりの発達や気質などを多角的にとらえることができ、保育者の子ども観や保育観の省察と再考に役立ちます。さらに、子どもへの言葉かけのあり方、教材や素材などの遊びの環境構成や保育内容など、次の保育展開へのヒントとしても有効なものとなっていきます。

記録には、そのほかにもさまざまな種類があります。入園当初の子ども理解を目的として、名簿枠に一人ひとりの子どもの姿を書き込んでいく方法や、保育環境図に子どもの遊びの所在と経過を書き込んでいく方法なども考えられます。記録は、みずからの保育を意識化するのにとても有効な手段ですが、一方で、とても手間のかかる作業です。だからこそ、記録の目的を明確にし、目的に応じた記録の方法を、できるだけ負担の少ない形で検討していく必要があるといえるでしょう。

3 園内研修

これまで述べてきた記録は、一人ひとりの保育者が行う保育の振り返りの方法でした。しかし、保育者が自分だけで保育を振り返ることには限界もあります。特に保育の展開方法や保護者対応のあり方などでは、一人で悩みを抱え込んでいても解決に結びつかないことも多くあります。そこで、園内研修として組織的に保育の振り返りを行うことも必要です。

園内研修は、具体的な実践を題材にして園の保育が改善されるよう考え合い、学びを深めていくものです。それは保育者間の相互理解を促し、園が目指す保育の方向性や取り組みを共通認識することにもつながっていきます。今まで気づかなかったことやわかったつもりになっていたこと、当然だと思っていたことを互いに確認し、問い直していくことにより、組織全体の保育の質の向上が図られていきます。具体的な園内研修には、以下のようなものがあります。

写真7-1 園内研修

園内研修での一場面。テーマに沿った話し合いから日々の実践方法を振り返る。前で発表しているのは保育者。

①公開保育

　公開保育とは、「園が保育を公開し、自分たちの保育を地域の人々に伝えるとともに、それを参観した人たちが集まって討論の場を設け、その日気になった点などをもとに話し合うことで、それぞれの保育の視野を広げ、それが地域全体の保育の質の向上につながることをめざす取り組みのこと[8]」とされています。

　保育を公開する保育者は、指導計画を作成し、計画に基づいた環境構成を行います。参観者は、指導計画に基づいて保育の様子を見ていき、気がついたことや疑問点などを書き留めておきます。保育終了後に、子どもの姿、環境構成、保育者の援助等について意見を出し合い、協議します。保育のよかった点を確認したり、改善点については、自分だったらどのようにするのか具体的に意見を出し合うなどして、保育を公開した実践者と参観者の双方が、自分の保育を振り返り、明日からの保育につなげていけるようにしていきます。

②事例研究

　一つの、あるいは数少ない事例について、子どもの育ちや保育者の関わりなどについて話し合い、多角的、総合的に深く考察していくことを事例研究といいます。事例研究は、さまざまな分野で行われますが、保育分野では、問題と思われる行動をとる子どもや気になる子どもを対象とすることが多い傾向にあります。事例を深く追究することによって、問題の本質をより確かに把握できるようになるという利点があります。

　事例研究は、子どもの園での生活場面の観察から詳細な記録をとり、資料を収集・作成することから始まります。それらの記録を整理・分析することで、問題と思われていた子どもの行動や行為の意味に気づき、保育や関わりの方法について考えていくのです。園内研修の一環として行う場合は、事例発表者による資料に基づいて、職員間で事例を共有し、保育のあり方を振り返ったり、これからの援助の方針を検討したりします。関係スタッフや外部の専門家などとともに組織的に検討し、解決の方向性を探る事例検討会や、**カンファレンス**＊のかたちをとることもあります。

③園の課題解決に向けた検討会

　日々の保育を支えるためには、保育内容そのものの振り返りだけでなく、新しい専門知識・技術を習得したり、保育の方針や環境整備のあり方について職員全体で検討したりすることも必要です。たとえば、保育に関する新しい制度が誕生したときの学習会や、安全管理、食育、小学校との連携などに関する方針についての検討会などが考えられます。また全体的な計画等も、適宜、見直していく必要があります。これらは、子ど

▶出典
[8] [7]と同じ、170頁

* 用語解説
カンファレンス
特定のクライエントをめぐって多くの専門家が協議すること。保育におけるカンファレンスでは、子どもを対象として、子どもを取り巻く保育者や友達との関係的視点が重要になる。ほかにも、家庭環境や生育歴、これまでの経験などの背景的理解が必要になることもある。

もの姿や日々の保育を振り返ることを通して具体化されていくものでもあり、できるだけ多くの職員による参加が望まれます。

演習課題

① 保育の振り返りとはどのようなことでしたか。また、振り返りの方法には、どのようなものがあったでしょうか。
② 保育の振り返りを行う際の具体的な観点には、どのようなことがありましたか。またそれ以外にも、必要な振り返りの観点についてグループで話し合ってみましょう。
③ さまざまな保育の記録に関する資料を収集し、それぞれについてどのような特徴があるか、それらを作成するにあたって、保育者にはどのような知識・技術が必要になるか考えてみましょう。

参考文献……………………………………………………………………

レッスン5
　井上孝之・山﨑敦子編　『子どもと共に育ちあうエピソード保育者論』　みらい　2016年
　榎田二三子・大沼良子・増田時枝編著　『改訂 保育者論（第3版）』　建帛社、2017年
　河邉貴子　『遊びを中心とした保育——保育記録から読みとく「援助」と「展開」』　萌文書林　2009年
　厚生労働省　『保育所保育指針　平成29年告示』　フレーベル館　2017年
　佐藤哲也編　『子どもの心によりそう保育内容総論（改訂版）』　福村出版　2018年
　汐見稔幸・大豆生田啓友編　『保育者論（第2版）』　ミネルヴァ書房　2016年
　瀧川光治・小栗正裕編著　『改編・保育の考え方と実践』　久美出版　2012年
　内閣府・文部科学省・厚生労働省　『幼保連携型認定こども園教育・保育要領　平成29年告示』　フレーベル館　2017年
　文部科学省　『幼稚園教育要領　平成29年告示』　フレーベル館　2017年
　谷田貝公昭編著　『保育者論（コンパクト版保育者養成シリーズ）』　一藝社　2016年

レッスン6
　今井和子・天野珠路・大方美香編著　『独自性を活かした 保育課程に基づく指導計画——その実践・評価』　ミネルヴァ書房　2010年
　小田豊・神長美津子編著　『指導計画法』　北大路書房　2009年
　北野幸子編著　『乳幼児の教育保育課程論』　建帛社　2010年
　月刊保育とカリキュラム編集委員編　「指導計画の基本的な考え方と年齢別 年の計画」『月刊保育とカリキュラム』　2018年4月号特別附録
　高知県教育委員会事務局幼保支援課　「指導計画・園内研修の手引き」　2011年
　文部科学省　『幼稚園教育指導資料第1集　指導計画の作成と保育の展開　平成25年7月改訂』　フレーベル館　2013年

レッスン7
　請川滋大・高橋健介・相馬靖明編著　『保育におけるドキュメンテーションの活用』　ななみ書房　2016年
　小田豊・神長美津子編著　『指導計画法』　北大路書房　2009年

小櫃智子・矢藤誠慈郎編著　『保育教職実践演習　これまでの学びと保育者への歩み
　　──幼稚園・保育所編』　わかば社　2014年
北野幸子編著　『乳幼児の教育保育課程論』　建帛社　2010年
高知県教育委員会事務局幼保支援課　「指導計画・園内研修の手引き」　2011年
那須信樹・矢藤誠慈郎・野中千都ほか　『手がるに園内研修メイキング──みんなで
　つくる保育の力』　わかば社　2016年
日本保育学会編　『保育学講座3　保育のいとなみ』　東京大学出版会　2016年
森眞理　『ポートフォリオ入門』　小学館　2016年
文部科学省　『幼稚園教育指導資料第5集　指導と評価に生かす記録（平成25年7月）』
　チャイルド本社　2013年

おすすめの1冊

今井和子・天野珠路・大方美香編著　『独自性を活かした　保育課程に基づく指導計画
──その実践・評価』ミネルヴァ書房　2010年
「保育所保育指針」の理解に基づいた計画作成のプロセスがわかりやすく解説されて
いる。実際に園が作成した計画が数多く掲載されており、各園の計画のベースには、
子どもの成長への願いが込められていることがうかがえる1冊。

第3章

保育者の専門性を高める

本章では、保育者の専門性を高めるために知っておくべき事項について学んでいきます。「保育所保育指針」「幼稚園教育要領」「幼保連携型認定こども園教育・保育要領」が2017（平成29）年に改定（訂）され、カリキュラム・マネジメントや幼児教育と小学校教育との接続などが重要視されるようになりました。これからの保育者にとって必要なことを理解していきましょう。

レッスン8　カリキュラム・マネジメント
レッスン9　幼児教育と小学校教育の接続
レッスン10　幼児期に育成すべき資質・能力
レッスン11　インクルーシブ教育

レッスン**8**

カリキュラム・マネジメント

このレッスンでは、幼児教育における「カリキュラム・マネジメント」とは何か、「カリキュラム・マネジメント」はなぜ必要なのかについて考えましょう。そして、各幼稚園等においてどのように行えばよいのか、保育者一人ひとりがどのような意識をもっているとよいのかについても学んでいきます。

1.「カリキュラム・マネジメント」とは何か

「カリキュラム・マネジメント」とは何でしょうか。「カリキュラム」とは「教育課程」、「マネジメント」とは「管理・運営等」を意味しますが、教育課程を管理・運営するとは、どのようなことなのでしょうか。

幼児教育においては、乳幼児が望ましい発達を遂げていくためには、必要な計画（保育所・幼稚園・幼保連携型認定こども園における「全体的な計画」「教育課程」、および「指導計画」）を作成し、見通しをもって指導を行うとともに、実践後に子どもの発達の姿を評価し、保育者の指導の在り方を見直し、さらに改善していくことが求められます。

図表8-1は、幼稚園における教育課程の編成と指導計画の作成、お

図表8-1 幼稚園における教育課程編成と指導計画の作成の流れ

- ・教育基本法
- ・学校教育法第23条 幼稚園教育の目標
- ・幼稚園教育要領

→

- ・建学の精神
- ・教育目標

←

- ・幼児の心身の発達
- ・家庭・地域の実態の把握

教育課程の編成
- ・教育期間（1年・2年・3年）の全体にわたって幼稚園の教育目標の達成に向かっていく道筋を示す
- ・「幼稚園教育要領」第2章に示す「ねらい」および「内容」を踏まえて発達の各時期に応じて具体的に設定

指導計画の作成（教育課程の具体化）

長期の指導計画（年・学期・期・月）
短期の指導計画（週・日）

- ●さらに具体的なねらいおよび内容を設定
- ●環境の構成
- ●教師の援助
- ●その他（行事・家庭との連携）

評価・改善

幼稚園生活の展開 日々の保育実践

出典：文部科学省「幼稚園担当指導主事・担当者会議」資料、2016年をもとに作成

よび日々の実践を反省・評価し、さらに改善を図るという流れを示したものです。

ここでは、幼稚園を例にして考えていきましょう。

幼稚園は「子どもがはじめて出合う学校」です。幼稚園は意図的な教育を行う学校であり、幼稚園教育の基本に基づいて展開される幼児期にふさわしい生活を通して、生きる力の基礎を育成するよう**「学校教育法」第22・23条**に規定する幼稚園の目的や教育の目標の達成に努めなければなりません。

各幼稚園においては、幼児の心身の発達や家庭・地域等の実態等に即応した教育目標を設定し、その達成のために、「教育基本法」および「学校教育法」その他の法令並びに「幼稚園教育要領」の示すところに従い、適切な教育課程を編成します。教育課程は幼稚園における教育期間の全体を見通したもので、幼稚園の教育目標に向かって幼児はどのような筋道をたどっていくのかを明らかにした計画です。

どの時期にどのようなねらいをもって、どのような指導を行うとよいか、各幼稚園がこれまでに蓄積してきた幼児の姿の理解や家庭や地域の実態等に基づき、幼稚園生活を通して「幼稚園教育要領」の5領域（「健康」「人間関係」「環境」「言葉」「表現」）のねらいが総合的に達成されるよう具体的なねらいや内容を組織します。その実施にあたっては、幼児の生活を考慮して、それぞれの発達の時期にふさわしい生活が展開されるように、具体的な指導計画を作成します。教育課程に基づいて作成し、さらに具体的なねらいや内容、環境の構成、保育者の援助など、指導の内容や方法を明らかにします。指導計画には長期の見通しをもった年、学期、月または発達の節目などを単位とした計画と、より具体的な幼児の生活に即した週、日などの短期的な計画の両方を考えます。

しかし、ここで大事なことは、これまでも述べられてきたように、指導計画は一つの仮説であるということです。幼稚園教育の基本は「環境を通して行うもの」ですから、その環境への関わり方は、幼児一人ひとりで違います。そこで展開される遊びや活動も、幼児一人ひとりの興味や関心等によって変化していきます。また、保育者の予想外のイメージで展開されることもあります。当日の天候や気温、偶然の出来事、突発的な出会いなどによって、その日の計画を大きく変えざるを得ないこともあります。それゆえ、実際に展開される生活や遊びに応じて常に指導計画を柔軟に修正し、改善しなければなりません。幼児の興味や関心、動線等に応じて、当初設定しておいた環境を再構成することも必要になります。

☑ **法令チェック**

「学校教育法」第22条
幼稚園は、義務教育及びその後の教育の基礎を培うものとして、幼児を保育し、幼児の健やかな成長のために適当な環境を与えて、その心身の発達を助長することを目的とする。

「学校教育法」第23条
幼稚園における教育は、前条に規定する目的を実現するため、次に掲げる目標を達成するよう行われるものとする。
一 健康、安全で幸福な生活のために必要な基本的な習慣を養い、身体諸機能の調和的発達を図ること。
二 集団生活を通じて、喜んでこれに参加する態度を養うとともに家族や身近な人への信頼感を深め、自主、自律及び協同の精神並びに規範意識の芽生えを養うこと。
三 身近な社会生活、生命及び自然に対する興味を養い、それらに対する正しい理解と態度及び思考力の芽生えを養うこと。
四 日常の会話や、絵本、童話等に親しむことを通じて、言葉の使い方を正しく導くとともに、相手の話を理解しようとする態度を養うこと。
五 音楽、身体による表現、造形等に親しむことを通じて、豊かな感性と表現力の芽生えを養うこと。

実践を通して幼児の発達の姿を理解しながら評価し、保育者の指導のあり方を反省し、それに基づいて新たな指導計画を作成すること、さらには、教育課程を実施した結果を反省・評価し、次の編成に生かすという循環が重要です。

ここでは、幼稚園の例を示しましたが、各幼児教育施設において、各園が設定した教育目標や保育目標の実現に向けて、こうした一連の教育課程等の編成（Plan）、実施（Do）、評価（Check）、改善（Action）をしていくPDCAサイクルをとおしてよりよい教育・保育を目指すことが「カリキュラム・マネジメント」なのです。

2．「カリキュラム・マネジメント」の必要性

では、なぜ、このような「カリキュラム・マネジメント」が必要なのでしょうか。2016（平成28）年12月「幼稚園教育要領」等の改訂に向け審議を行ってきた中央教育審議会より出された答申「幼稚園、小学校、中学校、高等学校及び特別支援学校の学習指導要領等の改善及び必要な方策について」（以下、「答申」）には、「幼稚園等では、教科書のような主たる教材を用いず環境を通して行う教育を基本としていること、家庭との関係において緊密度が他校種と比べて高いこと、預かり保育や子育ての支援などの教育課程以外の活動が、多くの幼稚園等で実施されていることなどから、カリキュラム・マネジメントは極めて重要である[†1]」（下線は筆者）と述べられています。ここであげられた3つのことについて、もう少し考えてみましょう。

▶出典
†1 中央教育審議会「幼稚園、小学校、中学校、高等学校及び特別支援学校の学習指導要領等の改善及び必要な方策について（答申）」2016年、73頁

1　環境をとおして行う教育を基本とする

前節でも述べたように、幼稚園等の教育は、「幼稚園教育要領」総則の第1「幼稚園教育の基本」で示されているように、幼児期の発達の特性を踏まえ、環境をとおして行うことを基本としています。幼稚園等では、小学校以降のように教科書を通して教育を行うのではなく、幼児がみずから周囲の環境に働きかけて生み出す直接的・具体的な体験をとおして、人と関わる力や思考力、感性や表現する力などを育み、人間として、社会と関わる人として生きていくための基礎を培っていきます。そのためには、教育内容に基づいた計画的な環境をつくり出し、その環境に関わって幼児が主体性を十分に発揮して展開する生活を通して、望ましい方向に向かって幼児の発達が促されるようにしなければなりません。保育者は、

幼児の主体的な活動が確保されるよう、幼児一人ひとりの行動と予想に基づき、計画的に環境を構成しなければなりません。そして、この場合、保育者は、幼児と人やものとの関わりが重要であることを踏まえ、教材を工夫し、物的・空間的環境を構成しなければなりません。そして、環境の重要な一部でもある保育者は、幼児一人ひとりの活動の場面に応じてさまざまな役割を果たし、その活動を豊かにしなければならないのです。

幼児とともによりよい教育環境を創造するためには、「カリキュラム・マネジメント」は欠かすことのできないことなのです。

2 幼稚園等は他校種と比べて家庭との緊密度が高い

幼児の1日の生活は、家庭や地域社会から幼稚園へ、そして幼稚園から家庭へと連続しています（図表8-2）。特に、「教育基本法」第10条で示されているとおり、家庭は子どもの教育について第一義的責任を有しており、幼児が望ましい発達を遂げていくためには、幼稚園は家庭との連携を十分に図り、個々の幼児に対する理解を深めるとともに、幼稚園での生活の様子を家庭に伝えるなど、幼稚園と家庭が互いに幼児の望

☑ 法令チェック
「教育基本法」第10条
父母その他の保護者は、子の教育について第一義的責任を有するものであって、生活のために必要な習慣を身につけさせるとともに、自立心を育成し、心身の調和のとれた発達を図るよう努めるものとする。

図表8-2　子どもを取り巻く環境の変化を踏まえた今後の幼児教育のあり方について

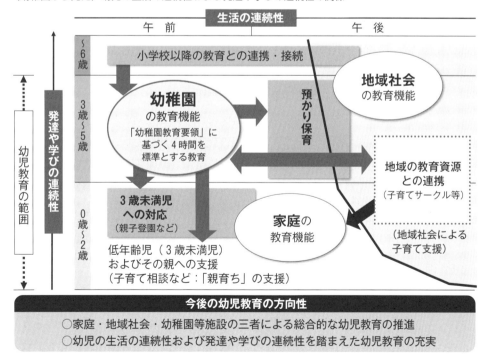

出典：中央教育審議会「子どもを取り巻く環境の変化を踏まえた今後の幼児教育の在り方について（答申）」資料、2005年をもとに作成

ましい発達を促すために思っていることを伝え合い、ともに考え合うことが大切です。

また、幼児の発達は、乳児期から切れ目なく連続したものであり、やがて小学校以降の教育へとつながります。

「カリキュラム・マネジメント」は、この幼児の生活の連続性と発達や学びの連続性を確保するうえで必要なことです。

3 預かり保育や子育ての支援などの教育課程以外の活動が実施されている

今、多くの幼稚園においては、**教育課程に係る教育時間の終了後等に行う教育活動**、いわゆる預かり保育を行うところが増えてきました。教育時間終了後だけではなく、教育時間の始まる前、長期休業中等にも実施したり、各園の裁量で、預かり保育の実施日や時間等を弾力的にとらえて実施したりもしています。いずれにしても、幼稚園における幼児一人ひとりの生活のリズムや生活のしかた、また、そこで体験することなどにも違いが出てきています。

大事なことは、そのような幼児同士が教育課程に係る教育時間には、生活や遊びをともにするということ、そこでの幼児のさまざまな実態を保育者は想定しておかなくてはならないということです。さらに、預かり保育の時間においては、幼児の心身の負担を考えて無理なく過ごせるように、1日の流れや環境を工夫するとともに、教育課程に係る教育時間における活動との連続性を考慮する必要があるということです。つまり教育課程に係る教育時間における内容と、預かり保育における計画との関連を図る必要があるのです。

一方で、幼稚園は、地域における幼児期の教育のセンターとしての役割も担っています。地域の就園前の幼児と保護者の登園を受け入れたり、保護者同士の交流の機会を提供したりするなど、積極的に地域の子育て支援をしていくことが求められています。たとえば、就園前の幼児と保護者が、教育時間中に登園する場合もあり、在園児の活動との関連性、つまり、在園児にとっても異年齢児と関わるうえで意味のある体験となるよう配慮しなければなりません。このような視点からも「カリキュラム・マネジメント」は必要です。

以上のようなことから、幼稚園において「カリキュラム・マネジメント」はきわめて重要です。また、幼稚園のみならず、この「カリキュラム・マネジメント」は、保育所、認定こども園においても、教育および保育の質の確保と向上を図るうえで必要です。

☑ **法令チェック**
「幼稚園教育要領」第3章「教育課程に係る教育時間の終了後等に行う教育活動などの留意事項」2
幼稚園の運営に当たっては、子育ての支援のために保護者や地域の人々に機能や施設を開放して、園内体制の整備や関係機関との連携及び協力に配慮しつつ、幼児期の教育に関する相談に応じたり、情報を提供したり、幼児と保護者との登園を受け入れたり、保護者同士の交流の機会を提供したりするなど、幼稚園と家庭が一体となって幼児と関わる取組を進め、地域における幼児期の教育のセンターとしての役割を果たすよう努めるものとする。その際、心理や保健の専門家、地域の子育て経験者等と連携・協働しながら取り組むよう配慮するものとする。

2015（平成27）年4月から施行された「幼保連携型認定こども園教育・保育要領」においては、「全体的な計画」の作成について示されました。認定こども園における園児は、集団での生活経験も1日の生活リズムなどもさまざまです。そのため、保育者が乳幼児のさまざまな姿を予想して、柔軟に対応していかなければならないことから、生活の連続性や発達の連続性を踏まえた「全体的な計画」の作成が必要です。また、2017（平成29）年3月には、「幼保連携型認定こども園教育・保育要領」が「保育所保育指針」「幼稚園教育要領」とともに改定（訂）され、3つの指針・要領共通で「カリキュラム・マネジメント」の視点から「全体的な計画」の作成が示されました。

3．「カリキュラム・マネジメント」をとらえる視点

　それでは、各園において、どのように「カリキュラム・マネジメント」を進めていくとよいのでしょうか。「答申」においては、以下の3つの側面から「カリキュラム・マネジメント」をとらえる必要があるとしています[†2]。

▶ 出典
†2　†1と同じ、73頁

> ①各領域のねらいを相互に関連させ、「幼児期の終わりまでに育ってほしい姿」や小学校の学びを念頭に置きながら、幼児の調和の取れた発達を目指し、幼稚園等の教育目標等を踏まえた総合的な視点で、その目標の達成のために必要な具体的なねらいや内容を組織すること。
> ②教育内容の質の向上に向けて、幼児の姿や就学後の状況、家庭や地域の現状等に基づき、教育課程を編成し、実施し、評価して改善を図る一連のPDCAサイクルを確立すること。
> ③教育内容と、教育活動に必要な人的・物的資源等を、家庭や地域の外部の資源も含めて活用しながら効果的に組み合わせること。
> 　各幼稚園等では、これまで以上に前述の3つの側面からカリキュラム・マネジメントの機能を十分に発揮して、幼児の実態等を踏まえた最も適切な教育課程を編成し、保護者や地域の人々を巻き込みながらこれを実施し、改善・充実を図っていくことが求められる。

それでは、上記に示された3つの側面について、もう少しくわしく、どのように進めるとよいのか幼稚園を例にして考えてみましょう。

1 幼稚園等の教育目標等を踏まえた総合的な視点で、その目標の達成のために必要な具体的なねらいや内容を組織する

これまでも幼稚園では、教育課程の編成や指導計画の作成においては、「幼稚園教育要領」に示す各領域のねらいや内容が幼稚園教育の全期間を通して育てられるものであることを理解し、各園の今を生きる幼児の姿を深く読み取り、発達に必要な体験が得られるように、適切に具体化したねらいや内容を設定してきました。こうした基本は変わるものではありませんが、今後はさらに、2017（平成29）年3月に改定（訂）された「幼稚園教育要領」や「保育所保育指針」「幼保連携型認定こども園教育・保育要領」に示された**幼児期の終わりまでに育ってほしい姿**や小学校教育をも見通して、ねらいや内容を組織することが必要です。

新たに示された「幼児期の終わりまでに育ってほしい姿」は、5つの領域のねらいおよび内容に基づく活動全体を通して**幼児教育で育みたい資質・能力**が育まれている幼児の幼稚園修了時の具体的な姿であり、保育者が指導を行う際に考慮するものです。小学校教育との接続を円滑に図るために、5歳児後半の指導計画をより充実させるうえで、適切なねらいや内容を考える際の育ちのイメージであり、方向性とすることが大切です。また、「組織する」とは、担任一人で「ねらい」「内容」を考えるのではなく、園長等のリーダーシップのもと、全保育者で子どもの育ちを読み取り、理解を深めながら、次の指導におけるより適切な「ねらい」「内容」を園全体で構築していくようにすることです。

2 教育課程を編成し、実施し、評価して改善を図る一連のPDCAサイクルを確立する

PDCAサイクルについては、「答申」で示される以前より、幼稚園において教育課程の編成の際に大事にされてきたことです。教育課程は、それぞれの幼稚園・幼保連携型認定こども園において、全教職員の協力のもとに園長の責任において編成するものです。編成においては、幼児教育は、法令や「幼稚園教育要領」等に基づいて行われるものであることから、それらを十分に理解すること、実践を通して各園の実態や幼児の発達の実情に沿った教育課程にすること、地域や幼稚園等の特色を生かし、創意ある教育課程を編成すること、その実施の結果を反省、評価し、次の編成に生かすことが重要です。下記は、その編成の際の具体

> 参照
> 幼児期の終わりまでに育ってほしい姿
> →レッスン1、レッスン9
>
> 幼児教育で育みたい資質・能力
> →レッスン1、レッスン10

な手順の参考例です[†3]。

> **具体的な編成の手順について（参考例）**
> ①編成に必要な基礎的事項についての理解を図る。
> ・関係法令、幼稚園教育要領、幼稚園教育要領解説などの内容について共通理解を図る。
> ・自我の発達の基礎が形成される幼児期の発達、幼児期から児童期への発達についての共通理解を図る。
> ・幼稚園や地域の実態、幼児の発達の実情などを把握する。
> ・社会の要請や保護者の願いなどを把握する。
> ②各幼稚園の教育目標に関する共通理解を図る。
> ・現在の教育が果たさなければならない課題や期待する幼児像などを明確にして教育目標についての理解を深める。
> ③幼児の発達の過程を見通す。
> ・幼稚園生活の全体を通して、幼児がどのような発達をするのか、どの時期にどのような生活が展開されるのかなどの発達の節目を探り、長期的に発達を見通す。
> ・幼児の発達の過程に応じて教育目標がどのように達成されていくかについて、およその予測をする。
> ④具体的なねらいと内容を組織する。
> ・幼児の発達の各時期にふさわしい生活が展開されるように適切なねらいと内容を設定する。その際、幼児の生活経験や発達の過程などを考慮して、幼稚園生活全体を通して、幼稚園教育要領の第2章に示す事項が総合的に指導され、達成されるようにする。
> ⑤教育課程を実施した結果を評価し、次の編成に生かす。
> ・教育課程の改善の方法は、幼稚園の創意工夫によって具体的には異なるであろうが、一般的には次のような手順が考えられる。
>   ア．評価の資料を収集し、検討すること
>   イ．整理した問題点を検討し、原因と背景を明らかにすること
>   ウ．改善案をつくり、実施すること

▶ **出典**
[†3] 文部科学省「幼稚園教育要領解説」第1章「総説」第3節「教育課程の役割と編成等」3「教育課程の編成上の基本的事項」(1)④

このPDCAサイクルの確立において重要なことは、反省・評価したことが、改善に生かされるということです。教育課程の改善により、より

適切な教育課程に改められ、幼稚園における教育活動が充実し、その質の向上がはかられることが大事なのです。

■3 教育内容と、教育活動に必要な人的・物的資源等を、家庭や地域の外部の資源も含めて活用しながら効果的に組み合わせること

　幼児の生活は、家庭、地域社会、そして園と、連続的に営まれています。家庭や地域社会での生活経験が、園での生活のなかでさらに豊かになり、園で培われたものが、家庭や地域社会での生活へとつながる循環のなかで、幼児の望ましい発達が図られていくことが重要です。そのため、園における教育内容や教育活動の充実には、家庭との連携や地域の資源を積極的に活用することが必要です。

　家庭との連携において重要なことは、保護者の、幼児期の子どもの教育に関する理解、つまり、幼児の遊びの意味や幼児なりの見方・考え方への理解、友だちとの関わり方、特に、トラブル等の一見マイナスな体験をも通して折り合う力や乗り越える力などを身につけていくことなどへの理解が深まるようにすることです。そのためには、保育参加のように、保護者が幼児と具体的な活動をともに行う機会を設け、幼児の遊びのなかでの興味や関心のもち方に目を向けたり、幼児の思いや考えに共感したり、保育者やほかの保護者の幼児への関わり方から学んだりできるようにすることが大切です。

　また、地域には、その地域ならではの祭りや行事などがあり、幼児がその地域の文化や伝統などにふれるなかで体験を広げ、自分の住む地域への愛着をもつようになることも必要です。そのためには、幼児にとって関係の深い地域のさまざまな人々との交流の機会を設けたり、地域の自然、公共の施設などの物的資源を活用したりすることです。

　幼稚園等の教育内容や教育活動を豊かにするには、園が家庭や地域社会に開かれ、保護者や地域等の外部の人材や物的資源を巻き込みながら活用していくことが求められています。

4．「カリキュラム・マネジメント」を進めるうえでの保育者の意識

　「答申」では、「カリキュラム・マネジメントは、教職員が全員参加で、幼稚園等の特色を構築していく営みであり、園長のリーダーシップの下、全ての教職員が参加することが重要である。また、こうしたカリキュラ

ム・マネジメントを園全体で実施していくためには、教員一人一人が教育課程をより適切なものに改めていくという基本的な姿勢を持つことも重要である」[†4]と示されています。

経験の少ない保育者にとっては「マネジメント」という言葉を聞くと、管理職の役目と思いがちですが、ここに示されているように、保育者の「全員参加で構築する営み」であることを自覚することが大切です。自分は「カリキュラム・マネジメント」に携わる一人であるという意識を高くもつことです。そのためには、自分自身を含めた保育者間の教育目標や保育目標等の共通理解と協力体制を築くこと、つまり、保育者一人ひとりのよさを互いに認め合い、違いを尊重しながら協力し合える関係をつくり出していくことが必要です。保育者一人ひとりの専門性の高まりが、幼稚園等における教育の質の向上につながることを忘れないようにしたいものです。

▶出典
[†4] [†1]と同じ、72-73頁

演習課題

① カリキュラム・マネジメントにおける「ねらい」「内容」を組織するとは具体的にどのようなことなのか、考えてみましょう。

② PDCAサイクルとはどのように行うのか、具体的に話し合ってみましょう。

③ 「カリキュラム・マネジメント」を考えるにあたり、「幼児期の終わりまでに育ってほしい姿」や小学校の学びを念頭に置いて考える必要があります。「幼児期の終わりまでに育ってほしい姿」について調べてみましょう。小学校の学びについて、どのようなことを見通すとよいでしょうか。

レッスン**9**

幼児教育と小学校教育の接続

このレッスンでは、幼児期の教育と小学校教育の連携・接続の必要性、重要性について学びましょう。また、2017(平成29)年3月告示の「幼稚園教育要領」「保育所保育指針」「幼保連携型認定こども園教育・保育要領」の改訂(定)の理念の柱にもなっていることから、どう変わったのかについて理解しましょう。

1. 幼児教育と小学校教育の連続性

　子どもの発達や学びは、乳幼児期から児童期へと切れ目なくつながっています。子どもが教育を受ける施設に違いはあっても、一人の子どもが生涯にわたって学んでいく道筋は連続しています。こうしたことを踏まえ、幼稚園・保育所・認定こども園・小学校等においては、発達の特性から教育の内容や方法等に違いはあるものの、その教育に関わる教師や保育者が子どもの発達や学びの連続性を意識して指導を行うのは重要なことです。

　2016(平成28)年12月に中央教育審議会がとりまとめた答申「幼稚園、小学校、中学校、高等学校及び特別支援学校の学習指導要領等の改善及び必要な方策について」(以下、「答申」)では、幼小の「発達や学びの連続性」「学校段階間の接続」が「学習指導要領」等の改訂の大きな柱となっていますが、幼児教育と小学校とのつながりの重要性は、歴史的にも、またこれまでの改訂においても、くり返し強調されてきたことです。それでも、今回の改訂の大きな柱になっている経緯を「幼稚園教育要領」の変遷をとおして振り返ってみましょう。

1 幼稚園と小学校との連携に関する経緯

　「幼稚園教育要領」は、1956(昭和31)年、その暫定的前身である1948(昭和23)年の「保育要領」が改訂され作成されましたが、その改訂の要点の一つが、幼稚園の保育内容について、小学校との一貫性をもたせるようにしたことでした。そのために、幼稚園の教育内容にはじめて「領域」という考え方を導入し、教育内容の構造化を図り、「健康」「社会」「自然」「言語」「音楽リズム」「絵画製作」の6領域となりました。その後、1964(昭和39)年にはじめて文部省(現：文部科学省)から

参照
「幼稚園教育要領」等の変遷
→レッスン10　図表10-1

告示された「幼稚園教育要領」は、「学習指導要領」と同様に幼稚園の教育課程の基準としての性格を明確にしました。

1989（平成元）年の改訂では、1987（昭和62）年12月の教育課程審議会の答申「幼稚園、小学校、中学校及び高等学校の教育課程の基準の改善について」を受け、幼稚園から高等学校までについて一貫した視点で検討が行われました。2018年現在、幼稚園教育の基本としている「環境を通して行う教育」「幼児期にふさわしい生活の展開」「遊びを通した総合的な指導」「幼児一人一人の発達の課題に応じた指導」が1989年の改訂で明示されました。領域の編成においても改善がはかられ、総合的な指導を行うために教師がもつ視点を明確にするため、現在の5領域（「健康」「人間関係」「環境」「言葉」「表現」）で編成することとし、それぞれに「ねらい」と「内容」「留意事項」を示しました。このとき、教科学習を中心とする小学校教育のなかに、幼児教育との連携をはかる教科として、子どもの興味や関心を生かした学び方を取り入れる「生活科」が導入されたのです。

1998（平成10）年の改訂でも、小学校との連携を強化する観点から、幼稚園における主体的な遊びを中心とした総合的な指導から小学校への一貫した流れができるように配慮することが示されました。指導計画作成の留意事項に幼小の接続の内容の記述として、「幼稚園教育が、小学校以降の生活や学習の基盤の育成につながることに配慮し、幼児期にふさわしい生活を通して、創造的な思考や主体的な生活態度などの基礎を培うようにすること」と示されました。このことは、現行の「幼稚園教育要領」にも継続しています。

その後、2008（平成20）年の改訂までの間、2006（平成18）年には「教育基本法」が改正され、「幼児期の教育は、生涯にわたる人格形成の基礎を培う重要なものである」と幼児教育の重要性が法令化されるとともに、それにともなって2007（平成19）年に改正された「学校教育法」では、幼稚園が学校種の最初に位置づけられ、「幼稚園教育は、義務教育及びその後の教育の基礎を培う」ことが明確に示されました。

2008年には、こうした改正「教育基本法」等を踏まえた改訂がなされ、発達や学びの連続性および生活の連続性を確保した計画的な環境の構成を通じて幼児の健やかな成長を促す重要性が示されました。この発達や学びの連続性の観点から、特に留意する事項に、幼児期の教育と小学校教育の円滑な接続をはかるための連携の必要性について、「幼稚園教育と小学校教育との円滑な接続のため、幼児と児童の交流の機会を設けたり、小学校の教師との意見交換や合同の研究の機会を設けたりするなど、連

第3章　保育者の専門性を高める

図表9-1 2008年版「幼稚園教育要領」「保育所保育指針」における「接続」の記述

幼稚園教育要領
第3章　指導計画及び教育課程に係る教育時間の終了後等に行う教育活動などの留意事項 　第1　指導計画の作成に当たっての留意事項 　1　一般的な留意事項 　　（9）幼稚園においては、幼稚園教育が、小学校以降の生活や学習の基盤の育成につながることに配慮し、幼児期にふさわしい生活を通して、創造的な思考や主体的な生活態度などの基礎を培うようにすること。 　2　特に留意する事項 　　（5）幼稚園教育と小学校教育との円滑な接続のため、幼児と児童の交流の機会を設けたり、小学校の教師との意見交換や合同の研究の機会を設けたりするなど、連携を図るようにすること。

保育所保育指針
第4章　保育の計画及び評価 　1　保育の計画 　（三）指導計画の作成上、特に留意すべき事項 　エ　小学校との連携 　　（ア）子どもの生活や発達の連続性を踏まえ、保育の内容の工夫を図るとともに、就学に向けて、保育所の子どもと小学校の児童との交流、職員同士の交流、情報共有や相互理解など小学校との積極的な連携を図るよう配慮すること。

出典：文部科学省「幼稚園教育要領」「保育所保育指針」2008年

図表9-2「小学校学習指導要領」と幼児期の教育との関係

幼児期の教育
義務教育及びその後の教育の基礎を培う

小学校

第1章　総則
第4「指導計画の作成等に当たって配慮すべき事項」の2
(12) 学校がその目的を達成するため、地域や学校の実態等に応じ、家庭や地域の人々の協力を得るなど家庭や地域社会との連携を深めること。また、小学校間、幼稚園や保育所、中学校及び特別支援学校などとの間の**連携や交流を図る**とともに、障害のある幼児児童生徒との交流及び共同学習や高齢者などとの交流の機会を設けること。

出典：文部科学省「小学校学習指導要領」2008年

図表9-3「小学校学習指導要領解説」における「接続」の訂正

生活科　第1章「総則」　2「生活科改訂の主旨」（2）改善の具体的事項

（オ）幼児教育から小学校への円滑な接続を図る観点から、入学当初をはじめとして、生活科が中心的な役割を担いつつ、他教科等の内容を合わせて生活科を核とした単元を構成したり、他教科等においても、生活科と関連する内容を取り扱ったりする合科的・関連的な指導の一層の充実を図る。また、児童が自らの成長を実感できるよう低学年の児童が幼児と一緒に学習活動を行うことなどに配慮するとともに、教師の相互交流を通じて、指導内容や指導方法について理解を深めることも重要である。

生活科　第1章「総則」　3「生活科改訂の要点」（2）内容及び内容の取扱いの改善

⑤幼児教育及び他教科との接続
　幼児教育との接続の観点から、幼児と触れ合うなどの交流活動や他教科等との関連を図る指導は引き続き重要であり、特に、学校生活への適応が図られるよう、合科的な指導を行うことなどの工夫により第1学年入学当初のカリキュラムをスタートカリキュラムとして改善することとした。（以下省略）

出典：文部科学省「小学校学習指導要領　生活科」2008年

携を図るようにすること」が示されました（図表9-1）。

　また、「小学校学習指導要領」の総則に、小学校は幼稚園のみならず保育所との交流を図ること、国語科・音楽科、図画工作科においても幼稚園教育における内容などとの関連を考慮すること、「生活科」においては第1学年入学当初のカリキュラムをスタートカリキュラムとして改善することなどが盛り込まれました（図表9-2、9-3）。

　「幼稚園教育要領」と同時に改定となった「保育所保育指針」においても、また、2015（平成27）年4月施行の子ども・子育て支援新制度で創設された幼保連携型認定こども園の「幼保連携型認定こども園教育・保育要領」にも、接続の必要性が示されています。

　このように幼小の連携および接続については、歴史的にも常に重視されるべき課題であったことがわかります。

2 「幼児期の教育と小学校教育の円滑な接続の在り方」についての報告

　2008（平成20）年に「保育所保育指針」「幼稚園教育要領」の改定（訂）を行ったものの、各幼稚園等や小学校では、実際にはどのように連携や接続を推進すればよいのかわからない状況もありました。たとえば、2009（平成21）年の文部科学省による「幼児期の教育と小学校教育の円滑な接続の在り方に関するアンケート調査」からは、次のような課題が浮き彫りにされました。

> ○ほとんどの地方公共団体で幼小接続の重要性を認識
> 　（都道府県100％、市町村99％）
> ○その一方、幼小接続の取り組みは十分実施されているとはいえない状況（都道府県77％、市町村80％が未実施）
> ○その理由：
> 　「接続関係を具体的にすることが難しい」（52％）、「幼小の教育の違いについて十分理解・意識していない」（34％）、「接続した教育課程の編成に積極的ではない」（23％）

　そこで、幼児期の教育と小学校教育の教育内容の接続を図るうえで必要なことを明らかにするために「幼児期の教育と小学校教育の円滑な接続の在り方に関する調査研究協力者会議」が設定され、2010（平成22）年11月、次のような報告が出されました（図表9-4）（下線は筆者）。

図表9-4 幼児期の教育と小学校教育の円滑な接続の在り方についてのポイント

①幼児期の教育と小学校教育の関係を「連続性・一貫性」で捉える考え方を示す

○教育基本法や学校教育法において、幼小の教育の目的・目標（知・徳・体）は連続性・一貫性をもって構成。

○幼小接続を体系的に理解するため、幼小接続の構造を「3段構造」（教育の目的・目標→教育課程→教育活動）で捉える。

○幼小の教育の目標を「学びの基礎力の育成」という一つのつながりとして捉える。

○幼児期の教育と小学校教育では、互いの教育を理解し、見通すことが必要。（その際、幼児期の教育と小学校教育は、それぞれ発達の違いを踏まえて教育を充実させることが重要であり、一方が他方に合わせるものではないことに留意。）

②幼児期と児童期の教育活動をつながりで捉える工夫を示す

○幼小を通した学びの基礎力の育成を図るため、
・幼児期の終わりから児童期（低学年）にかけては「三つの自立」（学びの自立、生活上の自立、精神的な自立）を育成。
・上記に加え、児童期においては、「学力の三つの要素」（「基礎的な知識・技能」、「課題解決のために必要な思考力、判断力、表現力等」、「主体的に学習に取り組む態度」）を育成。

○学びの芽生えの時期（幼児期）、自覚的な学びの時期（児童期）という発達の段階の違いからくる、遊びの中での学びと各教科等の授業を通した学習という違いがあるものの、「人とのかかわり」や「ものとのかかわり」という直接的・具体的な対象とのかかわりで幼児期と児童期の教育活動のつながりを見通して円滑な移行を図ることが必要。

○小学校入学時に幼児期の教育との接続を意識したスタートカリキュラムの編成の留意点を示す。（幼稚園・保育所・認定こども園との連携協力（子どもの実態や指導の在り方等について理解を深める等）、授業時間や学習空間などの環境構成等の工夫（15分程度のモジュールによる時間割の構成等）など）

○幼児期と児童期の教育双方が接続を意識する期間を「接続期」というつながりとして捉える考え方の普及を図る。（幼児期

の年長から児童期(低学年)の期間における子どもの発達や学びの連続性を踏まえて接続期を捉えることが必要。なお、接続期の実際の始期・終期は各学校・施設について適切な期間を設定。)

③幼小接続の取組を進めるための方策(連携・接続の体制づくり等)を示す
○幼小接続の取組を進めるための方策として、幼小接続のための連携・接続の体制づくり、教職員の資質向上(研修体制の確立)、家庭や地域社会との連携・協力についてのポイントを示す。

出典:文部科学省幼児期の教育と小学校教育の円滑な接続の在り方に関する調査研究協力者会議「幼児期の教育と小学校教育の円滑な接続の在り方について(報告)」資料、2010年

　この報告のなかでは、幼児期の教育の成果が小学校関係者等に見えるように「幼児期の終わりまでに育ってほしい姿」を参考例として示しました(図表9-5)。これが、2017(平成29)年改定(訂)「保育所保育指針」「幼稚園教育要領」「幼保連携型認定こども園教育・保育要領」で示された「**幼児期の終わりまでに育ってほしい姿**」につながりました。
　その後、各市町村における幼小の交流活動等の連携への取り組みは徐々にすすみつつも、年数回の授業、行事、研究会などの交流はあっても、接続を見通した教育課程の編成・実施は行われていないことも多く、文部科学省の「平成24年度幼児教育実態調査」(2013[平成25]年3月)によれば、2012(平成24)年度の教育課程の編成にあたり、小学校と情報交換をするなどの連携をした幼稚園は、全体の49.3%(公立:63.8%、私立40.8%)であり、教育課程の接続をすすめるうえでの課題も残っていました(図表9-6)。

参照
幼児期の終わりまでに育ってほしい姿
→レッスン1

図表 9-5　幼児期の終わりまでに育ってほしい姿（参考例）

（イ）健康な心と体	
例	・体を動かす様々な活動に目標をもって挑戦したり、困難なことにつまずいても気持ちを切り替えて乗り越えようとしたりして、主体的に取り組む。 ・いろいろな遊びの場面に応じて、体の諸部位を十分に動かす。 ・健康な生活リズムを通して、自分の健康に対する関心や安全についての構えを身に付け、自分の体を大切にする気持ちをもつ。 ・衣服の着脱、食事、排泄などの生活に必要な活動の必要性に気付き、自分でする。 ・集団での生活の流れなどを予測して、準備や片付けも含め、自分たちの活動に、見通しをもって取り組む。
（ロ）自立心	
例	・生活の流れを予測したり、周りの状況を感じたりして、自分でしなければならないことを自覚して行う。 ・自分のことは自分で行い、自分でできないことは教職員や友達の助けを借りて、自分で行う。 ・いろいろな活動や遊びにおいて自分の力で最後までやり遂げ、満足感や達成感をもつ。
（ハ）協同性	
例	・いろいろな友達と積極的にかかわり、友達の思いや考えなどを感じながら行動する。 ・相手に分かるように伝えたり、相手の気持ちを察して自分の思いの出し方を考えたり、我慢したり、気持ちを切り替えたりしながら、わかり合う。 ・クラスの様々な仲間とのかかわりを通じて互いのよさをわかり合い、楽しみながら一緒に遊びを進めていく。 ・クラスみんなで共通の目的をもって話し合ったり、役割を分担したりして、実現に向けて力を発揮しやり遂げる。
（ニ）道徳性の芽生え	
例	・相手も自分も気持ちよく過ごすために、してよいことと悪いこととの区別などを考えて行動する。 ・友達や周りの人の気持ちを理解し、思いやりをもって接する。 ・他者の気持ちに共感したり、相手の立場から自分の行動を振り返ったりする経験を通して、相手の気持ちを大切に考えながら行動する。
（ホ）規範意識の芽生え	
例	・クラスのみんなと心地よく過ごしたり、より遊びを楽しくするためのきまりがあることが分かり、守ろうとする。 ・みんなで使うものに愛着をもち、大事に扱う。 ・友達と折り合いをつけ、自分の気持ちを調整する。
（ヘ）いろいろな人とのかかわり	
例	・小学生・中学生、地域の様々な人々に、自分からも親しみの気持ちを持って接する。 ・親や祖父母など家族を大切にしようとする気持ちをもつ。 ・関係の深い人々との触れ合いの中で、自分が役に立つ喜びを感じる。 ・四季折々の地域の伝統的な行事に触れ、自分たちの住む地域に一層親しみを感じる。
（ト）思考力の芽生え	
例	・物との多様なかかわりとの中で、物の性質や仕組みについて考えたり、気付いたりする。 ・身近な物や用具などの特性や仕組みを生かしたり、いろいろな予想をしたりし、楽しみながら工夫して使う。
（チ）自然とのかかわり	
例	・自然に出会い、感動する体験を通じて、自然の大きさや不思議さを感じ、畏敬の念をもつ。 ・水や氷、日向や日陰など、同じものでも季節により変化するものがあることを感じ取ったり、変化に応じて生活や遊びを変えたりする。 ・季節の草花や木の実などの自然の素材や、風、氷などの自然現象を遊びに取り入れたり、自然の不思議さをいろいろな方法で確かめたりする。
（リ）生命尊重、公共心等	
例	・身近な動物の世話や植物の栽培を通じて、生きているものへの愛着を感じ、生命の営みの不思議さ、生命の尊さに気付き、感動したり、いたわったり、大切にしたりする。 ・友達同士で目的に必要な情報を伝え合ったり、活用したりする。 ・公共の施設を訪問したり、利用したりして、自分にとって関係の深い場であることが分かる。 ・様々な行事を通じて国旗に親しむ。

（ヌ）数量・図形、文字等への関心・感覚	
例	・生活や遊びを通じて、自分たちに関係の深い数量、長短、広さや速さ、図形の特徴などに関心をもち、必要感をもって数えたり、比べたり、組み合わせたりする。 ・文字や様々な標識が、生活や遊びの中で人と人をつなぐコミュニケーションの役割をもつことに気付き、読んだり、書いたり、使ったりする。
（ル）言葉による伝え合い	
例	・相手の話の内容を注意して聞いて分かったり、自分の思いや考えなどを相手に分かるように話したりするなどして、言葉を通して教職員や友達と心を通わせる。 ・イメージや考えを言葉で表現しながら、遊びを通して文字の意味や役割を認識したり、記号としての文字を獲得する必要性を理解したりし、必要に応じて具体的な物と対応させて、文字を読んだり、書いたりする。 ・絵本や物語などに親しみ、興味をもって聞き、想像をする楽しさを味わうことを通して、その言葉のもつ意味の面白さを感じたり、その想像の世界を友達と共有し、言葉による表現を楽しんだりする。
（ヲ）豊かな感性と表現	
例	・生活の中で美しいものや心を動かす出来事に触れ、イメージを豊かにもちながら、楽しく表現する。 ・生活や遊びを通して感じたことや考えたことなどを音や動きなどで表現したり、自由にかいたり、つくったり、演じて遊んだりする。 ・友達同士で互いに表現し合うことで、様々な表現の面白さに気付いたり、友達と一緒に表現する過程を楽しんだりする。

出典：図表9-4と同じ

図表9-6 教育課程の編成に関する小学校との連携

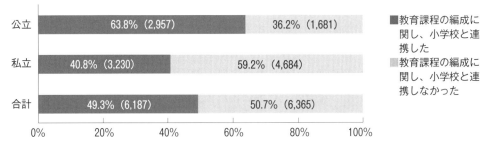

出典：文部科学省「平成24年度幼児教育実態調査」2013年

2. 改訂「学習指導要領」等における幼小の接続に関する内容

1 「学習指導要領」等における幼小の接続に関する内容

　改訂「学習指導要領」においては、学校段階間の接続を重視し、「答申」にもあるように「初等中等教育の終わりまでに育成を目指す資質・能力とは何か」「義務教育の終わりまでに育成を目指す資質・能力は何か」といった観点を共有しながら、幼児教育から高等学校までを通した見通しをもって、各学校段階の教育課程において何を身につけるのか、それを次の学校段階にどのようにつないでいくのかということを系統的に示すことが求められています。

　また、初等中等教育においては、幼児教育において培われた基礎の上に、小・中学校段階の義務教育を通じて「自立的に生きる力の基礎」や「基本的な資質」を育むこととされています。

　特筆すべきは、改訂「小学校学習指導要領」の総則の学校段階等間の接続の部分に下記のように示されたことです（下線は筆者）。

「小学校学習指導要領」第1章「総則」第2「教育課程の編成」
4　学校段階等間の接続
（1）<u>幼児期の終わりまでに育ってほしい姿を踏まえた指導を工夫することにより、幼稚園教育要領等に基づく幼児期の教育を通して育まれた資質・能力を踏まえて教育活動を実施し</u>、児童が主体的に自己を発揮しながら学びに向かうことが可能となるようにすること。

　また、低学年における教育全体において、例えば生活科において育成する自立し生活を豊かにしていくための資質・能力が、他教科等の学習においても生かされるようにするなど、教科等間の関連を積極的に図り、<u>幼児期の教育及び中学年以降の教育との円滑な接続が図られるよう工夫すること</u>。特に、小学校入学当初においては、<u>幼児期において自発的な活動としての遊びを通して育まれてきたことが、各教科等における学習に円滑に接続されるよう</u>、生活科を中心に、合科的・関連的な指導や弾力的な時間割の設定など、指導の工夫や指導計画の作成を行うこと。

このように、小学校の「学習指導要領」に幼児教育の成果を生かすことの必要性、特に幼児期の教育の独自性を示す「自発的な活動としての遊びを通して育まれてきたこと」という言葉が入ったことは画期的ともいえます。

2 改訂「幼稚園教育要領」等における幼小の接続に関する内容

一方、幼児教育においても、他校種と同様に幼児期に育成すべき資質・能力の明確化をはかるなかで、「幼児期の終わりまでに育ってほしい姿」を明らかにし、幼児教育の学びの成果が小学校と共有されるよう工夫し、改善をはかることが求められました。2017（平成29）年改定（訂）の「保育所保育指針」「幼稚園教育要領」「幼保連携型認定こども園教育・保育要領」では「**幼児期の終わりまでに育ってほしい姿**」10項目について、下記のように示されています（図表 9-7）。

この「幼児期の終わりまでに育ってほしい姿」は、5領域のねらいおよび内容に基づく活動全体を通して幼児期に育みたい資質・能力が育まれている幼児期の終わりの頃の具体的な姿であり、保育者が指導を行う際に考慮するものとしています。さらに解説においては、それぞれの項目は個別に取り出して指導するものではないことを明記しています。そ

参照
幼児期の終わりまでに育ってほしい姿
→レッスン 1

図表 9-7 幼児期の終わりまでに育ってほしい姿

幼児期の終わりまでに育ってほしい幼児の具体的な姿（※）			
健康な心と体	自立心	協同性	道徳性の芽生え
規範意識の芽生え	いろいろな人とのかかわり	思考力の芽生え	自然とのかかわり
生命尊重・公共心等	数量・図形・文字等への関心・感覚	言葉による伝え合い	豊かな感性と表現

※「幼児期の教育と小学校教育の円滑な接続の在り方について（報告）」（平成22年11月11日）に基づく整理。

出典：文部科学省「中央教育審議会幼児教育部会取りまとめ（案）」資料、2016年

れは、もとより、幼児教育が環境を通して行われるものであり、とりわけ幼児の自発的な活動としての遊びを通して、これらの姿が育っていくことに留意することを強調しています。

そして、「幼児期の終わりまでに育ってほしい姿」は、5歳児だけでなく、それ以前の年齢においても、これを念頭に置きながら5領域にわたって指導が行われることが望まれます。その際、それぞれの時期にふさわしい指導の積み重ねが、この「幼児期の終わりまでに育ってほしい姿」につながっていくことに留意する必要があります。

また、「幼児期の終わりまでに育ってほしい姿」は、5歳児後半の評価の手立てともなるものであり、幼稚園等と小学校の教員がもつ5歳児の姿が共有化されることにより、幼児教育と小学校教育との接続の一層の強化が図られることが期待できます。

さらに「小学校学習指導要領」においても、各教科等の指導計画を作成する際、低学年においては、この「幼児期の終わりまでに育ってほしい姿」との関連を考慮する必要のあることが示されています。生活科を中心としたスタートカリキュラムのなかで、合科的・関連的な指導や短時間での学習など、授業時間や指導の工夫、環境構成等の工夫を行うとともに、子どもの生活の流れのなかで、幼児期の終わりまでに育った姿が発揮できるような工夫を行いながら、幼児期に育まれた「見方・考え方」や資質・能力を、徐々に各教科等の特質に応じた学びにつなげていく必要があるとしています。

3. 幼児期の教育と小学校教育との円滑な接続に向けて

「幼稚園教育要領」等にも示されたように、幼児期の教育と小学校教育との円滑な接続のためには、子ども同士の交流や教職員同士の意見交換、合同での研究等をとおして連携を図ることが重要です。しかし、その連携を図ることにのみ重きを置き、肝心な接続に向けた各学校、各幼児教育施設における子どもの「物事への見方・考え方」の広がりや発展への働きかけがなされなければ、幼児期の教育と小学校の教育内容や指導方法の接続にはつながりません。

では、接続に向け、幼児教育施設、小学校においては、どのようなことに取り組むとよいのか考えてみましょう。

幼児は直接的・具体的な体験のなかで、「見方・考え方」を働かせて対象と関わり、心を動かし、幼児なりのやり方やペースで試行錯誤を繰

り返し、生活を意味あるものとしてとらえ、さまざまなことを学んでいきます。

この「見方・考え方」について、「答申」においては、「幼児がそれぞれの発達に即しながら身近な環境に主体的に関わり、心動かされる体験を重ね、遊びが発展し生活が広がる中で、環境との関わり方や意味に気付き、これらを取り込もうとして、諸感覚を働かせながら、試行錯誤したり、思い巡らしたりすること」としています。

幼児期の「見方・考え方」が幼児の遊びのなかでどのように豊かに広がっていくのか、その「見方・考え方」が小学校教育にどのようにつながるのか、また、スタートカリキュラム等を通じて、その後の各教科等の特質に応じた「見方・考え方」にどのようにつながるのかを明らかにすると、幼児期の教育と小学校教育の教育内容の接続のあり方への理解が深まります。

そこで、幼児や小学校入学当初の児童の具体的な姿の事例を通して、また、幼児期の終わりまでに育ってほしい姿のうち、「数量への関心・感覚」の視点から、子どもの「見方・考え方」が幼児期から児童期へどのようにつながっているのかをとらえ、教育内容の接続について考えてみましょう。

エピソード①　5歳児（12月）「小さい組の子、何人、案内したらいいかな」

ポップコーンパーティーを始めようとする幼児たちが、学級の友だちといろいろな役割を分担し、準備を進めようとしています。会場係の幼児は、テーブルやいす、テーブル掛けや手づくりの花などを準備しながら、招待する年少組へお土産をつくろうという思いが高まってきました。係の友だちとともに、いろいろな材料を使って思い思いのものをつくりながら「小さい組、25人だよ」「お土産、25個つくらなきゃ」と話しています。

すると、案内係の幼児が自分たちの仕事の進め方を考えているなかで、「小さい組の子、何人、案内したらいいかな」という疑問がわいてきました。係同士で相談するなかで、自分たちで一度、案内する長いすに腰かけてみようと思いつきました。一つの長いすに座ってみると4人座れました。5歳児の自分たちにはとても窮屈です。しかし、「小さい組の子なら、4人ずつ、呼んでくればいい」ということで解決していったのでした。

これらは、遊びながら幼児なりに数量の感覚を広げていく姿です。前者は会場係として、後者は案内係として、「年少児をもてなす気持ち」「自分の役割への自覚と責任」をもっていることで、人数や個数との対応、いすの長さと人数の関連等、数量等の感覚が広がっていることが読み取れます。

エピソード②　5歳児（2月）　飼育当番の引き継ぎ

　園修了を前に、5歳児が4歳児に飼育当番活動の引き継ぎを行うことになりました。しかし、当番の子ども用の長靴やエプロンの数が足りないことに気づきました。そこで、エプロンは4歳児に貸し、自分たちは代わりにスモックを着ることにしました。子ども用の履きやすい長靴も4歳児に履かせ、自分たちの足りない分は大人用の長靴を履くことにしました。

　掃除用のほうきも少ないことに気づき、ほうきの数と4歳児の人数を数えてみると、ほうきの数が5本、4歳児の人数が4人とわかり、「1個余るな、（年長児の）お手本用やね」と言いました。

　人数と物の数を対応させて、過不足を把握し、不足の場合の対応を自分たちで考え工夫しています。それは、単に数量を合わせるということにとどまらず、「これはお手本用やね」という言葉に象徴されるように、年長児として、これまで当番を行ってきた自覚、命ある小動物の世話をすることへの責任感、その命を引き継ぐ大事さをきちんと伝えたいという思いが感じられます。教える際の心遣い、当番のしかたを知らない4歳児に教える根気強さ、優しさ、思いやりも感じられます。それは、自分たちの就学に向けた期待感やこれまで園で過ごしたなかで培われた自己有能感、自己肯定感にも支えられています。幼児期の数量等の感覚は、こうしたさまざまな思いや経過があってこそ生まれてくる感覚です。

エピソード③　小学校1年生（4月）「ぼく4文字」「私、6文字」

　小学校1年生の国語の授業で、自分の名前をひらがなで10回書く学習をしています。

　A児は、5、6回ほど書いたところでまわりの児童が気になり始め、その児童のノートをのぞき込み始めました。すると、「えー」と声をあげました。さらに、通路越しの児童のノートものぞき込むと、また声をあげました。そして、互いに「ぼく4文字」「私、6文字」とまわりの児童と言い始めました。どうやら、ノートのマス目に1

> 文字ずつ入れて名前を書くと、1行目のマスが余っている児童がいたり、2行目のマスも使って書いている児童がいて、その違いに気づき、ひらがなの文字数に関心をもったようです。

　この事例には、幼児期から児童期へ移行する特徴的な姿がよく表れています。この児童の数に対する「見方・考え方」は、幼児期の「見方・考え方」からつながったものです。ましてや、入学当初ですから、どちらかといえば、まだまだ幼児期の「ものの見方・考え方」そのものともいえるでしょう。だから、国語のひらがなの練習のなかでも、名前の一文字をノートの1マスに入れて書いているうちに、幼児期に1対1の対応で数量感覚を豊かにしてきた児童は、文字数にも関心を寄せていったのです。その文字数が人の名前ごとに違うこと、名前によって使うマス目の数が違うことを発見し、その発見の喜びから数に関心をもち、使ったマス目の数を数えたり、1行におさまっているかどうかで数の大小を判断したり、余りのマス目で比較したりしていったのです。

　もちろん、国語の授業ですので、ひらがなの学習を行うことは大事なことですが、ここでの児童の興味や関心は、けっしておろそかにはできない「見方・考え方」です。この興味や関心は、必ずや他教科でも生かされていく大事な学びの要素といえるでしょう。

　こうした学びは、自分にとって一番身近で大切な名前だったからこそ生まれてきたものでしょう。さらに、人の名前を通して数に関心を広げていくなかで、入学当初、さまざまな幼児教育施設から入学し、つながりの薄い児童同士が、このことを通して人への関心、親しみの気持ちを広げ、安心した友だち関係をつくり、学級集団としてのつながりを深めていくことになるのです。つながりを深めることは、今後、互いに刺激し合い、学び合う集団として育っていくことにもなっていくでしょう。

　幼児期の教育と小学校教育の接続を考えるうえで、双方の教職員が、幼児期の「見方・考え方」、それは遊びをとおして総合的に学ぶという特性があること、その「見方・考え方」が小学校へ連続していることなどについて共有し、そのうえで学習内容や指導方法に配慮することが必要です。

　エピソード①②③の事例から、子どもたちが自分のこととして数量等を認知していく過程で、子どもの社会情動的スキル、いわゆる非認知能力がいかに影響しているかがわかります。生涯にわたって学ぶ原点ともいえる幼児期、児童期の学びにおいて、非認知能力を培うことの重要性がわかってきます。また、こうして培われた幼児期なりの「見方・考え方」

が、小学校の各教科等の学習に円滑に接続するようにすることで、幼児期の教育と小学校教育との教育課程の接続が考えられるのではないでしょうか。

　幼児と児童の「見方・考え方」を教職員が共通理解するためには、交流・連携が不可欠ですし、その発達や学びの連続性を生かして互いの教育内容や指導方法等に取り入れていくことが、円滑な接続へとつながっていくのです。

演 習 課 題

①幼児期の教育と小学校教育の接続がなぜ必要なのか、具体的に考えてみましょう。
②幼児期の教育と小学校教育の円滑な接続に向けた連携では、具体的にどのようなことが行われているのかを調べ、そのなかで子ども同士、教職員同士にどのような学び合いが生まれるのか、話し合ってみましょう。
③幼児期の教育と小学校教育の円滑な接続に向け、教育内容をつなぐとはどのようなことなのか、話し合ってみましょう。

レッスン10

幼児期に育成すべき資質・能力

このレッスンでは、2017（平成29）年3月に告示された「幼稚園教育要領」等に共通して示されている事項の一つである「幼児期に育みたい資質・能力」について学びます。また、その資質・能力を、実際の幼児の姿からどのようにとらえるとよいのか、事例を通して考えてみましょう。

1. 2017年改訂の「幼稚園教育要領」等が目指すもの

　2017（平成29）年に改定（訂）された「保育所保育指針」「幼稚園教育要領」「幼保連携型認定こども園教育・保育要領」では、生涯にわたる生きる力の基礎を培うため、「幼児期に育みたい資質・能力」が示されました。「幼児期に育みたい資質・能力」とは、「知識及び技能の基礎」「思考力・判断力・表現力等の基礎」「学びに向かう力・人間性等」の3つです。

　では、この3つの資質・能力が、どうして今、幼児教育において示されることになったのでしょうか。そのことを考えるために、「幼稚園教育要領」において新しく掲げられた「前文」をみてみると、幼稚園が「学校教育の始まり」としての役割を担ううえで必要な、学校教育の目指す理念が示されています。

　「保育所保育指針」「幼保連携型認定こども園教育・保育要領」にはこのような前文はありませんが、幼児期の教育を担っているのは、幼稚園だけではありません。保育所においても、認定こども園においても、小学校教育の生活や基盤となる教育を行っています。さらに2015（平成27）年4月発足の「子ども・子育て支援新制度」でも、幼児期の教育を担う施設全体の教育の質の確保が求められました。そのため、「幼稚園教育要領」のこの前文に示された理念については、幼稚園・保育所・認定こども園等、すべての施設において理解しておかなければならないことといえます。

1 「学習指導要領」「幼稚園教育要領」改訂の基本理念

　「学習指導要領」は、社会の変化や子どもを取り巻く環境の変化にともない、ほぼ10年ごとに改訂を行っています。「幼稚園教育要領」につ

いても同様に改訂を行ってきました（図表10-1）。学校教育の基本となる不易な部分は維持しつつ、次期「学習指導要領」等施行後10年先の社会の動きを見据え、そこに立ち向かう子どもたちの教育のあり方を考え、その教育の根幹となる教育課程の改訂を行ってきました。では、今回の改訂では、どのような社会を予測し、その変化に応じて基本方針とされたのはどのようなことだったのでしょうか。

図表10-1 「幼稚園教育要領」等の変遷

時期	内容	実施
昭和23年刊行	**保育要領（文部省刊行）** ・国として作成した最初の幼稚園・保育所・家庭における幼児教育の手引（手引書的性格の試案） ・幼児期の発達の特質、生活指導、生活環境等について解説 ・保育内容を「楽しい幼児の経験」として12項目に分けて示す	
昭和31年刊行	**幼稚園教育要領（文部省編集）** ・幼稚園の教育課程の基本としての性格を踏まえた改善 ・学校教育法に掲げる目的・目標にしたがい、教育内容を「望ましい経験」（6領域（健康、社会、自然、言語、音楽リズム、絵画制作）として示す） ・小学校との一貫性を配慮	昭和31年4月1日実施
昭和39年改訂	**幼稚園教育要領（文部省告示）** ・幼稚園教育の過程の基準として確立（初の告示化） ・教育内容を精選し、原則として幼稚園修了までに幼児に指導することを「望ましいねらい」として明示 ・6領域にとらわれない総合的な経験や活動により「ねらい」が達成されるものであることを明示 ・「指導及び指導計画作成上の留意事項」を示し、幼稚園教育の独自性を一層明確化	昭和39年4月1日実施
平成元年改訂	**幼稚園教育要領（文部省告示）** ・「幼稚園教育は、幼児期の特性を踏まえ環境を通して行うものである」ことを「幼稚園教育の基本」として明示 ・幼稚園生活の全体を通してねらいが総合的に達成されるよう、具体的な教育目標を示す「ねらい」とそれを達成するため教師が指導する「内容」を区別し、その関係を明確化 ・6領域を5領域（健康、人間関係、環境、言葉、表現）に再編成し整理	平成2年4月1日実施
平成10年改訂	**幼稚園教育要領（文部省告示）** ・教師が計画的に環境を構成すべきことや活動の場面に応じて様々な役割を果たすべきことを明確化 ・教育課程を編成する際には、自我が芽生え、他者の存在を意識し、自己を抑制しようとする気持ちが生まれる幼児期の発達の特性を踏まえることを明示 ・各領域の「留意事項」について、その内容の重要性を踏まえ、その名称を「内容の取扱い」に変更 ・「指導計画作成上の留意事項」に、小学校との連携、子育て支援活動、預かり保育について明示	平成12年4月1日実施
平成20年改訂	**幼稚園教育要領（文部科学省告示）** ・幼小の円滑な接続を図るため、規範意識や思考力の芽生えなどに関する指導を充実 ・幼稚園と家庭の連続性を確保するため、幼児の家庭での生活経験に配慮した指導や保護者の幼児期の教育の理解を深めるための活動を重視 ・預かり保育の具体的な留意事項を示すとともに、子育ての支援の具体的な活動を例示	平成21年4月1日実施
平成29年改訂	**幼稚園教育要領（文部科学省告示）** ・幼稚園教育要領において育みたい資質・能力の明確化 ・小学校教育との円滑な接続を図るうえで、「幼児期の終わりまでに育ってほしい姿」を明示 ・カリキュラム・マネジメントの実施、教育課程を中心とした全体的な計画の作成、現代的な諸課題を踏まえた教育内容の見直し、預かり保育や子育ての支援の充実について明示	平成30年4月1日実施

出典：中央教育審議会幼児教育部会資料「総則等の構成に関する資料」2016年をもとに作成

それでは、今の子どもたちが成人して社会で活躍するころ、社会はどのような状況になっているのか予想してみましょう。生産年齢人口の減少、グローバル化の進展や絶え間ない技術革新等により、今後の社会や職業のあり方そのものも大きく変化していくことが予想されます。特に人工知能等が飛躍的に進化していくなか、社会がいったいどのように変化していくのか、将来の予測が難しい状況にあります。

　では、そのような予測もつかない社会で生きる子どもたちは、どのようなことを身につけておく必要があるのでしょうか。学校教育において必要なことは、どのようなことなのでしょうか。

　今後の急激な社会の変化に対応するには、伝統や文化に立脚した広い視野をもち、志高く未来をつくり出していくために必要な資質・能力を、子どもたち一人ひとりに確実に育むことが必要になってきます。これまでも学校教育において大事にしてきた「生きる力を育む」という理念を、社会において自立的に生きるために必要な資質・能力としてさらに具体化する必要があります。

　今回の改訂では、よりよい学校教育を通じてよりよい社会をつくるという目標を学校と社会が共有し、連携・協働しながら、新しい時代に求められる資質・能力を子どもたちに育む「社会に開かれた教育課程」の実現を目指そうとしています。「学習指導要領」が、学校や家庭・地域等、関係者の創意工夫のもと、子どもの質の高い学びを引き出すことができるよう、学校教育を通じて子どもが身につけるべき資質・能力や学ぶべき内容などの全体像をわかりやすく見渡せる「学びの地図」としての役割を果たすことを目指しているのです。

　「生きる力」とは何かについて、以下の資質・能力の３つの柱（図表10－2）に沿って具体的に示しています。また、そのために必要な教育課程の枠組みを再整理しています[1]。

▶出典
[1] 中央教育審議会資料「新しい学習指導要領の考え方」2016年、12頁

①生きて働く「知識・技能」の習得
　発達の段階に応じた生活の範囲や領域に関わる物事について理解し、生活や学習に必要な技能を身に付けるようにする。
②未知の状況にも対応できる「思考力・判断力・表現力等」の育成
　情報を捉えて・多角的に精査したり、問題を見いだし他者と協働しながら解決したり、自分の考えを形成し伝え合ったり、思いや考えを基に創造したりするために必要な思考力・判断力・表現力等を育成する。

③学びを人生や社会に生かそうとする「学びに向かう力・人間性」の涵養

伝統や文化に立脚した広い視野を持ち、感性を豊かに働かせながら、よりよい社会や人生の在り方について考え、学んだことを主体的に生かしながら、多様な人々と協働して新たな価値を創造していこうとする学びに向かう力や人間性を涵養する。

図表10-2 育成すべき資質・能力の3つの柱

```
            学びを人生や社会に生かそうとする
            「学びに向かう力・人間性」の涵養
            ┌──────────────────────┐
            │ どのように社会・世界と関わり、│
            │   よりよい人生を送るか     │
            └──────────────────────┘
    ┌──────────────┐        ┌──────────────┐
    │ 何を知っているか │        │ 知っていること・できることを │
    │ 何ができるか   │        │   どう使うか        │
    └──────────────┘        └──────────────┘
      生きて働くための          未知の状況にも対応できる
      「知識・技能」の習得      「思考力・判断力・表現力」等の育成
```

出典：中央教育審議会資料「新しい学習指導要領の考え方」2016年

　この育成すべき資質・能力は、幼児教育から高等学校までの見通しをもって、各学校段階の教育課程において何を身につけ、それをどのように次の学校段階につないでいくのかを系統的に示すことが求められています。

　幼児教育は、幼稚園のみならず保育所、認定こども園等でも行われていることから、すべての幼児教育施設において質の高い教育を行うために、「幼児期に育みたい資質・能力」を共通してとらえておく必要があります。

2 「幼稚園教育要領」等における基本的な方向性

　それでは、こうした基本理念から、幼児教育においては「幼児期に育みたい資質・能力」をどのようにとらえるとよいでしょうか。

　2016（平成28）年12月に中央教育審議会がとりまとめた答申「幼稚園、小学校、中学校、高等学校及び特別支援学校の学習指導要領等の改善及び必要な方策について」（以下、「答申」）では、「幼児教育においては、幼児期の特性から、この時期に育みたい資質・能力は、小学校以降のような、いわゆる教科指導で育むのではなく、幼児の自発的な活動である遊びや生活の中で、感性を働かせてよさや美しさを感じ取ったり、不思

議さに気付いたり、できるようになったことなどを使いながら、試したり、いろいろな方法を工夫したりすることなどを通じて育むことが重要」と示されています。

そして、このレッスンの冒頭で示したように、「幼稚園教育要領」等では、幼児教育の特質を踏まえ、幼児期に育みたい資質・能力を「知識及び技能の基礎」「思考力・判断力・表現力等の基礎」「学びに向かう力・人間力等」に整理しています。

①豊かな体験を通じて、感じたり、気付いたり、分かったり、できるようになったりする「知識及び技能の基礎」
②気付いたことや、できるようになったことなどを使い、考えたり、試したり、工夫したり、表現したりする「思考力・判断力・表現力等の基礎」
③心情、意欲、態度が育つ中で、よりよい生活を営もうとする「学びに向かう力・人間性等」

図表10-3 幼児教育において育みたい資質・能力の整理

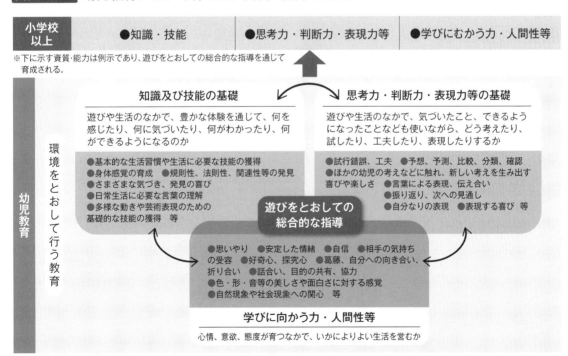

注：3つの円のなかで例示される資質・能力は、5つの領域の「ねらい及び内容」および「幼児期の終わりまでに育ってほしい姿」から、主なものを取り出し、便宜的に分けたものである。
出典：中央教育審議会幼児教育部会資料「幼児教育部会における審議の取りまとめ」2016年をもとに作成

これらの幼児教育において育みたい資質・能力は、生きる力の基礎を育むために、一体的に育むよう努めるものであり、5つの領域のねらいおよび内容に基づく活動全体によって育むものとしています。

　育成すべき「資質・能力」、特に①の「知識・技能の基礎」と聞くと、これまで幼児教育において重視してきた「心情・意欲・態度など」が軽視され、「知識や技能」を教えなければならないという懸念を抱く方がいるかもしれません。しかし、「答申」に示されたように、この資質・能力は、別々に培われるものでも、保育者が幼児に一方的に教え込むものでもありません。これまでの幼児教育が大事にしてきた「環境を通して行うこと」を基本に、そこで重視してきた「遊びを通しての総合的な指導」を行うなかで、資質・能力の3つの柱を絡み合わせて育むことが重要とされているのです（図表10-3）。

2. 幼児の具体的な姿をとおして、資質・能力の育成について考える

　幼児教育における資質・能力は、幼児教育の基本に沿って育成されるものです。そこでここでは、具体的な幼児の姿をとおして、育成すべき資質・能力の3つの柱と関連させて読み取るには、どのようにとらえればよいのかについて考えてみましょう。

参照
→レッスン9　エピソード①

エピソード　ポップコーンパーティー

　12月、年長組では、自分たちで栽培・収穫し、乾燥させたポップコーン用のとうもろこしを調理して、「ポップコーンパーティー」を開き、年少組を招待することになりました。学級の幼児たちは、保育者や友だちとともに、そのパーティーに向けて役割を決めたり、動きを考えたりして、自分たちで進めることになりました。

　調理の途中で、2つのグループに分かれ、それぞれの鍋でポップコーンづくりに取り組んだときのことです。

　しばらくして、片方の鍋のとうもろこしがポンと爆ぜ始めました。

　その音を聞き、他方の鍋の幼児たちは、一斉に視線を向けつつも、「あっちのほうが先に（とうもろこしを鍋の中に）入れたからや」
「そうやで」「そうやで」
と言って、待ち続けています。

　そして、ついにもう片方の鍋も、「ポン」と音を立てて勢いよく爆ぜ始めました。その様子を幼児たちは食い入るように見ています。

そのうち、鍋の中がポップコーンでいっぱいになってきました。
「多すぎてあんまり飛べへんな」
「チャリチャリ、言ってるで」
「もうちょいで、（鍋の中に）いっぱいになるで」
「茶色くなってるところは、焼けたとこやで」
と、口々に気づいたことを言葉にし合っています。

　このエピソードをとおして、幼児教育において育成すべき資質・能力の3つの柱をどのようにとらえればよいのか、考えてみましょう。

1　知識および技能の基礎

　「知識・技能」という言葉から、これは小学校教育を前倒しで教育することではないか、と思われるかもしれません。しかし、けっしてそうではありません。知識・技能のみを個別に取り出して保育者主導で教え込むのと、幼児自身が遊びや生活のなかで、自分の体験に基づき必要感をもって納得していく過程を経てとらえていくこととは、まったく違うものです。この事例の場合、たとえば、ポップコーンが固い実から爆ぜていく過程の変化を、幼児はさまざまな面からとらえ、気づきを深めています。ほかの鍋のほうが早く爆ぜ始めた様子を見て、幼児たちは一瞬、音を聞いてうらやましく思いながらも、時間の経過を振り返り「むこうよりも遅かったから」と事実をきちんとらえ、納得し合って待っている様子がうかがえます。

　ポップコーンが爆ぜ始めるまでの目には見えない時間の経過、鍋の空間でのポップコーンの動き方、「飛べない」ほど膨らんでいく過程、爆ぜる音の違い、一つひとつの細かい色の違いにも目をむけながら、自分なりに納得して、とらえたことをさまざまに表現しながら自分のなかに取り込んでいっています。

　こうして幼児は、空間や量（容積）、時間の経過、物の性質とその変化、変化した理由等を、とらえたり、認識したりしていくのです。

2　思考力・判断力・表現力等の基礎

　このような認識が生まれたのは、幼児たちが、鍋の中のポップコーンに対して興味や関心を強くもっていたからです。ポップコーンのできあがりの様子は知っているので、ある程度は予測がつくものの、鍋の中で突然に爆ぜ始めたり、急に動きが止まったりする現象を間近で食い入るように見ることで、驚きや「なぜ」「どうして」という疑問の感情が湧

き上がってくるのです。その感情から、幼児たちはその理由を考えようとします。そして、ポップコーンの動きが止まったことから、一つひとつの様子をさらにじっくり見ようとして、新たな発見が始まります。白いポップコーンがなぜ一部茶色になっているのかを不思議に思い、熱くなった鍋との関連から「焼けたところ」と考えています。

　こうした好奇心・探究心に駆られ、さまざまに感じたこと、考えたことなどを言葉で表現しようとしています。単に知識として受け止めた言葉ではなく、幼児なりに納得したことをつい伝えたいという思いに駆られての言葉です。つまり、思考したことを自分なりの言葉で表現しようとする力といえます。

3　学びに向かう力、人間性等

　こうしたさまざまな気づきが生まれる前提には、驚きや不思議さへの興味や関心、「なぜだろう」と好奇心を広げ探究したくなる気持ちの高まり、いわゆる「学びに向かう力」が働いており、そのことが次々と気づきを生み出し、さらに、次を予想しながら、ときには予想外の出来事にも出合いながら、思考力や表現力等の芽生えが刺激されていきます。ポップコーンが一方の鍋より爆ぜるのが遅くなっても、「あっちのほうが先に（とうもろこしを鍋の中に）入れたからや」という友だちの言葉に、「そうやで」「そうやで」と応答して、互いに納得し合いながら、仲間と一体感をもって、爆ぜるのを期待し待とうとする態度を生み出しています。友だちとの関わりの深さ、つまり「人間性」も大いに関連しています。

　さらに、そのもとであり、幼児なりの学びを推進するエンジンとなっているのが、自分たちで栽培し収穫したとうもろこしへの愛着であり、「ポップコーンパーティー」を開くことへの期待感などをもっていたことでしょう。そして、幼児期の発達の特性として「ポン」「チャリチャリ」など音の違いをキャッチする感覚的な感性の鋭さをもちあわせていたからでしょう。この活動に至るまでの過程、それも自分が年少組のころ、年長組にもてなしてもらった体験から抱いてきた「憧れ」や「期待」、年長組としての「自覚」や「自立心」「責任」等に変化してきた長いスパンをとおして育まれてきたことも関わっています。

　さらに、その心の根底を深くみてみれば、幼稚園での生活の安定感から自己発揮できる充実感、自己肯定感、教師や友だちとの心のつながり、絆などが土台となっていることも読み取れます。

　3つの資質・能力の視点から幼児の姿を分析しようとすると、上記のようなことが考えられますが、幼児は、この3つの柱に示されたことを

目的にして遊んでいるわけではありません。幼児自身は、この活動や遊びに没頭して取り組んでいるという姿であり、保育者がその幼児の姿を読み取ってみると、3つの柱に示す力が絡み合って総合的に発揮され、活用されている状況であることを、見失ってはなりません。また、幼児が没頭して遊んでいるからこそ、分析的にとらえることができると考えられます。それだけに、幼児の遊びの充実に向け、いかに保育者が幼児とともに環境を創造できるかということが重要なのです。

3. 資質・能力を育む学びの過程の考え方と指導の改善の視点

　幼児教育の基本に立ち返れば、幼児にとって、自発的に取り組む遊びは、心身の調和のとれた発達の基礎を培う重要な学習です。幼児の遊びのなかで、資質・能力が一体的に育まれていく過程、つまり幼児にとって意味のある学びになっていく過程が重要であり、その過程を意識した指導が必要です。

　幼児教育における学びの過程は、発達の段階や個人差によって違いはありますが、たとえば、5歳児の後半では、遊具・素材・用具や場の選択等から遊びが創出され、やがて楽しさやおもしろさの追求、試行錯誤等を繰り返すなかで、遊びに没頭し、遊びが終わる段階でそれまでの遊びを振り返り、新たな目的意識をもつ過程をたどります（図表10－4）。

　その過程が幼児にとって意味のある学びの過程となるには、保育者が幼児期に育みたい資質・能力をとらえ、環境を構成し、幼児一人ひとりの行動の理解と予想のもとに、総合的に指導していくことが必要です。

　その指導のあり方を、以下の視点「主体的・対話的で深い学び」（アクティブ・ラーニング）の実現に向けて、絶えず改善をはかることが求められます。その際、発達の過程により幼児の個人差等に配慮し、柔軟な対応をすることが重要です。

【主体的・対話的で深い学びを捉える視点[2]】

①周囲の環境に興味や関心を持って積極的に働き掛け、見通しを持って粘り強く取り組み、自らの遊びを振り返って、期待を持ちながら、次につなげる「主体的な学び」が実現できているか。

②他者との関わりを深める中で、自分の思いや考えを表現し伝え合ったり、考えを出し合ったり、協力したりして自らの考

▶出典
[2] 中央教育審議会幼児教育部会資料「幼児教育部会における審議の取りまとめ」2016年

第3章　保育者の専門性を高める

　　　　えを広げ深める「対話的な学び」が実現できているか。
　　③直接的・具体的な体験の中で、「見方・考え方」を働かせて
　　　対象と関わって心を動かし、幼児なりのやり方やペースで試
　　　行錯誤を繰り返し、生活を意味あるものとして捉える「深い
　　　学び」が実現できているか。

　こうした視点から幼児の生活や遊びを見直すうえでも、教職員全員による**「カリキュラム・マネジメント」**は必要なことです。教職員が日々の実践記録をもとに多様な視点から幼児の姿を振り返り、環境や保育者の援助等を見直し、次の指導の改善を図ることが重要です。

参照
カリキュラム・マネジメント
→レッスン8

図表10-4　アクティブ・ラーニングの3つの視点を踏まえた、幼児教育における学びの過程（5歳児後半の時期）のイメージ

※幼児教育において、幼児の自発的な活動としての遊びは、心身の調和のとれた発達の基礎を培う重要な学習として位置づけられている。下に示すプロセスは例示であり、順序を含め本例に限定されるものではない。

遊びのプロセス例

遊びの創出	遊びへの没頭	遊びの振り返り	次の遊びの創出へ
遊具・素材・用具や場の選択・準備　友達との誘い合い　等	楽しさや面白さの追求・試行錯誤　工夫・協力・失敗や葛藤・問題の解決　折り合い・挑戦　等	振り返り　明日への見通し	

幼児教育における重要な学習としての遊びは、さまざまな形態等で構成されており、下に示す3つの学びの過程を相互に関連させながら、学びの広がりを意識した、指導計画の工夫が望まれる。

深い学び

直接的・具体的な体験の中で、「見方・考え方」を働かせて対象と関わって心を動かし、幼児なりのやり方やペースで試行錯誤を繰り返し、生活を意味あるものとして捉える「深い学び」が実現できているか。

感触・感覚・感動	試行錯誤　気づき・発見の喜び	予想・予測・比較　分類・確認	規則性・法則性・関連性等の発見と活用
すごいなぁ　きれいだなぁ　○○だね・△△だよ	なぜ・どうして　どうなるのかな　見つけた	○○かもしれない　○○になりそう　○○は同じだけれど△△は違う	○○だから△△になった　○○なのは△△だから　△△すると○○になりそう　次に○○するとどうなるかな

対話的な学び

他者との関わりを深めるなかで、自分の思いや考えを表現し、伝え合ったり、考えを出し合ったり、協力したりして自らの考えを広げ深める「対話的な学び」が実現できているか。

依存と自立　信頼関係	自己表現　相手への　感情・意識	思いの伝え合い　イメージの共有　共感・刺激のし合い	葛藤　内省　折り合い	対話や話合い　目的の共有　協力

主体的な学び

周囲の環境に興味や関心をもって積極的に働きかけ、見通しをもって粘り強く取り組み、自らの遊びを振り返って、期待をもちながら、次につなげる「主体的な学び」が実現できているか。

安定感・安心感	興味や関心	自発性	自己肯定感	好奇心・探究心	持続性・粘り強さ	必要感	振り返り・見通し

環境をとおして行う教育
- 幼児一人ひとりの行動の理解と予想に基づいた意図的・計画的な環境の構成
- 幼児期にふさわしい生活の展開　●一人ひとりの特性に応じた指導　●遊びをとおした総合的な指導

出典：図表10-3と同じ

演習課題

①「学習指導要領」等の改訂において「育成すべき資質・能力の3つの柱」について、答申では、学校間連携の観点からどのように示されているのか調べてみましょう。

②幼児教育において育成すべき資質・能力について、具体的な幼児の姿を通して、3つの柱についてどのようにとらえればよいか、話し合ってみましょう。

③資質・能力を育むうえでの指導を振り返る視点「主体的・対話的で深い学び」について、具体的な幼児の姿、保育者の援助、環境の構成等から考えてみましょう。

レッスン11

インクルーシブ教育

このレッスンでは、インクルーシブ教育について学びます。近年、支援が必要な子どもが増加しているといわれています。障害のある子どもと障害のない子どもが、どの子も楽しく生活するための手がかりとして、インクルーシブ教育を学ぶことは有効です。

1. インクルーシブ教育とは

まずは、**インクルーシブ教育**を「障害のある子どもが障害のない子どもとともに教育を受けること」と簡単に理解しておきましょう。2012（平成24）年7月、文部科学省中央教育審議会によって、「共生社会の形成に向けたインクルーシブ教育システムの構築のための特別支援教育の推進（報告）」が出されました。そのなかで、共生社会は「誰もが相互に人格と個性を尊重し支え合い、人々の多様な在り方を相互に認め合える全員参加型の社会」とされています。こういった社会の形成に向けて、幼児期からインクルーシブ教育を推進することになったのです。そして、具体的な方針として、次の文言が示されています（図表11-1[†1]）。冒頭の理解に戻って、もう一度インクルーシブ教育とは何かを考えてみましょう。先ほどインクルーシブ教育とは、「障害のある子どもが障害のない子どもとともに教育を受けること」であると述べました。では、「ともに教育を受けること」とは、どういうことでしょうか。

図表11-1に基づくと、単に障害のある子どもが障害のない子どもと

図表11-1 インクルーシブ教育の具体的な方針

> 基本的な方向性としては、障害のある子どもと障害のない子どもが、できるだけ同じ場で共に学ぶことを目指すべきである。その場合には、それぞれの子どもが、授業内容が分かり学習活動に参加している実感・達成感を持ちながら、充実した時間を過ごしつつ、生きる力を身に付けていけるかどうか、これが最も本質的な視点であり、そのための環境整備が必要である。

◆ 補足

インクルーシブ教育
「インクルーシブ教育システム」とは、人間の多様性の尊重等の強化、障害者が精神的及び身体的な能力等を可能な最大限度まで発達させ、自由な社会に効果的に参加することを可能とするとの目的のもと、障害のある者と障害のない者がともに学ぶ仕組みであり、障害のある者が教育制度一般から排除されないこと、自己の生活する地域において初等中等教育の機会が与えられること、個人に必要な「合理的配慮」が提供されること、が必要とされている。中央教育審議会「共生社会の形成に向けたインクルーシブ教育システムの構築のための特別支援教育の推進（報告）」2012年

▶ 出典

†1 中央教育審議会初等中等教育分科会特別支援教育の在り方に関する特別委員会「共生社会の形成に向けたインクルーシブ教育システム構築のための特別支援教育の推進（報告）」2012年

一緒にいることを指しているのではないことがわかります。最も大切なことは、それぞれの子どもが参加している実感・達成感をもちながら、充実した時間を過ごしているという点です。幼児期でいうならば、インクルーシブ教育の基本的な考え方は、それぞれの子どもが、保育所や幼稚園に行くことをうれしく感じ、友だちとの仲間意識を実感しながら、好きな遊びを十分に行うことで、達成感をもてるような状態にあるということがいえるでしょう。

2．インクルーシブ教育を進めるために

では、インクルーシブ教育を進めるためには何が必要になるのでしょうか。下記の事例を通して考えていきましょう。

> **インシデント　幼稚園・年長・Ａくん（男児）のいるクラス**
> 　Ａくんは落ち着きのなさが目立つ子どもです。いつも元気よく遊んでいて、自由遊びの時間には、先生が困ることはほとんどありません。しかし、集まりの時間に先生が話をするとき、話の途中で口を挟んでしまうことがよくあり、最後まで待つことが苦手です。そのため、クラスの活動がしばしば中断されてしまいます。Ａくんの行動に対する周りの子どもたちの反応はさまざまで、「Ａくんちょっと静かにして」と注意する子どももいれば、Ａくんが話し出すと、隣の友だちと小さい声でヒソヒソと私語を始める子どももいます。

あなたがこのクラスを担当している先生だとしたら、どのように保育を進めますか。いくつかの視点から考えてみましょう。

【視点①　先生の気持ちを想像する】
　皆さんがこのクラスを担当する先生だったとしたら、「ちょっと困ったな」と思うのではないでしょうか。また、Ａくんが静かに話を聞いてくれたら解決するのに、と考えることもあるでしょう。この「先生の気持ち」に沿って、どのように保育を進めるかを考えると、<u>どのようにして、Ａくんを静かにさせるか</u>」を考えることになります。
　しかし、それではインクルーシブ教育にはなりません。もう一度振り返ってみると、インクルーシブ教育の目指すところは、それぞれの子どもが、保育所や幼稚園に行くことをうれしく感じ、友だちとの仲間意識を実感しながら、好きな遊びを十分に行うことで達成感をもてるような

状態にあるということでした。先生の気持ちだけで、Aくんを静かにさせても、Aくんにとってうれしいことではないでしょう。インクルーシブ教育を進めるためには、Aくんも含めて、クラスに所属するすべての子どもがうれしさを感じているのかどうかを想像しなければなりません。では、次にAくんの気持ちを想像してみましょう。

【視点②　Aくんの気持ちを想像する】

　Aくんは、どうして先生が話をしているときに口を挟むのでしょうか。ここでAくんの気持ちを想像してみましょう。

　「先生、さっきこんなことがあったんだよ」「先生、ぼくはこう思うよ」「先生、早く遊ぼうよ」など、さまざまな気持ちが考えられると思います。いずれにしても、先生の話に反応して言葉を発しているということは、「先生に対して何かを伝えたい」という気持ちをもっているといえるのではないでしょうか。つまり、Aくんがうれしさを感じられるような保育にするためには、「どのようにして、Aくんの思いを受け止めるか」を考えることになります。

　視点①では、「どのようにして、Aくんを静かにさせるか」であり、視点②では、「どのようにして、Aくんの思いを受け止めるか」になりました。この２つは正反対の方針です。このように、子どもの視点に立って考えてみると、よりインクルーシブ教育の本質に近づくことができるといえるでしょう。ここでさらに、Aくん以外のクラスの子どもたちの気持ちを想像してみましょう。

【視点③　クラスの子どもたちの気持ちを想像する】

　Aくんが口を挟むことについて、クラスの子どもたちはどのような気持ちをもっているのでしょうか。

　「僕も話したいのにAくんだけずるい」「先生、Aくんを静かにさせてよ」「さっさと話を進めてよ」など、まさに一人ひとりさまざまな気持ちをもっているだろうと想像できます。しかし、クラスの子どもたちの気持ちに共通しているのは、先生への期待ということだろうと思います。「先生のお話を聞きたい」「先生が提案する遊びを早くやりたい」、だからこそAくんが口を挟んで活動が中断されてしまうことに不満を覚えるのです。そのように考えると、クラスの子どもたちがうれしい気持ちをもつためには、「どのようにして、クラスの子どもたちの期待に応えるお話や遊びを行うか」ということになります。

　ここでいう「クラスの子どもたち」には、当然Aくんも含まれています。すると、視点②で出てきた「どのようにして、Aくんの思いを受け止めるか」も、おのずと「どのようにして、クラスの子どもたちの期待に応

えるお話や遊びを行うか」に含まれていることがわかると思います。このように、クラスの子どもたち一人ひとりの気持ちを想像することによって、保育者としてインクルーシブ教育を進めるための本質がみえてくると考えられます。

【視点④　インクルーシブ教育を進める方法を創造する】

ここまで先生、Aくん、クラスの子どもたちの気持ちを思い浮かべてもらいました（想像）。では次に、それらを踏まえたうえで、インクルーシブ教育を進めるための具体的な方法を考えてみましょう（創造）。「どのようにして、クラスの子どもたちの期待に応えるお話や遊びを行うか」、その方法には、多くの可能性があることがわかると思います。

インクルーシブ教育とは、どこかにある既存の方法をとればうまくいくというものではないのです。大切なのは、「想像と創造」です。自分が受け持っているクラスの子どもたちの気持ちと自分の気持ち、そして、そこからどういった方法をとれば、それぞれの子どもが、保育所や幼稚園に行くことをうれしく感じ、友だちとの仲間意識を実感しながら、好きな遊びを十分に行うことで達成感をもてるような状態にある、という目標を達成できるかを、想像・創造することが必要です。

3．インクルーシブ教育のポイント

ここまで、子どもたちの気持ちを想像してインクルーシブ教育を進めるための方法を創造することの重要性を述べてきました。アメリカでは、質の高いインクルーシブ教育を行うために、一人ひとりの子どもが、学びの機会、活動、環境に触れることができるということを要件としています。そして、**学びのためのユニバーサルデザイン***という概念が用いられています。これは、すべての子どもが充実して学ぶことができるように、保育者が、複数の多様な様式の指導法や学習法を柔軟に組み合わせて用いることを意味しています。では、これを踏まえて、次に創造の手がかりとなるポイントをいくつか示していきます。

1　視覚的な情報を活用する

保育・幼児教育では、先生が、お話（聴覚的な情報）を通して子どもたちに何かを伝えるという場面が多く見られます。それに加えて、視覚的な情報を提示する方法を組み合わせることで、子ども同士の対話に基づく「主体的・対話的で深い学び」（アクティブ・ラーニング）を進め、

＊用語解説
学びのためのユニバーサルデザイン
個人のニーズに合わせてカスタマイズされ、調整された柔軟なアプローチであって、一つのものにすべての人を合わせるのではなく、みんなのためにうまくいく教育のゴールや方法、教材、評価を生み出すための青写真を提供するものとされる。

子どもたちの学びの質を高めたり、理解を促したりするということが考えられます。

写真11-1を見てください。これは、集まりの場面で先生の問いかけに対して子どもたちが回答した内容を、補助に入った先生が、その場でパソコンに打ち込んだものを、プロジェクターで映したものです。

こういった方法は、先生の話だけでは理解しにくかったり、記憶しにくかったりする子どものために有効だと考えられます。また、それだけでなく、すべての子どもが、誰が何を言ったのかが確認でき、自分の考えを思い浮かべたり、話し方を考えたりすることの手がかりにもなるでしょう。

写真11-2は、クラスの子どもたちがキャンプのごっこ遊びを行ったときの活動の様子です。そのときの写真と、その遊びの内容を文字にして、壁に貼っています。これは**ドキュメンテーション**＊と呼ばれるもので、子どもたちがみずから行った活動を振り返るのに有効だとされています。これを見ることで、当時のことを想起して、先生にそのときの気持ちを伝えたり、次の遊びの手がかりとしたりするなど、子どもの学びを促す効果が期待できるでしょう。

2　道具や教材を工夫する

体の使い方が未熟だったり、苦手だったりする子どもには、道具に少し工夫を施すことも一案です。

写真11-3、11-4は、握る力が弱かったり、手指の動きが不器用だったりする子どもたちのために、保育者が工夫をしたハサミと絵筆です。これは、通常の道具が使いにくく、活動や遊びに達成感をもちにくい子どもたちのためのものです。これを通常の道具と同じように同じ場所に

＊用語解説
ドキュメンテーション
ドキュメンテーションとは、子どもたちの意見、討論、子どもたちの活動を撮った写真、多くの媒体物を用いた子どもたちの思考と学びの表現の記録を指す。イタリアのレッジョ・エミリア市の教育施設で実施されたことで広く日本にも知られた。

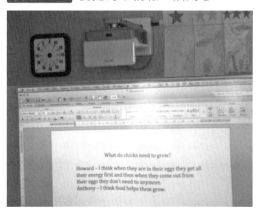

写真11-1 視覚的な情報の活用①

写真11-2 視覚的な情報の活用②

写真11-3 道具や教材の活用①

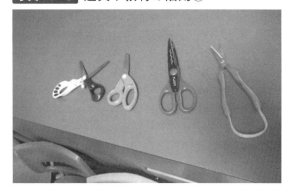

写真11-4 道具や教材の活用②

写真11-5 道具や教材の活用③

写真11-6 道具や教材の活用④

置いておくことで、自然に活動や遊びに加わることができるでしょう。

次に写真11-5を見てみましょう。これは、登り棒をしたいけれど、はだしで地面に触れるのがどうしても嫌な子どもの姿です。保育者としては、「気にせずに一回地面に降りてみればいいのに」「はだしで地面の感触に触れて心地よさを感じてもらいたい」と思うかもしれません。

ここで、この写真の子どもの気持ちを想像するとどうでしょう。はだしで遊ぶことの経験も大切かもしれませんが、おそらくこの子どもは登り棒で遊びたいという気持ちを強くもっているのではないでしょうか。そうであれば、保育者は、子どもが登り棒をとおして達成感を得るための工夫を考える必要があるでしょう。写真11-6は、はだしで地面に触れたくない子どものために、登り棒の下にマットを敷いたものです。このように、ちょっとした工夫で、子どもたちは躊躇することなく登り棒で遊ぶことができるようになりました。

さらに、一人ひとりの遊び方の個性を把握して、部屋に置いてある教材に工夫を加えるということも考えられます。遊び方の個性とは何か、次の思考実験をとおして考えてみましょう。

第3章 保育者の専門性を高める

> 〈問題〉
> あなたは保育者です。あるとき、右の小枝が園庭に落ちていました。これを子どもたちが拾って遊び始めました。さて、子どもたちはどのようにして遊び始めたでしょうか？

　さて、どんな遊び方が思い浮かんだでしょうか。放り投げて遊ぶ子ども、枝を折って遊ぶ子ども、武器に見立てて友だちを攻撃する子ども、うちわに見立てて遊ぶ子ども、おままごとで調理道具として使用する子どもなど、さまざまな子どもたちの遊び方が考えられると思います。

　このように、同じもの（教材）に対して、一人ひとりの子どもがそれぞれに個性的な遊びを展開します。遊び方の個性とは、一人ひとりの遊びのクセのようなものです。これは性格、発達段階、友だちとの関係など多くの要因から構成されていると考えられます。一人ひとりの遊び方の個性を理解しておくと、それぞれが遊びを通して十分に達成感を得られるような対応や教材の工夫を発想することができます。

3　関わり合うクラスづくりを考える

　インクルーシブ教育では、友だちとの仲間意識を実感しながら子どもたちがともに心地よい関係のなかで過ごすことを意識します。これは非常に難しい問題ですが、一つの手がかりとして、クラスの「ノリ*」をつくることを考えましょう。たとえば、先生が歌の冒頭を弾き始めたら、最初はバラバラだったところから、徐々に子どもたちの声が重なって同調していく様子は、「ノリ」が生まれた状態です。

　クラスの子どもたちが、「一緒にいて楽しい」と感じながら関わり合うためには、繰り返しそういった経験をすることが必要です。その経験につながりやすく、クラスの子どもたちの一体感をつくる「ノリ」が生まれやすい活動として、歌、わらべ歌、手遊び、絵本の読み聞かせなどがあるといわれています。

　このように、クラスの子どもたちの「ノリ」が生まれて、「一緒にいて楽しい」と感じられる活動をいつどのタイミングで行うかがポイントとなります。こういった活動をきっかけに関わり合うクラスづくりができれば、さまざまな遊びや活動のなかで、クラスの子どもたちが友だちとの仲間意識を実感して生活することができるでしょう。

✳ **用語解説**
ノリ
関係的存在としての身体による行動の基底にあるリズム、およびその顕在の程度。すなわち、リズム感、また身体と世界との関係から生み出される調子、気分のことと定義されている。

4．保護者や他機関との連携

　インクルーシブ教育は、長期的にみれば、子どもたちが地域社会の一員として生活するための基盤を形成することに寄与します。特に、障害のある子どもの立場になれば、幼少期から成人期に至るまで地域の人々と交流して社会参加をすることは、生活の質を高めることにもつながります。

　そのため、文部科学省も、乳幼児期には「子どもが専門的な教育相談・支援が受けられる体制を医療、保健、福祉等との連携の下に早急に確立することが必要であり、それにより、高い教育効果が期待できる[†2]」とし、地域を基盤としたインクルーシブ教育体制の構築を進めています。保育者はそのなかでも教育の専門家として、子どもを支える役割が期待されています。

1 保護者との連携

　乳幼児期の家庭環境は、生涯にわたって子どもの発達や学びに大きく影響するといわれています。また子どもの地域社会での生活を豊かにするためには、保護者の前向きな子育てが不可欠です。保育者は、ともに子どもを育てるパートナーとして、保護者と連携することが大切です。その際に考えておきたいことは、「保護者の歴史」です。

　保護者は、「親としての歴史」と「自分自身の歴史」をもっています。保育者が保護者と連携をとるときには、担当している子どもの親として接することがほとんどでしょう。しかし保護者には、「○○くん、△△ちゃんの親」としての生活だけでなく、自分自身の生活もあります。そのことを考慮し、保育者が、子どもががんばっていること、うれしかったことだけでなく、保護者自身ががんばったこと、うれしかったことなどを認めることで、保護者との信頼関係を築くことができるでしょう。

　もう一つ、保護者との連携で大切なことは、小学校の就学に向けた連携です。就学というのは、家族にとっては一つの節目であり、大きな出来事です。また障害のある子どもの保護者にとっては、子どもが新しい環境にうまく適応できるだろうかと不安を抱くことでもあります。文部科学省の「就学先決定の決定等の仕組みの改善」では、「本人・保護者の意見を最大限尊重し」とあります[†3]。しかし、就学に向けた保護者の意見は、子どもの行動の変化や保護者自身の心情や置かれている状況によって、変化していくものです。そして、**教育支援委員会***は、保護者

▶出典
†2　†1と同じ

▶出典
†3　†1と同じ

※用語解説
教育支援委員会
特別な教育的支援を必要とする幼児児童生徒の一人ひとりのニーズに応じた適切な就学を支援するために、市町村および都道府県の教育委員会に設置された各分野の専門家からなる委員会を指す。名称は地域によって異なる。

にずっと寄り添ってその変化をみてきたわけではありません。

　保護者の意見を尊重するとは、就学を控えた時期の保護者の意見を鵜呑みにするということではありません。そこに至るまでの保護者の変化を考慮したうえで、子ども本人にとって適正な就学につながるかどうかを判断する必要があります。そのため、そばで変化をみてきた保育者の役割は大変重要です。保護者との連携を基盤に、保育者からの意見を述べるとともに、保護者の代弁をすることも期待されるでしょう。

　さらに、就学後においても、子育てのつらい時期をともにしてきた保育者の存在は保護者にとっては心強いものです。そういった存在になるためには、保護者に常に寄り添う姿勢が大切になります。

2　他機関との連携

　ほかの専門機関と連携することは、インクルーシブ教育の体制を構築するうえで不可欠なことです。連携においては、「子どもの成長記録や指導内容等に関する情報を、その扱いに留意しつつ、必要に応じて関係機関が共有し活用することが必要[4]」になります。そのため、各自治体で、記録を共有するためのファイルが提示されるようになってきています。

　写真11-7は香川県で使用されているサポートファイル「かけはし」です（香川県教育委員会特別支援教育課）。これは、関係機関間での情報の共有と支援をつなぐことを目的に作成されました。実際には、幼稚園・保育所から小学校、中学校、高等学校、特別支援学校等へ進級・進学する際や、就労の際に、これまでの子どもの支援の経過や内容を引き継ぎ、一貫した支援を目指すために用いられます。

　保育者は、保護者と相談しながら一緒にファイルを作成していきます。本人や保護者の願いに基づいて目標を設定し、具体的な手立てを講じて支援を行い、定期的（年に1～2回）に評価します。記載項目は、①基礎情報（氏名や家族構成、子どものよい点、気になる点、配慮点、これまでに支援を受けた専門機関）、②長期展望と支援（本人・保護者の願いや目標、支援の方針・内容・評価）、③子どもの出生・成長記録（妊娠期からの健康・発達の状態）、④職歴等シート（仕事の期間、企業名など）で構成されています。先述した保護者との連携で考慮すべきことを念頭に、保護者ととも

▶出典
†4　†1と同じ

写真11-7　サポートファイル「かけはし」

に他機関との連携に必要な内容を考えて作成します。

　これは原則として保護者が保管することになっています。保護者との連携のもと、他機関でなされた支援内容を把握し、保育に活用することもできますし、保育でなされたことを次の学校段階につなぐためにも大切です。

5．これからのインクルーシブ教育

　先に述べたとおり、保育者がインクルーシブ教育を進めるうえで意識したいことは、それぞれの子どもが、保育所、幼稚園、幼保連携型認定こども園に行くことをうれしく感じ、友だちとの仲間意識を実感しながら、好きな遊びを十分に行うことで達成感をもてるような状態にしていくことです。そのために、障害のある子どもにすべきことを**合理的配慮***といいます。

　2016（平成28）年4月1日より、「**障害を理由とする差別の解消の推進に関する法律**」が施行され、教育機関においても合理的配慮の提供が求められるようになりました。今後、保育現場においても合理的配慮のあり方が問われ、多くの具体例が提示されることになると思われます。しかし、実際の保育現場の現状を考えると、合理的配慮が必要なのは障害のある子どもに限りません。外国籍の子ども、虐待を受けている子ども、家庭環境の複雑な子どもなど、傷つきやすい（vulnerable）状況にある子どもに対しては、当然何らかの配慮が必要になるでしょう。

　新しい「保育所保育指針」「幼稚園教育要領」「幼保連携型認定こども園教育・保育要領」においても、この点が反映されています。たとえば「幼稚園教育要領」の解説では、障害別の配慮のみならず、日々の幼稚園等の活動のなかで考えられる「困難の状態」に対する「配慮の意図」と「手立て」が記されました。つまり、障害ベースから、活動ベースで支援を考える方向性が示されたといえます。このように、これからのインクルーシブ教育では、障害のある子どもはもちろんのこと、すべての子どもに視野を広げて考える姿勢をもつことが大切です。すべての基本は、それぞれの子どもが、保育所や幼稚園に行くことをうれしく感じ、友だちとの仲間意識を実感しながら、好きな遊びを十分に行うことで達成感をもてるような状態にしていくことです。そして、これは保育の基本ともいえることです。保育者は常に保育の基本に立ち返ることによって、インクルーシブ教育の担い手にもなっていくのです。

※ **用語解説**
合理的配慮
「障害のある子どもが、他の子どもと平等に『教育を受ける権利』を享有・行使することを確保するために、学校の設置者および学校が必要かつ適当な変更・調整を行うことであり、障害のある子どもに対し、その状況に応じて、学校教育を受ける場合に個別に必要とされるもの」であり、「学校の設置者及び学校に対して、体制面、財政面において、均衡を失した又は過度の負担を課さないもの」である。（中央教育審議会「共生社会の形成に向けたインクルーシブ教育システム構築のための特別支援教育の推進（報告）」2012年）

☑ **法令チェック**
「障害を理由とする差別の解消の推進に関する法律」
すべての国民が、障害の有無によって分け隔てられることなく、相互に人格と個性を尊重し合いながら共生する社会の実現に向け、障害を理由とする差別の解消を推進するための法律であり、合理的配慮の提供が示されている。

演習課題

①日本以外の諸外国におけるインクルーシブ教育の現状について、アメリカ、イギリス、フランス、イタリア、韓国のことを分担して調べてみましょう。

②今までに出会った障害のある子どもや人のことを思い浮かべてみましょう。そして、インクルーシブ教育をするためにはどういった工夫が必要になるか、まわりの人と話し合ってみましょう。

③自分が生まれた地域のインクルーシブ教育システムがどういったものかを調べてみましょう。まわりの人と話し合って、共通する点、異なる点を整理しましょう。

参考文献

レッスン8〜10

厚生労働省編 『保育所保育指針解説 平成30年3月』 フレーベル館 2018年

社会保障審議会児童部会保育専門委員会 「保育所保育指針の改定に関する議論のとりまとめ」 2016年

中央教育審議会 「幼稚園、小学校、中学校、高等学校及び特別支援学校の学習指導要領等の改善及び必要な方策について(答申)」 2016年

中央教育審議会教育課程部会 「次期学習指導要領等に向けたこれまでの審議のまとめ」 2016年

中央教育審議会幼児教育部会 「幼児教育部会における審議の取りまとめ」 2016年

内閣府・文部科学省・厚生労働省 『幼保連携型認定こども園教育・保育要領解説 平成30年3月』 フレーベル館 2018年

文部科学省 『幼稚園教育要領解説 平成30年3月』 フレーベル館 2018年

幼保連携型認定こども園教育・保育要領の改訂に関する検討会 「幼保連携型認定こども園教育・保育要領の改訂に関する審議のまとめ」 2016年

レッスン11

岩田遵子 「県立新潟女子短期大学付属幼稚園 樋口嘉代教諭の実践に学ぶ 逸脱児が集団の音楽活動に参加するようになるための教師力とは何か——ノリを読み取り、ノリを喚起する教師力」 『音楽教育実践ジャーナル』 5(2) 2008年 12-18頁

久保山茂樹編著 『子どものありのままの姿を保護者とどうわかりあうか』 学事出版 2014年

松井剛太 「保護者にとっての『就学』に寄り添う支援」 『実践障害児教育』512 2016年2月号 14-17頁

DEC/NAEYC, *Early Childhood Inclusion : A Joint Position Statement of the Division for Early Childhood (DEC) and the National Association for the Education of Young Children (NAEYC)*, FPG Child Development Institute at University of North Caroline, 2009

> おすすめの1冊

中央教育審議会　「幼稚園、小学校、中学校、高等学校及び特別支援学校の学習指導要領等の改善及び必要な方策について（答申）」　2016年
　中央教育審議会の答申には、2017（平成29）年3月に告示された「保育所保育指針」「幼稚園教育要領」「幼保連携型認定こども園教育・保育要領」の改定（訂）に関する経過やその理念等が示されている。改定（訂）に関する本質的な考え方やとらえ方とともに、実践上の留意事項等が示されている。改定（訂）のポイントの理解を深めるうえで非常に参考になる。

第4章

保育者による保護者支援

本章では、保育者の大切な仕事の一つである保護者支援について学んでいきます。保育者には、保護者の子育てに関する不安や悩みを受け止め、専門性を生かして援助していくことが求められます。園での子どもだけでなく、地域の子育て家庭を支えることも、保育者の仕事です。また、近年増加している虐待への対応も必要となりますので、理解していきましょう。

レッスン12　子育てを支える保育者の役割
レッスン13　地域における子育て支援を支える保育者の役割
レッスン14　子ども虐待への対応

レッスン 12

子育てを支える保育者の役割

近年、核家族化が進むなかで、保護者は子育てにさまざまな不安や悩みを抱いています。このレッスンでは、子育てを支える保育者の役割を学び、保育者としての専門性を生かした保護者支援のあり方とは何かについて考えます。

1. 時代とともに変わる子育て

1 子どもに関する変化

現在の日本社会では、社会環境が変化するなかで、子育てをめぐる状況にさまざまな問題が起こっています。

特に、身近に相談できる相手がいないなど、子育ての孤立化による負担感が増大しています。「3歳未満の子供をもつ女性の約8割は家庭で育児をしており、社会からの孤立感や疎外感を持つ者も少なくない」といわれています[1]。

保護者による子育ての責任に関しては、「教育基本法」第10条第1項で「父母その他の保護者は、子の教育について第一義的責任を有するものであって、生活のために必要な習慣を身に付けさせるとともに、自立心を育成し、心身の調和のとれた発達を図るよう努めるものとする」と明記されています。幼児期の教育は、保護者に第一義的な責任があることはもちろんですが、負担感や孤立感を感じている子育て家庭を社会全体で支えることも重要です。その一つの手段として、保護者や地域の人々に機能や施設を開放して、地域の保育所や幼稚園、幼保連携型認定こども園等に通っていない未就園児をもつ保護者への支援が求められています。

少子高齢化が進む現代においては、外遊びの減少やゲームの普及などによる一人遊びも増え、子どもがほかの子どもたちのなかで社会性を育みながらともに育つ機会は少なくなりました。地域においても、周囲に子どもがいる生活が身近ではなくなったことなどにより、地域全体で子どもを見守り、育てるという風潮は薄れています。その結果、ますます子どもを産み育てにくい社会となってきています。

このようななか、すべての子どもが健やかに成長していくために、2015（平成27）年4月から「**子ども・子育て支援新制度**」がスタートし

▶出典
[1] 内閣府編『平成29年版子供・若者白書』日経印刷、2017年

参照
子ども・子育て支援新制度
→レッスン4

ました。この制度下においては、保育が必要な子どものいる家庭だけではなく、すべての子育て家庭を対象に、地域のニーズに応じた多様な子育て支援の充実を図ることとしています。

2 保護者や家庭に関する変化

子育て家庭の孤立化や負担感の増大の背景として、子どもを育てる保護者や家庭自体の大きな変化があげられます。

2003（平成15）年当時の『厚生労働白書』では、「3世代同居の場合、**核家族**＊に比べ、祖父・祖母が保育者である割合は著しく高くなっており、3世代同居世帯の方が祖父母からの子育ての協力を得られやすい[†2]」と述べられています。また、「地域ぐるみで子育てを支援し、子どもの育ちを見守るといった連帯意識も重要な子育て力となりうる[†3]」といわれていたように、かつては、家庭内での子育て力として、祖父母の果たす役割も大きく、また地域のつながりも濃厚であったために子育ての伝承が行われ、子育てに対する支えも大きかったと考えられます。しかし後述するように、三世代同居の割合は年々減少しています。また近所付き合いの程度も、大都市では年々希薄になっている状況がうかがえます。

以下に、現在の日本社会における子育て家庭をめぐる状況の数値をあげてみます。

- 子どものいる世帯のうち、核家族の割合は80.5％、三世代同居の割合は14.7％と、核家族は増加、三世代同居は減少傾向にある[†4]。
- 子育てをしていて負担・不安に思うことや悩みがある人は、男性の7割弱、女性の8割弱にのぼる[†5]。
- ひとり親家庭は25年間で、母子世帯は1.5倍、父子世帯は1.3倍に増加している[†6]。
- 子どものいる家庭の貧困率は15.1％であり、OECD諸国のなかでも高い[†7]。

このような状況のなか、少子化の進行により乳幼児と接する機会の少ない世代が子育てに取り組むことになっていることも問題です。そのため、若者が**乳幼児とふれあう機会を広げるための取り組み**も行われていますが、地域の希薄化にともない、子育てについて相談したり、助けてくれる存在が身近にいないことから、孤独感を感じたり、孤立する保護者が増え、少子化社会の子育て不安も指摘されています。

＊用語解説
核家族
「一組の夫婦と未婚の子どもからなる家族」。山縣文治・柏女霊峰編集委員代表『社会福祉用語辞典（第9版）』ミネルヴァ書房、2013年、40頁

▶出典
[†2] 厚生労働省監修『平成15年版 厚生労働白書』ぎょうせい、2003年

[†3] [†2]と同じ

▶出典
[†4] 数値は、厚生労働省『平成28年 国民生活基礎調査の概況』2016年

[†5] 厚生労働省編『平成27年版 厚生労働白書』日経印刷、2015年

[†6] 数値は、厚生労働省子ども家庭局家庭福祉課「ひとり親家庭等の支援について」2018年

[†7] [†1]と同じ

✦補足
乳幼児とふれあう機会を広げるための取り組み
内閣府編『平成29年版 少子化社会対策白書』日経印刷、2017年では、その一例として、中高校における乳幼児触れ合い体験「赤ちゃんと中高生とのふれあい事業」を紹介している。

> ▶出典
> †8 内閣府編『平成29年版 少子化社会対策白書』日経印刷、2017年

　また、子育て世代の男性を中心とした長時間労働や非正規雇用の増加をはじめ、家庭の経済的な基盤の弱さ・不安定さも目立つようになっています。「理想の子供数を持たない理由」として最も多くの人があげていることが、「子育てや教育にお金がかかりすぎる」ことです[†8]。そのため、医療費の助成や児童手当の給付など、教育や子育ての経済的負担を緩和させるさまざまな取り組みが行われ、さらに子どもが成育環境によって教育の機会を奪われないように、子どもの貧困やひとり親家庭の自立支援の取り組みが推進されていますが、十分とはいい難い現状があります。

　このように、子どもを育てる保護者や家庭は、社会状況が急速に変化するなかでさまざまな面で深刻な状況に直面しているといえるでしょう。

3　保育者の役割の変化

　かつて子育ては、家族、地域が保護者を支えながら行われてきました

図表12−1　「児童福祉法」の改正と「保育所保育指針」改定の変遷

1997年	「児童福祉法」改正 地域住民に対して保育に関する相談に応じ、助言を行うことが"努力義務"になる。
2000年	「保育所保育指針」第2次改定 保護者に対する子育て支援・助言指導に対して"積極的な取り組み"が求められた。
2003年	「児童福祉法」改正 「保護者への保育に関する指導」が保育士の"業務"として新たに追加された。
2008年	「保育所保育指針」第3次改定 「地域の子育て支援」は保育所の役割であると明記された。
2015年	「児童福祉法」改正 保育所の入所要件が「保育に欠ける」から「保育を必要とする」に見直された。
2017年	「保育所保育指針」第4次改定 章のタイトルが「保護者に対する支援」から「子育て支援」と変更され、支援対象がより広範化された。

が、時代が進むにつれ、周囲からのサポートが得られにくくなっています。このような流れを受け、子どもや保護者にとって一番身近で、子育てに関する専門知識をもった保育者の存在意義は増し、本来の業務である子どもの保育に加え、保護者支援の役割も求められるようになりました。以下の図表12-1では「児童福祉法」が改正されるなかで、保育士の子育て支援に関する役割が徐々に大きくなっており、その改正を受けて「保育所保育指針」も変化してきたことがわかります。

これまで専門職としてさらなる向上を図るために、専門職者みずからが、それまで行っていた業務内容を絞り込み、一部をほかの職種に移行させるような動きが医療領域などでみられましたが、保育士や保育教諭の業務はむしろ拡大する傾向にあります。

2. なぜ保育者が子育て支援を行うのか

「保育所保育指針」によれば、保育所の特性として「保育に関する専門性を有する職員が、家庭との緊密な連携の下に、子どもの状況や発達過程を踏まえ、保育所における環境を通して、養護及び教育を一体的に行うことを特性としている」と示されています[9]。保育士は、「子どもが現在を最も良く生き、望ましい未来をつくり出す力の基礎を培うために[10]」、子どもの育ちを支え、保護者の養育力の向上につながるよう保育を行っているのです。

また「幼稚園教育要領」では、「地域における幼児期の教育のセンター」としての役割を果たすために、幼稚園と家庭が一体となって幼児と関わる取り組みを進めることが求められています。

以上のように、時代の変化にともない、保育者には、子育て支援の役割が求められるようになりました。現場においては、保護者支援の必要性は理解していても、実際には、園長や主任といった管理職、または一部の担当者が、主な援助者となっていることが多いようです。また、慢性的な人手不足で、子育て支援をていねいに行うだけの時間や余裕がないという施設も見受けられます。しかし、子どもたちの健やかな育ちにとって、保育所や幼稚園等による保護者や地域の子育て家庭に対する支援はとても重要なことです。

ここでは、次のレッスン13でくわしく述べられている「地域の保護者等に対する子育て支援」を除いた、保育所・幼稚園・幼保連携型認定こども園等に通う子どもの保護者への支援を中心に述べていきます。

▶出典
[9]「保育所保育指針」第1章1「保育所保育に関する基本原則」(1) イ

[10]「保育所保育指針」第1章1「保育所保育に関する基本原則」(2) ア

保育を行ううえで、家庭との関わりは不可欠です。いうまでもなく、家庭での子育てと保育所、幼稚園等での生活は連続しています。ときに保育者が子どもとの関わりやクラス運営において直面する課題は、保護者や家庭との関わりをもたなければ改善されないケースがあります。

ここで一つの事例をみてみましょう。

インシデント①　保育所における援助事例

3歳児のAくんは、保育者からの働きかけに対する反応が遅く、B保育士は少し気になっていました。たまたま市の巡回相談があったとき、相談員から「要観察」を告げられました。そこで、できれば専門機関に相談したほうがよいことを母親に告げたところ、翌日、同居しているAくんの父方の祖母が来園し、「うちの孫が何か病気なのでしょうか」と激しい口調で訴えられました。ていねいに説明したものの、納得はしていない様子で帰宅され、その翌日、母親から「専門機関の相談は遠慮したい」との返事がありました。

1週間くらい経過したころから、Aくんの様子に異変がみられるようになりました。いつも疲れた様子で、昼間も眠そうにしています。明らかに活動量も減り、クラス活動にも参加できなくなってしまいました。母親に様子を聞いても「すみません、すみません」と謝るばかりでくわしいことがわかりません。このままではAくんの園での生活はうまくいかなくなってしまうのではないかと、B保育士は心配しています。

事例提供：親と子のメンタルヘルス研究所　岸本元気

この援助事例は、父方の祖母が、厳しいしつけやトレーニングをすればAくんは"治る"と考え、毎晩のようにAくんに対して自己流の訓練を行い、母親は義母に意見することができませんでした。その結果、Aくんの園生活に大きな影響がみられるようになったのです。この事例に対するその後のB保育士の関わりとしては、家庭内での人間関係を把握するところから始まりました。そして、**キーパーソン**[*]である祖母に働きかけ、専門職のアドバイスをていねいにわかりやすく伝えることや、Aくんの気持ちを大切にした関わりを取り入れることで、Aくんの生活は徐々に落ち着きを取り戻すことができました。

このように、保育士が保育を行うための環境を整えるためにも、保護者支援、家庭支援は欠かせないものとなっていることが、この援助事例からもうかがえました。

[*] **用語解説**
キーパーソン
問題解決の鍵を握っている人のこと。

3. 保護者支援における保育者の強み

1 "点"から"線"への関わりへ

　一般的に、支援には、相談・助言で解決する"単発型"と、一度で解決するのは難しく、経過を見ながら複数回の関わりが必要な"継続型"があります。子育てに関する相談は、保育者だけでなくさまざまな職種によって行われます。図表12-2では例として、A市における子育て相談の一覧をあげました。多くは単発型の支援であることがわかります。しかも、図表のなかで継続型支援となるのは、多くの場合、支援者側が必要性を判断したケースです。

　一方で、保育者が行う保護者支援は、まさに継続型支援といえるでしょう。子どもや保護者は刻々と変化します。その変化を踏まえ、支援内容を変化させることも必要です。また**スモールステップ***を意識し、細かく課題設定を行い、解決していくことも大切です。担任として関わる1年、また子どもが在籍する数年間という長いスパンで支援を行うことは、単発型の"点"の関わりとは異なり、"線"の関わりといえます。

※用語解説
スモールステップ
達成可能な目標を一つずつ達成できるように、課題を細かく分けて設定すること。

2 保護者との接点の多さ

　保育者が行う保護者支援の最大の強みは、なんといっても、保護者との接点の多さです。多くの場合、保護者は日に2回は子どもの送り迎えのために保育所や幼稚園等を訪れます。また、小学校や中学校などの就学期と比べ、保育所や幼稚園等では親子遠足や夕涼み会など、家族も参

図表12-2 A市における子育て相談内容

相談内容	専門領域	専門職	相談できる内容	対応方法	継続的な相談	ケアマネジメント機能	アウトリーチ機能
子育て相談	保育・看護・保健・心理判定・総合相談等	保育士・看護師・心理判定員・総合相談員等	全般的な相談	電話・面接・メール	△	△	×
保健相談	保健	保健師	身体計測や育児等に関する相談	電話・面接	×	×	×
出前型乳幼児保健相談	保健	保健師	サークルなどのグループが対象。身体計測や育児等に関する相談	面接	×	×	○
栄養相談（電話）	栄養	栄養士	乳幼児期の食事や栄養面に関する相談	電話	×	×	×
栄養相談（面接）	栄養	栄養士	食生活に関する相談	面接	×	×	×

加して行う行事も多いので、保育者が、ふだんは送迎に訪れることが少ない父親や祖父母などにも子どもの成長を伝えたり、家族同士の関わりをみたりする貴重な機会に恵まれているといえるでしょう。その利点を生かして、次のようなことが可能になります。

> ・予防する
>   保護者にとって保育者は、子どものことについて何でも話せる存在である。家庭のことも話題にしやすい。いつでも相談できるという安心から、不安を抱かずに過ごすことができ、不安や悩みも早い段階で解消することができる。
> ・気づく
>   子どもの変化、送迎時の保護者の変化を感じ取り、虐待をはじめとする不適切な養育のサインを見逃さない。
> ・関わる
>   週単位、月単位など、細やかに支援プランを立てることやモニタリング（支援の経緯を見守ること）ができる。
> ・保護者や家庭に関する情報を集める
>   子どもの発言や保護者との日々の会話、観察をとおして、家庭全体の情報を豊富に得ることができる。問題が起こったときの、アセスメントの貴重な材料となる。

　保育者は、これらの役割を日々担っています。専門性をもった保護者支援を行うためには、個別の支援計画を立てることや、記録に残すこと、職員間で話し合いをもつことなど、連携や連絡を密にする日々の積み重ねが重要になります。

3　多様な手段による関わり

　図表12-2にあげたように、保育者以外の多くの他職種も「相談支援」というかたちで保護者の子育てを支えます。その場合、保護者は相談したいという明確な意思をもっていることが前提です。そして場所と時間などを設定して、面談を通じた支援を行うことが一般的です。
　一方、保育所や幼稚園等では、日常的な場面をとらえた多様な関わりを通じて支援を行います。たとえば朝夕の送迎の際、保育者は、日々の活動やその日の子どもの様子を伝えます。保護者は、子どもの日々の言動やエピソードを聞くなかで、知らず知らずのうちに不安が解消されたり、子育てに自信をもてるようになることが多くあります。

また、保育所・幼稚園等では文字を通した支援がよく行われています。園だよりやクラスだより、連絡帳、保護者への手紙などがこれに該当します。たとえば保育所では、保護者が迎えにくる時間が遅くて、担任の保育者の勤務形態と合わない場合には、担任が保護者に向けて手紙やメモを書くこともありますし、反対に登園時は、保育者が、時間がない保護者から、依頼や報告のメモや手紙をあずかる場面も見られます。

上記のように、直接的なコミュニケーションの代替手段として文字でのコミュニケーションを用いる場合もありますが、選択的・意識的に文字によるコミュニケーションを活用したほうが望ましい場合もあります。

このように、保護者の実態に応じて保育者にとって伝えやすい手段を工夫し、伝えたい内容が伝えたい相手に一番届きやすい方法を工夫することが大切です。上記であげた、さまざまな手段を試すなかで、保護者にとって、「子育てが楽しいと感じることができるような、保育者からの働きかけ、環境づくり」が求められます。

【ミニコラム】連絡帳を保護者支援に活用するメリット

ほとんどの保育所、幼保連携型認定こども園等では乳児クラスを中心に、連絡帳の記入を行っています。多くは食事や排泄、お昼寝時間などの決まった項目のほか、保育者がその日に気づいたことなどが書かれます。保育者にとって連絡帳を書くことは保育業務の一部ととらえがちですが、連絡帳に書かれた保護者のコメントから悩みや不安を感じ取り、問題を早期発見したり、保護者の不安や悩みに対して受容的・共感的なコメントを書くことで相談につなげやすくする、保護者が知りたいと予想される保育所等以外の子育て支援サービスを紹介するなど、連絡帳を通じてできる保護者支援は、実はたくさんあります。

連絡帳による保護者支援業務は、ほかの職種には絶対に行えない、保育者にしかできない支援です。しかも保育業務と保護者支援業務が同時に行えるので、慢性的な人手不足の保育現場にとって負担が少なく、またキャリアを問わず、新人保育者から取り組むことも可能です。

日ごろからの文章力を向上させるトレーニングはもちろん、連絡帳に書くためには観察力も必要です。また、得られた情報を分析したり、組み立てるスキルなども磨いておきましょう。

4. 保育者が行う保護者支援の限界

保育者の強みを生かした支援が多くある一方で、保育者だけでは対応できないこともあります。必要に応じて、積極的に他機関や他職種と連携、協力する姿勢が大切です。

1 他機関、他職種との連携が必要となるケース

保護者支援に関わるケースは、「保育所保育指針」を例にとってみると、子どもに障害や発達上の課題がみられる場合、外国籍家庭、また不適切な養育等が疑われている家庭などとなっています。しかし実際には、「保育所保育指針」等で想定されているような保育に関する問題だけではなく、保護者自身の健康状態や仕事の問題、また夫婦やその他の人間関係などの根本的な要因から、結果として子どもに影響が出ている問題など、保育者が出合う保護者の抱えている問題にはさまざまなものがあります（図表12−3）。

ここで一つの事例をみてみましょう。

図表12−3 保護者支援に関わるケース

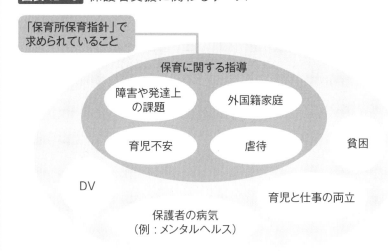

インシデント② 保育所における援助事例

5歳児のCちゃんは、もともと登園をしぶる傾向がありましたが、最近は特に激しく、母親との離れ際には大声で泣きわめき、母親にしがみつくなどして抵抗します。そして母親が保育所を出たあとも泣き続け、数時間は廊下で座り込み、教室に入ろうとしません。D保育士が母親に「最近変わったことはありませんか」と尋ね、Cちゃんの家庭状況についてくわしく聞いてみました。母親は1年ほど前から、近所に住むCちゃんの父方の祖父を介護しているのですが、最近になって身体の動きが低下し、入浴などの介助に時間がかかるようになりました。母親は、仕事が終わってから祖父の家に行き介護しているので、Cちゃんとゆっくり関わる時間がほとんどなくなったうえ、疲れているので、ついCちゃんに優しく接することができなくて悩んでいるとのことでした。

そこで、地域の「**地域包括支援センター***」に相談することをすすめ、結果的には介護保険を利用することができました。祖父を担当する介護支援専門員（**ケアマネジャー**）は、Cちゃんの母親の希望を取り入れながら、祖父の入浴や食事づくりなどの介護は**ホームヘルパー**が行うプランを立てました。気持ちにも時間にも余裕ができた母親は、Cちゃんと向き合う時間が増え、Cちゃんの登園しぶりも大きく改善されました。

この援助事例では、家庭問題が子どもの生活に影響を与えていました。この援助事例の根本的な要因は、祖父の介護問題であり、高齢者領域の専門機関や専門職に関わりを依頼することで問題は改善されました。このように、保育所の外のサービスにも目を向ける視点をもつことが大切です。

2　保育者が行う保護者支援

保護者が抱える問題は多様化・複雑化しています。保育者のもつ専門的機能を、日常的に保育所や幼稚園、幼保連携型認定こども園を利用している保護者やそれ以外の地域の保護者にも積極的に展開することが求められています。さらに、一機関のみで対応することが難しい場合には、関連機関やさまざまな職種との連携が必要となってきます。

そのほか、小・中学校を中心とした教育機関においても、**スクールソーシャルワーカー***の導入が急速に進められています。勤務回数や学校のニーズによっても多少異なりますが、スクールソーシャルワーカーは、

用語解説
地域包括支援センター
高齢者に関する総合的な相談窓口のこと。

補足
ケアマネジャーの役割
ケアマネジャーは、介護保険利用者のニーズを取り入れながら、ケアプラン（介護サービス計画）を作成する。

ホームヘルパーの役割
ホームヘルパーは、高齢者や障害者の自宅を訪問して、介護サービスや家事援助サービスを提供する。

用語解説
スクールソーシャルワーカー
学校場面でのさまざまな問題に対応するソーシャルワーカー。

第4章　保育者による保護者支援

※ **用語解説**
アセスメント
援助を開始するにあたって、問題状況を把握し理解する、ソーシャルワークのプロセスの一つ。

学校だけでは支援が難しいケースに関わり、起こっている問題に関しての情報を収集・整理し、学校関係者とともに**アセスメント***を行います。その後、支援プランを立て、子どもや保護者の問題解決能力が高まるよう励ましたり、アドバイスを行ったり、必要に応じて外部機関との連携や調整を担ったりします。教員にとっては、保護者支援についての専門的知見が得られ、時間的軽減にもつながり、本来業務である保育や子どもたちと向き合うことに専念できるというメリットがあります。

保育者には、保育の専門性を生かした支援が求められるうえ、保育所・幼稚園・幼保連携型認定こども園等の特性を生かし、日常的に保護者や子どもと接するなかでアセスメントを行っていく姿勢が求められているのです。

また、子育て家庭をめぐる課題の多様化・複雑化については、保護者や子どもが置かれている生活のなかで、どのような状況から生じているのかを正しく把握する能力も必要となってきます。保育者は、「各地域や家庭の実態等を踏まえるとともに、保護者の気持ちを受け止め、相互の信頼関係を基本に、保護者の自己決定を尊重」しながら個別的な支援を行っていますが、保育者としての対応の限界についても正しく把握しなければなりません。

近年、保育者の雇用形態や勤務形態の多様化にともなって、機関内での研修が難しい状況もみられますが、保育所内で、日々の保育を振り返り、子どもの保育や保護者支援について十分に話し合い、情報の共有化を図ることが大切です。

また、保育者は、地域のさまざまな**社会資源***を知っておくことも大切です。保育者だけで問題を抱え込まないように、地域の関係機関との連携のために積極的な姿勢をとることが、ますます求められていきます。

※ **用語解説**
社会資源
生活上のニーズを充足するためのさまざまな物資や人材、制度、技能の総称。社会生活に関する情報提供なども含まれる。

演習課題

①あなたが住んでいる市町村で、子育て支援を行っている機関・職種を調べ、保育者が連携する機関や職種を一覧表にまとめてみましょう。
②保育士にしかできない保護者支援とは何か、まわりの人と話し合ってみましょう。
③保育所において保護者支援が必要とされる保護者や家庭について、キーワードを3つ程度あげてみましょう（例：貧困など）。

レッスン 13
地域における子育て支援を支える保育者の役割

このレッスンでは、主に地域における子育て家庭の保護者等に対する保育者の役割について学びます。地域により保護者のニーズは大きく異なるため、支援の方法は一様ではありません。まずは地域の実態を理解したうえで、子育て支援を具体的にイメージするところから始めましょう。

1. 保護者に対する子育て支援

1 保育所・幼稚園・幼保連携型認定こども園の役割

『平成29年版子供・若者白書』では、「少子化や核家族化の進行、地域のつながりの希薄化など、社会環境が変化する中で、身近な地域に相談できる相手がいないなど、子育てが孤立化することにより、その負担感が増大している[†1]」と述べられています。保育所・幼稚園・幼保連携型認定こども園を利用している保護者だけではなく、地域における子育て家庭の保護者等に対する子育て支援の役割が重視されていることから、「保育所保育指針」「幼稚園教育要領」「幼保連携型認定こども園教育・保育要領」における子育て支援に関する内容にも充実が図られました。

①「保育所保育指針」における子育て支援

2017（平成29）年3月に告示された「保育所保育指針」第4章「子育て支援」の前文において、「保育所における保護者に対する子育て支援は、全ての子どもの健やかな育ちを実現することができるよう、第1章及び第2章等の関連する事項を踏まえ、子どもの育ちを家庭と連携して支援していくとともに、保護者及び地域が有する子育てを自ら実践する力の向上に資するよう」と示され、保育所を利用している保護者および地域の保護者等に対する子育て支援に取り組むことが求められています。

また、「保育所における子育て支援に関する基本的事項」として、保育士等の専門性や保育所の特性を生かした子育て支援が示されています。子育て支援にあたっては、各地域や家庭の実態等を踏まえること、保護者の気持ちを受け止めること、保護者との信頼関係を基本に保護者の自己決定を尊重することにより、保護者が子どもの成長に気づき子育ての喜びを感じられるような支援に努める必要があると示されています。子どもの育ちを理解し支える保育所は、地域において最も身近な施設です。

▶出典
[†1] 内閣府編『平成29年版 子供・若者白書』日経印刷、2017年

日常の保育に関連したさまざまな機会を利用して、子どもの日々の様子など、どんなにささいなことでも、子どもの様子の見守りや観察をとおして伝達したり収集したりすることが大切です。また、保育参観や保護者会などを開催して、保護者に保育の活動への積極的な参加を工夫することで、保護者が子育てをみずから実践する力の向上に寄与することが期待されています。

②「幼稚園教育要領」における子育て支援

2017（平成29）年3月に告示された「幼稚園教育要領」では、第3章の2において、幼稚園の運営に当たっては、「子育ての支援のために保護者や地域の人々に機能や施設を開放して、園内体制の整備や関係機関との連携及び協力に配慮しつつ、幼児期の教育に関する相談に応じたり、情報を提供したり、幼児と保護者との登園を受け入れたり、保護者同士の交流の機会を提供したりするなど、幼稚園と家庭が一体となって幼児と関わる取組を進め、地域における幼児期の教育のセンターとしての役割を果たすよう努めるものとする」と示され、幼稚園においても積極的に地域の保護者の子育てを支援していくことが求められています。

③「幼保連携型認定こども園教育・保育要領」における子育て支援

2017年3月に告示された「幼保連携型認定こども園教育・保育要領」では、第1章第3の7において、「保護者に対する子育ての支援に当たっては、この章に示す幼保連携型認定こども園における教育及び保育の基本及び目標を踏まえ、子どもに対する学校としての教育及び児童福祉施設としての保育並びに保護者に対する子育ての支援について相互に有機的な連携が図られるようにすること」、さらに「保護者が子どもの成長に気付き子育ての喜びが感じられるよう、幼保連携型認定こども園の特性を生かした子育ての支援に努めること」と明記されています。

また、第4章「子育ての支援」の前文において、幼保連携型認定こども園における保護者に対する子育ての支援は、「子どもの利益を最優先して行うものとし、第1章及び第2章等の関連する事項を踏まえ、子どもの育ちを家庭と連携して支援していくとともに、保護者及び地域が有する子育てを自ら実践する力の向上に資するよう」にと示され、保護者の気持ちを受け止め、保護者の自己決定を尊重するなど、幼保連携型認定こども園の特性を生かし、保護者が子どもの成長に気づき子育ての喜びを感じることができるように、園を利用している子どもの保護者や地域における子育て家庭の保護者等に対する子育て支援の必要性が示されています。

このように、保育所・幼稚園・幼保連携型認定こども園は、それぞれ

図表13-1 保育所・幼稚園・認定こども園の子育て支援に関する制度的根拠

	保育所保育指針	幼稚園教育要領	幼保連携型認定こども園教育・保育要領
子育て支援に関する部分	第1章 総則 1 保育所保育に関する基本原則 (1) 保育所の役割 ウ 保育所は、入所する子どもを保育するとともに、家庭や地域の様々な社会資源との連携を図りながら、入所する子どもの保護者に対する支援及び地域の子育て家庭に対する支援等を行う役割を担うものである。 第4章 子育て支援 保育所における保護者に対する子育て支援は、全ての子どもの健やかな育ちを実現することができるよう、第1章及び第2章等の関連する事項を踏まえ、子どもの育ちを家庭と連携して支援していくとともに、保護者及び地域が有する子育てを自ら実践する力の向上に資するよう、次の事項に留意するものとする。	第3章 教育課程に係る教育時間の終了後等に行う教育活動などの留意事項 2 幼稚園の運営に当たっては、子育ての支援のために保護者や地域の人々に機能や施設を開放して、園内体制の整備や関係機関との連携及び協力に配慮しつつ、幼児期の教育に関する相談に応じたり、情報を提供したり、幼児と保護者との登園を受け入れたり、保護者同士の交流の機会を提供したりするなど、幼稚園と家庭が一体となって幼児と関わる取組を進め、地域における幼児期の教育のセンターとしての役割を果たすよう努めるものとする。その際、心理や保健の専門家、地域の子育て経験者等と連携・協働しながら取り組むよう配慮するものとする。	第1章 総則 第3 幼保連携型認定こども園として特に配慮すべき事項 7 保護者に対する子育ての支援に当たっては、この章に示す幼保連携型認定こども園における教育及び保育の基本及び目標を踏まえ、子どもに対する学校としての教育及び児童福祉施設としての保育並びに保護者に対する子育ての支援について相互に有機的な連携が図られるようにすること。また、幼保連携型認定こども園の目的の達成に資するため、保護者が子どもの成長に気付き子育ての喜びが感じられるよう、幼保連携型認定こども園の特性を生かした子育ての支援に努めること。 第4章 子育ての支援 幼保連携型認定こども園における保護者に対する子育ての支援は、子どもの利益を最優先して行うものとし、第1章及び第2章等の関連する事項を踏まえ、子どもの育ちを家庭と連携して支援していくとともに、保護者及び地域が有する子育てを自ら実践する力の向上に資するよう、次の事項に留意するものとする。

図表13-2 保育所・幼稚園・認定こども園における地域子育て支援の根拠

	保育士	保育教諭	幼稚園教諭
	保育所保育指針	幼保連携型認定こども園教育・保育要領	幼稚園教育要領
地域の子育て支援に関する言及	第4章 子育て支援 3 地域の保護者等に対する子育て支援 (1) 地域に開かれた子育て支援 ア 保育所は、児童福祉法第48条の4の規定に基づき、その行う保育に支障がない限りにおいて、地域の実情や当該保育所の体制等を踏まえ、地域の保護者等に対して、保育所保育の専門性を生かした子育て支援を積極的に行うよう努めること。 イ 地域の子どもに対する一時預かり事業などの活動を行う際には、一人一人の子どもの心身の状態などを考慮するとともに、日常の保育との関連に配慮するなど、柔軟に活動を展開できるようにすること。 (2) 地域の関係機関等との連携 ア 市町村の支援を得て、地域の関係機関等との積極的な連携及び協働を図るとともに、子育て支援に関する地域の人材と積極的に連携を図るよう努めること。 イ 地域の要保護児童への対応など、地域の子どもを巡る諸課題に対し、要保護児童対策地域協議会など関係機関等と連携及び協力して取り組むよう努めること。	第4章 子育ての支援 第3 地域における子育て家庭の保護者等に対する支援 1 幼保連携型認定こども園において、認定こども園法第2条第12項に規定する子育て支援事業を実施する際には、当該幼保連携型認定こども園がもつ地域性や専門性などを十分に考慮して当該地域において必要と認められるものを適切に実施すること。また、地域の子どもに対する一時預かり事業などの活動を行う際には、一人一人の子どもの心身の状態などを考慮するとともに、教育及び保育との関連に配慮するなど、柔軟に活動を展開できるようにすること。 2 市町村の支援を得て、地域の関係機関等との積極的な連携及び協働を図るとともに、子育ての支援に関する地域の人材の積極的な活用を図るよう努めること。また、地域の要保護児童への対応など、地域の子どもを巡る諸課題に対し、要保護児童対策地域協議会など関係機関等と連携及び協力して取り組むよう努めること。 3 幼保連携型認定こども園は、地域の子どもが健やかに育成される環境を提供し、保護者に対する総合的な子育ての支援を推進するため、地域における乳幼児期の教育及び保育の中心的な役割を果たすよう努めること。	第3章 教育課程に係る教育時間の終了後等に行う教育活動などの留意事項 2 幼稚園の運営に当たっては、子育ての支援のために保護者や地域の人々に機能や施設を開放して、園内体制の整備や関係機関との連携及び協力に配慮しつつ、幼児期の教育に関する相談に応じたり、情報を提供したり、幼児と保護者との登園を受け入れたり、保護者同士の交流の機会を提供したりするなど、幼稚園と家庭が一体となって幼児と関わる取組を進め、地域における幼児期の教育のセンターとしての役割を果たすよう努めるものとする。その際、心理や保健の専門家、地域の子育て経験者等と連携・協働しながら取り組むよう配慮するものとする。

の施設の特性に応じた子育て支援を積極的に行うことにより、園を利用している子どもの保育や教育とともに、保護者に対して、子どもの成長に気づき子育ての喜びを感じられるような子育て支援がこれまで以上に求められています（図表13 - 1）。

また、園が行う地域子育て支援は、地域の実情や保護者によって、ニーズが大きく異なります。保護者のニーズを支援の枠組みのなかでどう満たすかを考えるためにも、その制度的根拠はぜひ理解しておきましょう。保育所・幼稚園・幼保連携型認定こども園がそれぞれ地域の子育て支援を行う際の制度的根拠は、図表13 - 2のとおりとなっています。

2 保育所・幼稚園・幼保連携型認定こども園が行う地域の子育て支援

子育て支援には、保育所・幼稚園・幼保連携型認定こども園などを利用している保護者に対する支援と、施設を利用していない地域の保護者に対する支援があります。2012（平成24）年の**「子ども・子育て支援法」第7条**において、地域における子育て支援は市町村の責務となりました。

保育所は、「児童福祉法」第48条の4の規定に基づき、その行う保育に支障がない限りにおいて、地域の実情や当該保育所の体制等を踏まえ、子育て支援を積極的に行うよう努めるように求められています。

「保育所保育指針」第4章3においては、2つの機能が示されています。

1つ目は「地域に開かれた子育て支援」です。地域の保護者等に対して、保育に関し情報の提供を行うこと、乳幼児等の保育に関する相談に応じたり助言を行ったりし、保育所保育の専門性を生かした子育て支援や、一時預かり事業などの活動を行うことです。

2つ目は、「地域の関係機関等との連携」です。地域の関係機関等との連携や協働を図ることや、要保護児童対策地域協議会等との連携や協力を図り、地域の子どもをめぐる諸課題に取り組むことが求められています。

また、幼保連携型認定こども園においても、「認定こども園法」第2条第12項の規定に基づき、地域性や専門性を考慮して必要と認められることを実施することや、要保護児童対策地域協議会等との連携を図り、地域の子どもをめぐる諸課題に取り組むよう求められています。

幼稚園においても、**「学校教育法」第24条**において、家庭および地域への支援が示されています。「幼稚園教育要領」第3章「教育課程に係る教育時間終了後等に行う教育活動などの留意事項」に、地域における幼児期の教育センターとしての役割を果たすよう位置づけられています。

☑ **法令チェック**
「子ども・子育て支援法」第7条
この法律において「子ども・子育て支援」とは、全ての子どもの健やかな成長のために適切な環境が等しく確保されるよう、国若しくは地方公共団体又は地域における子育ての支援を行う者が実施する子ども及び子どもの保護者に対する支援をいう。

☑ **法令チェック**
「学校教育法」第24条
幼稚園においては、第22条に規定する目的を実現するための教育を行うほか、幼児期の教育に関する各般の問題につき、保護者及び地域住民その他の関係者からの相談に応じ、必要な情報の提供及び助言を行うなど、家庭及び地域における幼児期の教育の支援に努めるものとする。

図表13-3 2017年度　地域子育て支援拠点事業の実施状況［実施場所別］

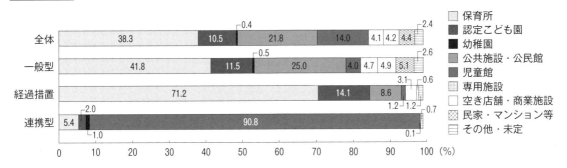

（単位：か所数）

実施場所	保育所	認定こども園	幼稚園	公共施設・公民館	児童館	専用施設	空き店舗・商業施設	民家・マンション等	その他・未定	計
全体	2,704	738	29	1,540	987	289	298	308	167	7,060
一般型	2,544	699	29	1,518	242	284	296	308	159	6,079
経過措置	116	23	―	14	2	5	1	―	2	163
連携型	44	16	―	8	743	―	1	―	6	818

注：出張ひろば型は除く。
出典：厚生労働省「地域子育て支援拠点事業について平成29年度実施状況」2018年をもとに作成

図表13-4 2017年度　地域子育て支援拠点事業の実施状況［運営主体別］

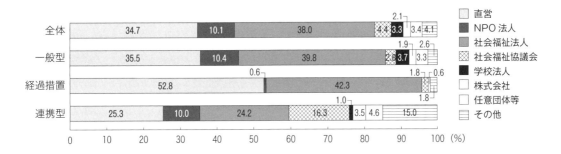

（単位：か所数）

運営主体	直営	NPO法人	社会福祉法人	社会福祉協議会	学校法人	株式会社	任意団体等	その他	計
全体	2,449	713	2,684	309	234	145	240	286	7,060
一般型	2,156	630	2,417	173	226	115	202	160	6,079
経過措置	86	1	69	3	―	1	―	3	163
連携型	207	82	198	133	8	29	38	123	818

注：出張ひろば型は除く。
出典：図表13-3と同じ

図表13-5 地域子ども・子育て支援事業

地域子ども・子育て支援事業	地域子ども・子育て支援事業の概要
利用者支援事業	子ども及び保護者等の身近な場所で、教育・保育・保健その他の子育て支援の情報提供及び必要に応じ相談・助言等を行うとともに、関係機関等との連絡調整等を実施する事業
地域子育て支援拠点事業	乳幼児及びその保護者に相互の交流を行う場を提供し、子育てについての相談、情報の提供、助言その他の援助を行う事業 【事業内容】①子育て親子の交流の場の提供と交流促進 ②子育て等に関する相談、援助の実施 ③地域の子育て関連情報の提供 ④子育て及び子育て支援に関する講習等の実施 【実施形態】①～④の事業を子育て親子が集い、うち解けた雰囲気の中で語り合い、相互に交流を図る常設の場を設けて実施 ・地域の子育て拠点として地域の子育て支援活動の展開を図るための取組（加算） ・出張ひろばの実施（加算） ・地域支援の取組の実施（加算） ＊利用者支援事業を併せて実施する場合は加算しない
乳児家庭全戸訪問事業 （こんにちは赤ちゃん事業）	生後4か月までの乳児のいるすべての家庭を訪問し、子育て支援に関する情報提供や養育環境等の把握を行う事業
養育支援訪問事業 ・子どもを守る地域ネットワーク機能強化事業 （その他要保護児童等の支援に資する事業）	養育支援が特に必要な家庭に対して、その居宅を訪問し、子育て支援に関する情報提供や養育環境等の把握を行う事業 要保護児童対策協議会（子どもを守る地域ネットワーク）の機能強化を図るため、調整機関員やネットワーク構成員（関係機関）の専門性強化と、ネットワーク機関間の連携強化を図る取り組みを実施する事業
一時預かり事業	家庭において保育を受けることが一時的に困難となった乳幼児について、主として昼間において、認定こども園、幼稚園、保育所、地域子育て支援拠点その他の場所において、一時的に預かり、必要な保護を行う事業
延長保育事業	保育認定を受けた子どもについて、通常の利用日時及び利用時間以外の日及び時間において、認定こども園、保育所等において保育を実施する事業
病児保育事業	病児について、病院・保育所等に付設された専用スペース等において、看護師等が一時的に保育等する事業

地域子ども・子育て支援事業については、子ども・子育て支援法（平成24年法律第65号）第59条に規定する事業は、以下の事業も実施されている。
子育て短期支援事業、子育て援助活動支援事業（ファミリー・サポート・センター事業）、放課後児童クラブ（放課後児童健全育成事業）、実費徴収に係る補足給付を行う事業、多様な事業者の参入促進・能力活用事業、妊婦健康診査。
出典：内閣府子ども・子育て本部「子ども・子育て支援新制度について 平成29年1月」2017年の資料をもとに作成

▶出典
[2] 厚生労働省「地域子育て支援拠点事業について平成28年度実施状況」2017年

そのほかに、地域子育て支援拠点事業としての取り組みは、2017（平成29）年度実施か所数（交付決定ベース）は7,259か所で実施されています。そのうち保育所は2,704か所（38.3％）、幼稚園は29か所（0.4％）、認定こども園738か所（10.5％）と、地域子育て支援拠点事業全体の約半数を保育施設が占めています[2]（図表13-3、13-4）。

地域における子育て支援は、核家族化や、地域のつながりの希薄化を背景にして、子どもや保護者の置かれている環境に応じて子育ての不安や悩みを相談できる場、親子が気軽に集い交流できる場などを提供することにより、地域の保護者の子育てをみずから実践する力の向上に寄与することにあります。また、市町村は、「子ども・子育て支援法」第61

条第1項に規定する市町村子ども・子育て支援事業計画に従って地域子ども・子育て支援事業を実施しています。**地域子ども・子育て支援事業**としては「子ども・子育て支援法」第59条において、13事業が明記されており、利用者支援事業、地域子育て支援拠点事業、乳児家庭全戸訪問事業、養育支援訪問事業、一時預かり事業、延長保育事業、病児保育事業などがあります†3（図表13-5）。

参照
地域子ども・子育て支援事業 →レッスン4

▶ 出典
†3　内閣府子ども・子育て本部「子ども・子育て支援新制度について 平成29年1月」2017年

2．園庭開放や一時預かり事業での事例

　保育所・幼稚園・幼保連携型認定こども園では、地域子育て支援の一環として、地域の未就園児と保護者を対象に園庭開放などを行っています。以下、いくつかの事例について考えていきましょう。

インシデント①　園庭開放の事例

　A市の保育所では園庭開放が開催されています。9月から来年度の入園申し込みが始まることもあり、園での様子を見ようと、見学もかねて参加する親子でにぎわっています。

　数人の親子が砂場で遊んでいました。そのなかの保護者が保育者に言葉を選びながら話し出しました。「先生、うちの子まだオムツがとれなくて困っています。家の補助便器に座ってオシッコはしてくれるのですが、大便のほうは紙オムツのなかでしかしてくれないんです。来年度は保育所の年少組に入園することになっているのに…」と、保護者は困った様子で子どもを見つめていました。保育者はすぐに排泄についての対処法を伝えずに、排泄のことで困っている保護者の気持ちに共感し、理解していることを態度で伝えるために、親子が砂遊びをしている様子をほほえみながら見守っていました。すると、一緒に遊んでいた別の保護者が、「うちの子も大便のほうはオムツのなかでするんですよ。オシッコは私が促して、やっとこの夏に便器でするようになってくれました。子どものリズムでいいと思っています」と話しました。また、別の保護者は、「うちの子は、オムツは早く取れたけれど、偏食がきつくて困っています。本当にそれぞれに悩みはあるんですね」と話しました。

　保育者は親子と砂場で遊びながら、保護者同士の会話がどんどん広がっている様子を聞いていました。保護者は、排泄の問題で悩んでいるのは自分だけではないこと、それぞれの保護者が悩みを抱え

ていることに共感した様子でした。
　最初に質問をした保護者が、「保育所ではどのようなタイミングでトイレに誘っていますか」と尋ねました。保育者は、排泄の自立は個人差が大きいこと、オシッコが膀胱(ぼうこう)にたまった感覚を子どもが感じられることなどが大切であること、一人ひとりの状況に合わせてトイレに誘っていることを伝えました。そのうえで、後始末に追われて保護者がイライラして叱ってしまうことも多くなるので、トイレに誘う具体的なタイミングや、誘ってもオシッコが出ないときは切りあげてもよいことなどを助言しました。

　この事例は、園庭開放時の地域の保護者と保育者との関わりの一場面です。多くの園では、園庭を開放することで、子育て中の保護者と保育者との交流を図り、保護者の子育て負担の軽減を図ることを目的として行われています。保育者は、園を訪れて砂場で遊んでいる多数の親子を見守りながら、遊びに誘ったり、子どもへの関わり方の見本になったりしています。また、保護者にとっては、身近で安心して遊びを提供してもらえる保育所・幼稚園・認定こども園等で遊ぶことは、同年齢の子どもを知る機会となります。さらに、園庭開放は、他の親子との交流ができたり、子育ての方法のヒントが得られたりする場にもなっています。保育者は、園庭開放に訪れた保護者の子育ての相談に応じ、さまざまな助言を行っています。

インシデント②　一時預かり事業の事例

　Bさんは、毎月1回、一時預かり事業を利用しています。Bさんの子どものCちゃんは、もうすぐ2歳になります。園の保育室に入ってくると、お気に入りの玩具を見つけてすぐに遊び出しました。また、次々と訪れる利用者に「おはよう」と挨拶をしたり、自分より幼い子どもをあやしたりするなど、活発に遊んでいます。Bさんは保育者に昨日の家での様子を伝えると、すぐに保育室をあとにしました。
　一時預かり事業を担当している保育者は、保護者と子どもの様子を観察したり、一緒に遊んだりするなかで、子どもにとって豊かな体験ができるようにしています。Cちゃんは、活発に遊んでいますが、玩具を元の場所に片づけることを嫌がったり、生活場面では「自分でする」と主張したり、また、気にいらないことがあると大きな声をあげて泣いたりする姿が見られました。午睡の時間になると、「トントンして」と、保育者に甘え、「先生、大好き、ママ、大好き」

と言って寝つく姿が見られました。
　保育者は、お迎えに来たBさんに一日の様子を伝えながら家庭での様子を聞きました。Bさんは、「パジャマを自分で着替えると言ってくれるのはうれしいのですが、ボタンはめをしようとしてもできないので、手伝おうとすると、イヤイヤばかり言います。また、逆に手伝わないと怒ってしまい、困っています」と、自己主張が始まった子どもの姿を喜びながらも、子どもに振り回されて生活パターンが乱され、自分の時間がもてないことでイライラしていることを話してくれました。保育者は、Bさんの話をていねいに聞きました。そのうえで、保護者のいらだっている様子を受け止め、この時期の子どもの姿や母親の対処の方法について助言し、次回の一時保育の利用をすすめました。

　この事例は、一時預かり事業における子育ての支援の様子です。一時預かり事業は、乳幼児の発達や季節などに配慮し、同年齢や異年齢の友だちと関わりながら安心・安定して過ごせるようにしています。また、日々の保育と一時預かり事業の内容とを連動させ、乳幼児にとって豊かな体験となるようにしています。保護者の就労支援の場や保護者のニーズに応える場としても利用できる環境を整えています。
　保育者は、子どもの保育をとおして、子どもの自己主張する姿は自我が順調に育っている証拠であると認め、子どもの気持ちをしっかりと受け止めています。しかし、今の保護者には自分が成長するなかで乳幼児を抱いたり、一緒に遊んだりする経験や、食べさせたりオムツを替えたりする経験が少なく「子どもを知らないまま親になる[4]」世代が増えています。そこで、子どもの意欲や自分でやりたい気持ちを尊重しながらさりげなく手を貸していく方法や、具体的な対処法を伝えることで、Bさんの状況や気持ちに寄り添う姿を示しました。

3. 地域の子育て支援に関して保育者としてもつべき視点や姿勢

　保護者にとって、「子ども及びその保護者の身近な場所[5]」である保育所・幼稚園・幼保連携型認定こども園等での他の保護者との出会いは、お互いに子育てをしている当事者として、子育ての不安や悩みを共有できる場になったり、園でたくさんの子どもが生活したり遊んでいる様子を知ることで、子どもの成長の見通しをもつことにつながったりします。

▶出典
[4] 原田正文『子育ての変貌と次世代育成支援——兵庫レポートにみる子育て現場と子ども虐待予防』名古屋大学出版会、2006年

▶出典
[5] 「子ども・子育て支援法」第59条

第4章 保育者による保護者支援

> ▶出典
> †6 「利用者支援事業ガイドラインについて」2014年

保育者が保護者の「愚痴のような何気ない日常の相談[†6]」から、孤立した環境で子育てをする保護者の事情を知り、同じような悩みをもつ保護者に声かけを行い、お互いに子育ての苦労や解決に向けての方法を知るきっかけにつながることも考えられます。保育者には「保護者の子育てを自ら実践する力の向上」を支援する視点から、保護者が抱えている不安や悩みに寄り添った支援を行うことが期待されています。

子育て中の保護者の置かれた状況はそれぞれ異なります。ここでは、①子育てに不安をもつ保護者、②相談をためらっていると考えられる保護者、③要支援家庭や「心配」とされる家庭の保護者を例にあげて、保育者として保護者への支援のあり方について考えていきます。

1 保護者が自分の子育てに合った子育て支援を利用する

①子育てに不安をもつ保護者

> ▶出典
> †7 内閣府編『国民生活白書 平成17年版』国立印刷局、2005年

子育ては、昔も今も「負担も大きいが、子どもを育てその成長を見守る中で、何にも代え難い充実感や満足感を得ている[†7]」と考えられています。

保護者が子育てを楽しいと感じるためには、子どもと一緒に過ごす日常生活のなかで、子どもとの関わりがうまくいったという体験や、育児のしかたで困ったときに気軽に相談ができ、問題の解決ができる環境が整っていることが重要です。

たとえば、同じ年齢の子どもをもつ母親の意見が聞きたいときや、気持ちを切り替えたいときには、園庭開放、未就園クラスへの参加、さらには地域子育て支援拠点のサービスや、一時預かり事業を利用することが考えられます。これらのサービスを利用することで、同じ年齢の子どもの姿を見たり、ちょっとした困り事の相談を保護者同士で行ったりすることを通して、子育てにより肯定的に取り組むことができると考えられます。保育者は、子どもの育ちを保護者と一緒に見守り支えるという視点で、保護者が子育ての喜びが感じられるよう努めることが求められています。

また、地域のつながりが希薄化し、相談できる相手がいないなど、子育てに関する情報を得るために、インターネットを情報源としている保護者も少なくありません。インターネットなどを利用した配信サービスでの情報収集は、瞬時に多くの情報が得られる反面、保護者が取得した情報が、子どもの月齢や成長・発達や家庭環境に見合ったものなのかどうかは、取得した保護者の判断に委ねられています。

また、自分の子どもの成長に応じた悩みの相談や解決法は、保護者の

身近な人に受け止めてもらうことで解決の糸口につながることが多いのですが、保護者の身近にそのような相談者がいない場合には、保育者がその役割を担うことが求められています。保育所等の特性を生かした子育て支援は、保護者にとっては最も身近な存在です。保育者は一人ひとりの子どもや保護者の状況に応じて、必要なタイミングで情報を提供することが求められます。保護者の気持ちを受け止めたり、保育者が子どもとの関わり方を手本となってみせたり、ほかの保護者の関わりをみてもらったりすることが、問題の解決につながる場合もあります。

②相談をためらっていると考えられる家庭の保護者

「ちょっとしたことでイライラする」「同じ年齢の子どもより言葉が遅いように思う」など、子育ての悩みは保護者によってさまざまです。また、保護者が相談したいと思っていても、保育所や幼稚園、幼保連携型認定こども園等を利用することに躊躇する気持ちをもつ保護者も少なからずみられます。前述のとおり、園ではさまざまな取り組みが行われていますが、自分の悩みや不安を相談することにためらいを感じたり、「相談してもしかたがない」「どうせ解決できない」など、相談することに期待することができない気持ちをもったりする保護者もみられます。

そのようなときは、まずは、保護者の立場に立って考えてみることが必要です。保護者が抱える悩みや不安は、保育者やまわりの人にじっくり聞いてもらえることで解決に向かうことも多いからです。まずは、園での親子の様子や何気ない会話をきっかけにして、子育てのことなら何でも相談できる環境を整えたり、保護者とのコミュニケーションを図ったりしながら、次回も参加してみようという気持ちにつながる関わり方が求められます。

また、場合によっては、保育者が、子育てサークルやグループ活動を行っている地域の子育て支援を紹介して、保護者の子育てを「つなぐ」役割を担うことも求められます。保育者は活用可能な地域資源の情報提供を行ったりすることで、孤立した子育てで悩んだり、行き詰まったりしている保護者を、側面から支える役割を果たすことも必要であるといえるでしょう。

③要支援家庭や「心配」とされる家庭の保護者

地域の保護者等に対する子育て支援では、個別の相談支援が必要であり、緊急性の高い可能性をもつ保護者への取り組みも行われています。「保育所保育指針」「幼稚園教育要領」「幼保連携型認定こども園教育・保育要領」には、「地域の要保護児童への対応など、地域の子どもを巡る諸課題に対し、要保護児童対策地域協議会など関係機関等と連携及び

協力して取り組むよう努めること†8†9」と述べられています。また、「幼稚園教育要領解説†10」においても、カウンセラーや保健師等の専門家および、市町村等の関係機関と連携することや、要保護児童対策地域協議会を通じて連携体制を構築することなどが述べられています。

　子育てに負担感や困難感を抱いていても、保護者自身が抱えている問題を意識できていなかったり、解決に向けてどのような支援が必要であるかを選択できなかったりする場合もあります。また、保護者が相談で語られた内容とみずから選択した支援が真に求めている支援と異なる場合もあります。保育者は、保護者が置かれた状況についてていねいに聞いていくことが大切です。保護者の子育てについての不安な気持ちに寄り添いながらがんばろうとしている姿を認め、共感的態度で接するなかで、保護者が抱えている課題を把握する必要があります。

　また保育者は、園を訪れた保護者の様子や子どもとの関わり方を落ち着いた態度で観察したり、保育者の気づきを記録したり、まわりの保育者に報告することも必要となります。しかし、その支援に限界があると判断される場合には、地域の関係機関等との連携や協働を図りながら、保護者の問題の解決に向けて取り組むよう努めることが大切です。特に、児童虐待と思われる子どもを発見した場合には、市町村または児童相談所などに通告しなければなりません。

2　事例をとおして学ぶ関係機関との連携

　ここでは、事例をとおして関係機関との連携についての理解を深めましょう。

インシデント③　つどいの広場の事例

　Dさんは、1歳6か月になるEちゃんを連れて、つどいの広場に参加しています。つどいの広場では、親子体操教室、絵本の読み聞かせ、親子制作、季節の行事への参加など、さまざまな取り組みがなされています。Dさんは不定期での参加ですが、Eちゃんに対して話しかける姿がみられなかったり、オムツを取り替えることに対しても関心が薄い様子が見受けられました。

　しかし、それよりもDさんの無表情が気にかかった担当者（保育士）は、意図的に親子への関わりを増やそうとしていました。つどいの広場では、子どもの身長や体重測定も定期的に行われています。担当者は、Dさんに声をかけて、Eちゃんの身体測定を一緒にしようと提案しました。Dさんは、はじめは消極的でしたが、熱心な

▶出典

†8　「保育所保育指針」第4章3（2）「地域の関係機関等との連携」イ

†9　「幼保連携型認定こども園教育・保育要領」第4章第3「地域における子育て家庭の保護者等に対する支援」2

†10　「幼稚園教育要領解説」第3章2「子育ての支援」

◆補足

子育てに負担感

子育て世代の男性の長時間労働問題や、6歳未満の子どもをもつ男性が子育てや家事に費やす時間は、一日当たり67分と報告されている（内閣府編『少子化社会対策白書 平成29年度版』日経印刷、2017年）ことなども、特に母親が子育ての負担感を抱く原因である。

担当者の誘いに応じました。適度に清潔が保たれた保育室のベッドでぎこちなく衣服を脱がせているDさんの姿に、担当者は不安を感じましたが、一生懸命Eちゃんに関わっているDさんを見守っていました。Eちゃんが、衣服を脱ぐことに抵抗を示したことで、Dさんははじめて大声をあげました。「いつも私がしようとすると嫌がる。なんでいつもこうやねん」と言うなり、Dさんは泣き始めました。担当者は、Dさんの気持ちを落ち着かせながら、引き続きEちゃんの衣服を脱がせるときには手を添えて手伝い、身体測定を行いました。Dさんの気持ちがリラックスできるようにゆったりと、家庭での様子を聞きながら、衣服を着せるときもさりげなく手伝ったりしました。

　また、Dさんには一時預かり事業の利用をすすめたり、地域の子育て支援拠点事業の紹介を行ったりしましたが、何よりも、次回もつどいの広場に参加するように促しました。そして、自治体で定期的に行われている連絡会でDさん親子の様子について報告を行い、ていねいに見守っていくことを確認しました。

　この事例はつどいの広場における子育て支援の様子です。つどいの広場には、自治体が行っているものやNPO法人等が主体となって運営しているものがありますが、地域のさまざまな場所で乳幼児をもつ保護者が集まっています。そのなかで親子の交流を図ったり、つどう場を提供し、子育ての負担感や不安感の軽減を図るとともに、子育て相談を行うなど、安心して子育てができる環境づくりを行っています。

　保育者は、つどいの広場に参加している子育てに不安を抱いているかもしれない親子の様子を、慎重に見極めながら声かけを行っています。また、一緒に身体測定をしたり、着脱の援助を行ったり、家庭での様子を聞いたりして保護者の不安な気持ちに寄り添いました。このような保育者の細やかな心配りは、保護者とともに子どもの育ちを支えていく関係性を築くうえで欠かせないものです。さらに、保護者に一時預かり事業の情報提供を行うとともに、定期的に自治体が開催している連絡会で、気になった親子の様子について報告しました。

　多くの自治体では、それぞれの関係機関が連携しています。保健所、保健センター、児童相談所など自治体によってさまざまな名称が使用されていますが、自治体の専門機関が有する社会資源の活用は重要です。それぞれの専門性を生かした取り組みを行い、多種多様な専門職同士が、お互いの専門性を理解し、園や家庭だけで問題を抱え込まないように、

手を携えるための情報の共有化を行っています。保育者は、これらの地域の社会資源の活用も視野に入れて、顔の見える支援が行われるようにしたいものです。

いずれにしても、保育者は支援を必要とする保護者の早期発見・早期介入に努めることが重要です。加えて、できる限り保育所、幼稚園、幼保連携型認定こども園だけで抱え込まず、他機関と連携しながら関わる視点も忘れないようにしましょう。

演 習 課 題

①あなたが住んでいる市町村に、地域の子育て支援を行っている施設（地域子育て支援センターなど）が何か所あるか調べてみましょう。
②あなたの住んでいる地域で、最も近い場所にある保育所・幼稚園・幼保連携型認定こども園について、地域の子育て支援として、どんな事業を行っているか調べてみましょう。
③地域の子育て支援は、一つの機関だけで完結するものではありません。地域の保護者を支援する場合、連携先として考えられる機関や職種について、グループで話し合ってみましょう。

レッスン14

子ども虐待への対応

このレッスンでは、子ども虐待への対応について学びます。虐待は子どもの命や育ちに関わる深刻な問題であるため、少しでも早く発見し、支援を始めることが必要です。保育者は、虐待を発見しやすい立場にあることから、その立場を生かす役割とは何かについて考えます。

1. 子ども虐待に対する基本的理解

1 子ども虐待とは

近年、子ども虐待の相談対応件数が大きく増えています。その背景にはさまざまな理由がありますが、保護者・子ども・養育環境のリスク要因などがあげられます[1]。たとえば保護者に関しては、望まぬ妊娠や10代の妊娠など、妊娠・出産・育児を通して発生するものや、保護者自身の性格や精神疾患等の身体的・精神的な状態に起因する場合などがあります。また子ども側の要因については、乳児期の子どもや未熟児、障害児、何らかの育てにくさをもっている場合などもあります。そして養育環境については、未婚を含む単身家庭、内縁者や同居人がいる家庭、子ども連れの再婚家庭、夫婦をはじめ人間関係に問題を抱える家庭、転居を繰り返す家庭、親族や地域社会から孤立している家庭、生計者の失業や転職の繰り返し等で経済不安のある家庭、夫婦の不和、配偶者からの暴力などによって不安定な状況にある家庭など、現代社会を反映しているものも多くあります。これら複数の要因が重なることで、子ども虐待は起こりやすくなっています。さらに子ども虐待が起こるその背景には、育児の孤立化や育児不安、困難な経済状況など、さまざまな要因がからんでいると考えられています。

子ども虐待（児童虐待［child abuse］）とは、「子どもへの権利侵害とそのために子どもの心身に有害な影響が生じること[2]」だといわれています。また、どのような行為が子ども虐待にあたるのかについては、2000（平成12）年の「児童虐待の防止等に関する法律」第2条に明確に規定されています。

◆ 補足

子ども虐待増加の要因
子ども虐待に対する世間の意識や関心が高まり、相談経路も警察、近隣知人、家族、学校、福祉事務所など多様化し、虐待の発見や通告が多くなっていることも理由の一つにあげられる。

▶ 出典
[1] 厚生労働省「子ども虐待対応の手引き（平成25年8月改正版）」2013年

▶ 出典
[2] 庄司順一『子ども虐待の理解と対応——子どもを虐待から守るために』フレーベル館、2007年

☑ 法令チェック
「児童虐待の防止等に関する法律」第2条

> （1）「児童の身体に外傷が生じ、又は生じるおそれのある暴行を加えること」——**身体的虐待**
>
> （2）「児童にわいせつな行為をすること又は児童をしてわいせつな行為をさせること」——**性的虐待**
>
> （3）「児童の心身の正常な発達を妨げるような著しい減食又は長時間の放置、保護者以外の同居人による前二号又は次号に掲げる行為［筆者注：身体的虐待、性的虐待、心理的虐待］と同様の行為の放置その他の保護者としての監護を著しく怠ること」——**ネグレクト**
>
> （4）「児童に対する著しい暴言又は著しく拒絶的な対応、児童が同居する家庭における配偶者に対する暴力（配偶者［婚姻の届出をしていないが、事実上婚姻関係と同様の事情にある者を含む。］の身体に対する不法な攻撃であって生命又は身体に危害を及ぼすもの及びこれに準ずる心身に有害な影響を及ぼす言動をいう。）その他の児童に著しい心理的外傷を与える言動を行うこと」——**心理的虐待**

2 最近の状況

2016（平成28）年度に全国の児童相談所が対応した子ども虐待の件数は、12万2,575件と、過去最多を更新し続けています[†3]。また、厚生労働省が把握した2014（平成26）年4月から翌年3月までの子ども虐待による死亡事例は、84人（72例）であり、約4日に1人の子どもが児童虐待により亡くなっているといえます。死亡時点の子どもの年齢については、「0歳」が30人で最も多く、3歳未満は37人と7割以上を占めています[†4]。

わが国の子ども虐待に関するデータのうち、保育者として特に注目しておきたい数値は次のとおりです[†5]。

・主たる虐待者別構成割合をみると「実母」が48.5％と最も多く、次いで「実父」が38.9％、「実父以外の父親」が6.2％となっており、「実父」の割合が増えている。
・虐待を受けた子どもの年齢は学齢期前が45.1％と高い割合を占める。
・児童相談所への相談経路は、警察等が45％と最も多く、次いで近隣知人（14％）、家族（8％）、学校（7％）、福祉事務所（6％）となっており、保育所を含む児童福祉施設は1％である。
・児童相談所での虐待相談の内容別件数は、心理的虐待51.5％、身体的

▶出典
[†3] 厚生労働省「平成28年福祉行政報告例の概況」2017年

▶出典
[†4] 厚生労働省「子ども虐待による死亡事例等の検証結果等について（第13次報告）」2017年

[†5] †4と同じ

虐待26.0%、ネグレクト21.1%、性的虐待1.3%で、**心理的虐待が最も多く、次いで身体的虐待の割合が多い**。

主たる虐待者が子どもの最も身近にいる保護者であることが多い点や、保護者以外では保育者が最も長時間子どもと接している専門職であるという点から、保育者は子どもを守りやすい立場にあるという大きな強みをもっています。

保育者は、保護者が子どもの成長に気づき子育ての喜びを感じられるように細やかな心配りをして、子育てに不安感や困難感を抱えた保護者への支援の手立てや工夫に取り組んでいかなければなりません。保育者は子どもや保護者の日常の様子の把握に努め、子どもを権利の主体として位置づけ、日々の保育を行っています。子ども虐待に至る前の段階で、適切な養育支援の必要性や気になる様子を察知したら、保健センターや児童相談所に相談することや、要保護児童対策地域協議会への参加などによる早期発見や早期対応が求められています。

◆補足
心理的虐待の増加
心理的虐待が増加している原因については、面前DV（子どもが同居する家庭における配偶者間のDV［ドメスティック・バイオレンス：家庭内暴力の略］について、警察からの通報が増えたことが一因とされている。

2. 保育者が虐待に関わる制度的根拠

保育者が虐待のケースに関わる場合、一つの機関だけで支援することは難しく、他機関と協働して取り組むことが多くなります。その場合、スムーズな連携を行うためには、各職種、各機関が制度的な枠組みや、そのなかにおける各々の役割を意識することが大切です。ここでは保育者が虐待に関わる制度的根拠を確認します。

このレッスンでは、日々の関わりのなかで支援を行うことが具体的に求められている保育者の関わりを中心に述べていきます。

1 「児童虐待の防止等に関する法律」「児童福祉法」

子ども虐待の防止に関連する法律として、2000（平成12）年に施行された「**児童虐待の防止等に関する法律**」（以下、「児童虐待防止法」）と「**児童福祉法**」があげられます。

法律は、時代の流れや家族のあり方の変化に応じて、また現場が抱える問題や課題を改善するために、改正が行われます。養成校でしっかり法律の内容を学んだうえ、保育者として現場で働くようになったあとも、改正されたポイントや保育者に求められる役割に変化や追加があるかどうかなど、絶えず情報の収集に努めましょう。

◆補足
「児童虐待の防止等に関する法律」
最初に公布されたのは2000（平成12）年。「児童福祉法」が施行されたのは1947（昭和22）年。

2 「児童虐待の防止等に関する法律」が求める保育者の役割

「児童虐待防止法」第5条では、保育者に対して、以下の3つの役割が求められています(下線は筆者)。

☑ 法令チェック
「児童虐待の防止等に関する法律」第5条(児童虐待の早期発見等)
第6条(児童虐待に係る通告)

> 第5条　学校、児童福祉施設、病院その他児童の福祉に業務上関係のある団体及び学校の教職員、児童福祉施設の職員、医師、歯科医師、保健師、助産師、看護師、弁護士その他児童の福祉に職務上関係のある者は、児童虐待を発見しやすい立場にあることを自覚し、<u>児童虐待の早期発見に努めなければならない</u>。
> 2　前項に規定する者は、児童虐待の予防その他の児童虐待の防止並びに児童虐待を受けた児童の保護及び自立の支援に関する<u>国及び地方公共団体の施策に協力するよう努めなければならない</u>。
> 3　学校及び児童福祉施設は、児童及び保護者に対して、<u>児童虐待の防止のための教育又は啓発に努めなければならない</u>。

　第5条第1項では、早期発見に対する努力義務について述べられています。続く第6条では通告の義務について規定されているため、早期発見のみならず通告までを、一連の流れとして行う必要があります。
　第5条第2項では、「協力」という言葉が受け身のようにとらえられるかもしれませんが、むしろ虐待ケースを保育所等で抱え込むのではなく、市町村が運営する要保護児童対策地域協議会に個別ケース会議の開催を要請するなど、より大きなシステムのなかで他機関を含めてケースを支えることや、その際には支援に必要な情報提供等を行っていくことが求められているととらえましょう。
　第3項では、「教育」や「啓発」という言葉から、講演や講座の開催などがイメージされるかもしれません。それらに加えて、日常的な保護者とのコミュニケーションのなかで、保育者が子育ての悩みに耳を傾けること、また、子育てのモデルを示すことも含まれているととらえましょう。保育者が子育てのモデルを示すことが、虐待防止につながるのです。このように、子育ての孤立化を防いだり、育児の不安や悩みに対応することが、保育の専門性を生かした虐待防止支援だといえるでしょう。

3 「児童福祉法」(虐待防止に関する部分)と保育者の関係

　「児童福祉法」では、子ども虐待防止に対する取り組みについては要

保護児童対策として述べられています。要保護児童とは、「児童福祉法」第6条の3第8項に規定する「保護者のない児童又は保護者に監護させることが不適当であると認められる児童」であり、非行児童などとともに、虐待を受けている児童がここに含まれます。

具体的な取り組みとしては、ほぼすべての市町村に要保護児童対策地域協議会が設置・運営され、保育所・幼稚園・幼保連携型認定こども園や地域子育て支援センターをはじめ、未就学期の子どもに関わる多くの機関や職種が構成メンバーに入っています[6]。保育者に期待されている役割として、「子どもの発達段階に応じた適切な関わり方や、様々な状況に応じた保護者への具体的な対応方法について熟知しているため、子どもや保護者の心情に配慮した対応をアドバイスすることができる。子どもと保護者を視野に入れた対応を行ってきた経験を活かして、個別ケースにおいて子どもと保護者との関わりを通して家族全体が抱えている問題の把握を行うことが期待できる[7]」とされています。

▶出典
[6] 厚生労働省「要保護児童対策地域協議会（子どもを守る地域ネットワーク）スタートアップマニュアル」2007年

▶出典
[7] 厚生労働省『「要保護児童対策地域協議会」の実践事例集』2012年

3．要保護児童対策地域協議会

1　要保護児童対策地域協議会（子どもを守る地域ネットワーク）

要保護児童対策地域協議会（以下、要対協）は、2004（平成16）年の「児童福祉法」改正時に創設されました。「子どもを守る地域ネットワーク」と呼ばれることもあります。その目的は、要保護児童の早期発見や適切な保護をはかるために、関係機関がその子ども等に関する情報や考え方を共有し、適切な連携のもとで対応していくことで、地方公共団体に設置することができるとされています。つまり、要対協とは、虐待を受けた子どもをはじめとする要保護児童等に関する情報の交換や支援を行うために協議を行う場です。

子ども虐待のケースの支援を行ううえで、要対協が機能することにより、要保護児童等を早期に発見し、迅速に支援を開始し、情報の共有化が図られ、それぞれの役割分担について共通理解を得ることができます。また、役割分担を通じてそれぞれの機関が責任をもって関わることのできる体制づくりが行えることで、子どもや保護者にとってもよりよい援助が受けやすくなります。そして、それぞれの機関の限界や大変さを分かち合うことができます。保育所・幼稚園・幼保連携型認定こども園にとって、幅広い分野からさまざまな機関が参加する要対協との連携は欠

かせません。保育者として、基本的なしくみや保育者としての関わり方を理解しておくことが大切です。

2 要保護児童対策地域協議会の支援対策

要対協では、以下の三者が支援対象となります[†8]。

①**要保護児童**…保護者のない児童または保護者に監護させることが不適当であると認められる児童（「児童福祉法」第6条の3第5項）。具体的な例としては、保護者から虐待を受けている児童や、保護者の著しい無理解または無関心のため必要な監護を受けることのできない児童など。

②**要支援児童**…保護者の養育を支援することが特に必要と認められる児童（「児童福祉法」第6条の3第5項）。具体的な例としては、出産後、間もない時期（おおむね1年程度）に育児ストレス、産後うつ状態、育児ノイローゼ等の問題によって、子育てに対して強い不安や孤立感を抱える保護者をもつ児童など。

③**特定妊婦**…出産後の養育について出産前において支援を行うことが特に必要と認められる妊婦（「児童福祉法」第6条の3第5項）。

「平成25年度子どもを守る地域ネットワーク等調査」によれば、要対協におけるケース登録数（児童の人数）の状況は全体で17万8,610件あり、要保護児童のケースが68.0％（12万1,441件）、要支援児童ケースが30.1％（5万3,821件）、特定妊婦ケースが1.9％（3,348件）という内訳になっています。

虐待は、要保護児童ケースに位置づけられ、8万4,917件とケース全体の47.5％を占めています[†9]。

> ▶出典
> †8 厚生労働省「要保護児童対策地域協議会設置・運営指針」（平成17年2月25日雇児発第0225001号厚生労働省雇用均等・児童家庭局長通知）（別添1）2005年「児童福祉法」第6条の3第5項

> ▶出典
> †9 厚生労働省「平成25年度子どもを守る地域ネットワーク等調査」2017年

4. 虐待ケースの支援を行うにあたり保育者として大切な視点

1 虐待のとらえ方

子ども虐待に関する英語として、child abuseとchild maltreatmentがあります。日本では前者のイメージで理解されることが多いのですが、後者の「マルトリートメント」は「不適切な養育」とも訳され、虐待をより広範囲にとらえます。諸外国では、「マルトリートメント」という概念が一般化しています。『保育用語辞典』には、子ども虐待をchild abuse and neglect とし、「親または親に代わる保護者により児童に対して加えられた身体的、心理的、性的虐待およびネグレクト（保護の怠

慢ないし拒否）等の行為をいう†10」と解説しています。

　現実の支援においては、乳幼児期の段階で問題が解消するケースはごく少数であり、学童期や思春期に入っても、問題は形を変えながら続いていくことも予想されます。保育所・幼稚園・幼保連携型認定こども園だけで問題が解消され、援助が終結に向かうのではなく、子どもの成長や家族の歴史の積み重ねに応じた息の長い支援を、関係機関が連携して続けていくことが求められるといえるでしょう。

　保育者は、「児童憲章」（1951年）で謳われている「児童は、人として尊ばれる。児童は、社会の一員として重んぜられる。児童は、よい環境のなかで育てられる」の意味を今一度思い返し、「子どもの最善の利益」を考慮し、保育所・幼稚園・幼保連携型認定こども園の特性を生かし、積極的に取り組むことが求められています。

2　虐待が疑われるケースの早期発見のポイント

　虐待が疑われるケースを早期に発見し、早期に介入を行うことが重要であることはいうまでもありません。多くの自治体では、子ども虐待を早期発見するためのチェックシートやマニュアルを作成し虐待対応の手引きに載せています。また、NPOや保育所・幼稚園・幼保連携型認定こども園など、子どもに関わる機関が独自に作成している場合もあります。

①**日々の保育における視点**…日々の保育を通して、子どもの発育や発達、衛生面や健康状態、情緒、行動、養育者との関係性や対人関係について把握するほか、登園状況や生活習慣、予防接種や健診の状況を把握することも大切です。

②**保護者との関わりにおける視点**…保護者の性格や行動、養育能力について把握するほか、就労や経済的状況などの生活状況を把握することにも大きな意味があります。

3　虐待が疑われるケースについての関わり

　「保育所保育指針」第4章2（3）「不適切な養育等が疑われる家庭への支援」イにおいて、「保護者に不適切な養育等が疑われる場合には、市町村や関係機関と連携し、要保護児童対策地域協議会で検討するなど適切な対応を図ること。また、虐待が疑われる場合には、速やかに市町村又は児童相談所に通告し、適切な対応を図ること」とあります。

　虐待ケースか否かを問わず、基本的にはレッスン12で述べた、保育という専門性を生かした日々の子育て支援を行うことに変わりはありません。子どもや保護者の一番身近にいる専門職である保育者は、「子ど

▶ **出典**
†10　森上史朗・柏女霊峰編『保育用語辞典（第8版）』ミネルヴァ書房、2015年、213頁

◆ **補足**
虐待が疑われるケースに関する幼稚園・幼保連携型認定こども園の対応
「幼保連携型認定こども園教育・保育要領」には、「保育所保育指針」と同じ文言が記載されている。また、「幼稚園教育要領」には、虐待に関する記述はないが、「幼稚園教育要領解説」には同様の記述があり、他機関と連携のうえで対応を進めていくべきことが述べられている。

が現在を最も良く生き[†11]」ることを支援するために、関連機関との連携や積極的な参画が求められています。

ここで事例をとおして、保育者は園全体でどのような対応をとっているのかを学びましょう。

> 出典
> †11 「保育所保育指針」第1章「総則」1（2）ア

インシデント　不適切な養育が疑われる保護者への関わり

Aさんは、3歳児のBくんと1歳児のCちゃんをD保育所に通わせて働いているひとり親家庭の母親です。入園当初は、忘れ物もなく、子どもたちの着替えた衣服の洗濯や身の回りの持ち物の準備もがんばっていました。5月に入ってから、登園時間が不規則になったり、忘れ物が多くなったりしていましたが、母親は仕事を何件もかけもちして、生活のために必死で働いていました。そのような母親の状況を踏まえて、保育所では、見守りを続けながらも、子どもの生活リズムを整えることが大切であることを話したり、家庭訪問を実施したりしていました。3歳児のBくんは、絵を描くことやパズル遊びが好きで、友だちとけんかをすることもありますが、友だちと同じ場所で同じように遊びを楽しんでいる姿がみられました。また、1歳児のCちゃんは、一語文をしゃべりだして、自分から関わりを求めて遊ぶ姿がみられました。

6月に入ってから、朝食を食べないまま登園することもあり、午前中のおやつを夢中で食べるCちゃんの姿や、給食を短い時間で食べてしまうBくんの姿がみられるようになりました。また、連絡がないままの欠席も増えてきました。そして、7月ごろ、保健センターに配置されている子育て支援担当者から保育所に連絡がありました。それは、Aさんの生活している近隣の方から「母親が大きな声を出して子どもを怒っている。子どもはときどき、ベランダで泣いているようだ」という連絡があり、子どものことが気になるという内容でした。

保育所では、毎日の着替えや身体測定のときに身体に異変がないことを確認していましたので、降園時に母親と話し合いをもちました。BくんとCちゃんが保育所にいる間の安全は確保されていること、担任保育士を中心として園での生活リズムを整えること、遊びによって「経験されることが幼児の成長発達に欠かせないものである[†12]」ことや、子どもが園での生活を楽しいと感じられることが大切であることを話し合いました。また、衣服の洗濯の補助や保育所の衣服の貸し出しなど、子どもや保護者が負担を感じないですむような援

> 出典
> †12 「遊び」森上史朗・柏女霊峰編『保育用語辞典（第8版）』ミネルヴァ書房、2015年、68頁

助を提案したりしました。同時に、保護者から欠席の連絡がないときは、保育園側から保育所長や主任保育士等が、連絡をとることや、登降園が困難なときには、近隣の人にお願いする方法もあるのではないかと提案しました。
　そのような生活を続けていくうちに、登降園時間も一定してきたり、忘れ物も少なくなってきました。そして9月ごろ、母親から、ひとり親で生活を支えることのつらい気持ちや、自分自身が母親から虐待を受けて育ったという経験を聞くことができました。

　この保育所では、まず子どもに対してしっかりと遊びの保障を行うことで、情緒面へのアプローチをはかっていきました。次に、保護者への関わりとして、担当保育士を中心に早朝、夕方の非常勤保育士が情報を共有しながら保護者へ声かけを行うことで信頼関係を構築し、保護者の家庭機能をサポートしました。さらに、児童相談所、市保健センターの子育て支援担当者、地域の民生委員・児童委員、小学校の教員などで構成されている要対協に参加して、毎月の報告やこれからの支援のあり方を協議して対応にあたりました。また、市保健センターの子育て支援担当者からは、生活面でも支援できる情報の提供も得ることができました。
　保育所・幼稚園・幼保連携型認定こども園では、生活や子育てに困難を抱えた家庭の子どもが入所してくることも少なからずあり、子どもや家族を支援していく手立てを考えることも求められています。また、保護者自身の生い立ちや経済状態などさまざまな問題が重なって、子ども虐待に至るケースもみられます。保育者は自分たちの力の限界を見極めながら、関係機関と連携してよりよい支援を行うことが求められています。

演習課題

①あなたが住んでいる市町村に、虐待防止ハンドブックやマニュアルなど、虐待に関する刊行物があるかどうか調べてみましょう。そして、そのなかに書かれている保育者の役割についてまとめましょう。
②虐待としつけの違いについて、まわりの人と話し合ってみましょう。
③インターネットなどで過去に起こった虐待事例を調べてみましょう。その際、保護者や家庭の背景を特に意識して情報収集してください。そのうえで、虐待を防ぐためにはどんなサポートが必要だったかを考えてみましょう。

参考文献

レッスン12
- 厚生労働省監修 『平成15年版 厚生労働白書』 ぎょうせい 2003年
- 厚生労働省編 『平成27年版 厚生労働白書』 日経印刷 2015年
- 厚生労働省 「ひとり親家庭等の現状について」 2015年
- 厚生労働省 「平成28年国民生活基礎調査の概況」 2016年
- 厚生労働省 「平成28年人口動態統計月報年計(概数)の概況」 2016年
- 内閣府編 『平成29年版 子供・若者白書』 日経印刷 2017年
- 内閣府編 『平成29年版 少子化社会対策白書』 日経印刷 2017年
- 日本保育ソーシャルワーク学会編 『保育ソーシャルワークの世界——理論と実践』 晃洋書房 2014年
- 山縣文治・柏女霊峰編集委員代表 『社会福祉用語辞典（第9版）』 2013年

レッスン13
- 厚生労働省 「児童福祉施設の設備及び運営に関する基準」 2014年
- 厚生労働省 「地域子育て支援拠点事業実施要綱」 2015年
- 厚生労働省 「平成27年度地域子育て支援拠点事業実施状況」 2016年
- 内閣府 「地域子ども・子育て支援事業について」 2015年

レッスン14
- 柏崎市 『柏崎市子ども虐待防止・対応マニュアル』 2015年
- 厚生労働省 「要保護児童対策地域協議会設置・運営指針」 2005年
- 厚生労働省 「要保護児童対策地域協議会（子どもを守る地域ネットワーク）スタートアップマニュアル」 2007年
- 厚生労働省 「『要保護児童対策地域協議会』の実践事例集」 2012年
- 厚生労働省 「子ども虐待対応の手引き（平成25年8月改正版）」 2013年
- 厚生労働省 「『居住実態が把握できない児童』に関する調査結果（平成27年度）」 2016年
- 厚生労働省 「平成25年度 子どもを守る地域ネットワーク等調査」 2017年
- 厚生労働省 「子ども虐待による死亡事例等の検証結果等について（第13次報告）」 2017年
- 厚生労働省 「保育所保育指針」 2017年
- 厚生労働省 「平成28年福祉行政報告例の概況」 2017年
- 厚生労働省 「平成28年度の児童相談所での児童虐待相談対応件数（速報値）」 2017年
- 庄司順一 『子ども虐待の理解と対応——子どもを虐待から守るために』 フレーベル館 2007年
- 森上史朗・柏女霊峰編 『保育用語辞典（第8版）』 ミネルヴァ書房 2015年

おすすめの1冊

永野典詞・岸本元気 『保育士・幼稚園教諭のための保護者支援——保育ソーシャルワークで学ぶ相談支援（新版）』 風鳴舎 2016年

難解で敬遠されがちなソーシャルワークの理論をやさしい言葉で解説している。絵や図が豊富に使われており、さらに一つのテーマが見開き2頁で完結しているので読みやすい。また、著者の一人である岸本は、実際に保育園の困難事例を解決してきた経験豊富な保育ソーシャルワーカー。保護者対応に悩む現場の保育者、これから保育者を目指す方々にぜひ読んでほしい1冊である。

第5章

生涯学び続ける保育者

本章では、生涯学び続ける保育者として必要なことを学んでいきます。園には、経験年数の異なるさまざまな保育者がいます。自分に求められている役割や課題を知ることが大切です。また、保育の質を高めるために、内部や外部の研修などさまざまな方法がありますので、知っておきましょう。

レッスン15　保育者集団の一員として

レッスン16　保育者として自己改革を目指して

レッスン **15**

保育者集団の一員として

このレッスンでは、よりよい教育・保育を実践していくために保育者に求められていることを学びます。経験年数により求められている役割や課題を知ること、同僚の課題や立場を知り協力し合うことが、園の教育・保育の質の向上につながります。

1. 保育者に求められる資質

保育者に求められる資質とは何でしょうか。

倉橋は、「自ら育つものを育たせようとする心。それが育ての心である。世にこんなに楽しい心があるだろうか。それは明るい世界である。温かい世界である。育つものと育たせるものとが、互いに結びつきに於いて相楽しんでいる心である。(中略)育ての心は相手を育てるばかりではない。それによって自分も育てられてゆくのである[†1]」と述べています。

1 保育者の資質とは

就学前の教育・保育施設で保育に携わる者には、どのような資質が必要でしょうか。

保育者の専門性については、ここまでのレッスンで学んだことと思います。しかし、どんなに豊富な知識や優れた技能をもっていても、その保育者が子どもに関わるとき、子どもを思う温かい心と謙虚さがなければ、子どもの成長を促すことは難しくなります。たとえば、ピアノで名曲を弾くことができても、子どもを見ずに自分の世界に浸って弾いていては、子どもは歌う楽しさを味わうことはできません。専門性は大切です。その専門性を生かすためには、保育者には人間性(人柄)と**社会性***も必要です。

2 保育者に求められる人間性(人柄)

「**教育基本法***」の第11条に「幼児期の教育は、生涯にわたる人格形成の基礎を培う重要なものである」とあるように、子どもの心を育てることが幼児教育だといっても過言ではありません。保育においては、保育者の人間性(人柄)が、子どもの成長に大きく関わることを自覚しましょう。

▶ **出典**
†1 倉橋惣三『育ての心(上・下)』フレーベル館、1936年

✳ **用語解説**
社会性
個人の社会的適応行動の総称として使われる言葉(西久保礼造『保育実践用語事典』ぎょうせい、1981年)。

教育基本法
日本の教育に関する根本的・基礎的な法律。教育に関するさまざまな法令の運用や解釈の基準となる性格をもつことから「教育憲法」と呼ばれることもある。2006(平成18)年の改正では、家庭教育(第10条)、幼児期の教育(第11条)が新たに規定された。

それでは、どのような人柄が保育者に適しているのでしょうか。保育者のイメージとしては、明るい、元気がいい、優しいなどが浮かびます。しかし重要なのは、どのような人柄であれ、子どもに対してふさわしい自分の出し方をするのがプロであるということです。

　たとえば、几帳面な人は、整理整頓や仕事の進め方などがきちんとしていて頼りになります。しかし、整理整頓ばかりが気になり注意ばかりしていたら、子どもはだんだん片づけやすいもので遊ぶようになってしまうかもしれません。保育者だけが片づけていては、子どもに片づける力は身につきません。さらに子どもの失敗や間違いが気になり、間違いを許さない厳しさで接してばかりいると、子どもはのびのびとした生活ができなくなります。保育者の顔色を気にし、褒められようとして友だちのことを言いつけたりしては、その学級の雰囲気は冷ややかなものになります。

　また、真面目さから、自分の考えたとおりに保育を進めたいという気持ちになってしまうと、子どもの姿を見て保育を修正する、環境を再構成するということに気がまわらなくなります。日々の反省で、決めたとおりにできたことをよしとしてしまい、子どもにとってよい保育ができたかという振り返りがなされなくなります。几帳面で真面目な人は、子どもの様子を細やかに見ることに、自分の持ち味を生かすようにしましょう。

　たとえば、明るくのんびりしている人は、保育室も職員室も明るくします。子どもも、のびやかに自分を出したり、安心して甘えることができたりするでしょう。しかし、のんびりさがルーズさになってしまうと、子どもの実態把握が不十分になり、活動内容や生活面での押さえがいい加減になります。危険に対する判断力も身につかなくなります。明日の保育に必要な教材準備がおろそかになれば、保育の質は低下します。友だち同士のトラブルで子どもが訴えてきても、保育者がきちんと状況を把握し気持ちを受け止めてやらなければ、子どもは友だちとの関わり方を学ぶことができません。また、保育室が汚い、保育者が手紙をなくした、連絡を忘れたということが続けば、保護者からの信頼もなくなります。

　大切なことは、自分の長所・短所を自覚し、子どもに対してふさわしい自分の出し方をするということです。細かい性格の人なら、それを子どもへのきめ細やかさにする。のんびりした性格の人ならば、いい加減ではなく、おおらかに子どもに接するよう努力することです。園内にいろいろな保育者がいてよいのです。いろいろな人がいるから話し合いや

協力が必要となり、刺激し合い、よりよい意見が生まれるのです。

詩人・金子みすゞの有名な詩に「みんなちがって、みんないい[†2]」というフレーズがあります。どのような人柄であれ、子どもにふさわしい自分であろうと努力し、保育者が互いの人柄・持ち味を生かし合い協力し合うことが園の雰囲気をつくり、子どもや保護者を育てます。

▶出典
†2 金子みすゞ『わたしと小鳥とすずと』JULA出版局、1984年

3 保育者に求められる社会性（協働性・同僚性・コミュニケーション）

保育者は、人と関わることが仕事です。子どもだけでなく、保護者、同僚、地域、行政などさまざまな人たちと関わり、またお世話になりながら生活しています。人と関わることを避けていては、子どもへの指導・援助も、保護者との連携も、同僚との協力体制もとれません。

今、教育界では同僚性が求められています。同僚性とは、保育者同士が互いに認め合い、支え合って**協働***する関係のことです。特に園は規模の小さいところが多く、自分の学級のことでも園内のさまざまな人の手を借りています。遊びを園生活の中心としているのですから、園内のいろいろな場で子どもが遊び、自分の目の前にはほかの学級の子どももいます。園行事を行うにも、保育者が事前に共通理解し、準備し、当日も役割分担のもとに子どもが楽しめるように力をつくす必要があります。「うちのクラス子じゃないから」と知らんぷりはできません。子どもはいろいろな先生に褒められたり叱られたりしながら、自信や規範意識を身につけていくのです。

※用語解説
協働
協力して働くこと。

社会性には、**コミュニケーション***能力も必要です。相手の気持ちを聞いていますか。必要なこと、大切なことを自分の考えとして述べられますか。人とコミュニケーションをとることが得意だと思っている人は、もしかして一方的におしゃべりしていないか振り返ってみてください。逆に話すのが苦手な人は、聞き上手なのかもしれません。

園内の会議や保護者対応では、相手の思いや考えを受け止めながら自分を出すことが必要になります。言いにくいことも、子どものためには言わなければならないこともあります。どのように話したら相手に理解してもらえるかを考えながら話したり、自分と違う意見に対して、子どものためにはどうするのが最善だろうと考えたりすることも、コミュニケーション能力のなかに含まれるかもしれません。

※用語解説
コミュニケーション
社会生活を営む人間の間で行われる知覚・感情・思考の伝達。言葉・文字その他の視覚・聴覚に訴える各種のものを媒体とする。

子どもは、けんかしたり相談したりしながら人との関わり方を学んでいきます。自分一人ではできないからこそ協力しようとする保育者や園の温かい雰囲気を実感し、子どももそのなかで育っていくのです。

2. 経験年数による課題と役割、立場

　保育者には、経験年数により求められる資質や役割があります。その役割をそれぞれが果たすことで、園の保育・教育の質は高まります。これから保育者を目指す人には、中堅やベテランに求められるものは、まだ先のことなので知る必要がないように思うかもしれません。確かに初任者は初任者のすべきことを一生懸命やり、力をつける必要があります。しかしその際、次のステージの自分の姿（目標）を知っていることで、今、自分に求められていることを身につける大切さがわかります。そしてこの先いろいろな保育者に出会うなかで、「ああいうことができるようになりたい」「あんな保育者になろう」と目標にしたいモデルが見つかるでしょう。

1　初任者（5年以内）

〈保育の課題〉
○さまざまな遊びの場面で、子どもが楽しんでいること、考えていることや、活動の進め方が推測できるようになる。
○子どもが遊びのなかで学んでいることを理解し、さらに必要な教材や、遊びを発展させる言葉がけなどの援助がわかるようになる。

　初任者は、何でもわからなくて当然です。何をしたらいいのかだけでなく、何がわからないのかすらわからないことがあります。まずは、子どものなかに入って、子どもとともに過ごすことです。子どもは何を「楽しい！」と思っているのか、何に夢中になって黙々と取り組んでいるのか、子どもと横並びになり同じ目線で見て、聞いて、感じてみましょう。一緒に楽しんだり、不思議に思ったりしてみましょう。そして、子どもがどのような状況で遊びに夢中になるのかを見極める体験を積み重ねていきましょう。
　また、ほかの保育者の保育を見て、盗んで、まねてみましょう。ああいうときにはこういう言葉がけをするのか、こういうときはこんな教材を提示すると遊びがもっとおもしろくなるのかということを見て、自分でもやってみることです。やってみて、うまくいったりいかなかったりして、だんだんとわかっていくものです。園内で子どもが遊んでいるとき、

行事をしているときなど、自分の学級の子どもを見るだけでなく、そこにいるほかの保育者の言動や、それに応じる子どもの姿も見るようにしましょう。

園内だけでなく、他園の保育を見る機会ももちましょう。公開保育をともなう研究会があります。振替休業日など平日で子どもが登園しない日ならば、気兼ねなく出かけられます。勉強したい思いを管理職に伝え、機会をつくってもらいましょう。

そして、本を読みましょう。教育実習のとき以上に、教材が載っている本が一番欲しいかもしれません。専門書も、学生時代は授業で言われたから読んでいたかもしれませんが、初任者にとっては切実に必要なものとなります。

現在は、難しい内容もマンガで読みやすくしている本がたくさん出ています。しかしあえて、「保育とは」「子どもとは」を問うような、専門的な本を読む習慣をつけたいものです。専門書に限らず、好きな分野、たとえば歴史物でも文学でも構いません。これから手紙を書いたり、事務的な書類を作成することが増えてきます。一般教養として文章に触れる機会をつくっていきましょう。

①求められる人間性

この時期に、特に大切なことは素直さです。いろいろな人が「こうしてみたら？」とアドバイスしてくれることでしょう。全部はもちろんできませんが、できることからやってみることです。うまくいったら自分のものになります。失敗したら「教えてもらったけれど、うまくいかなかったので」とまた相談するきっかけになります。素直なのは返事だけと言われないように、行動することです。動いてから考えるくらいの勢いで、子どものなかに飛び込んでいきましょう。

そして、"石の上にも3年""継続は力なり"です。保育はとても難しく、そしてとても楽しいものです。最初はうまくいかないことだらけですが、小さな楽しみや喜びを見つけて、続けていきましょう。1年目よりも2年目のほうが、必ず何か身についています。人にも仕事にも誠実に向かい合っていれば、その努力は保育に表れます。子どもが返してくれます。

②保育者に必要な社会性

まずは、社会人として一人前になりましょう。先輩より早めに出勤する。出勤・退勤のときには上司や先輩・同僚、地域の人にあいさつをする。来客があれば率先してお茶を入れる。目上の人には敬語で話す。研修等に行かせてもらったら、翌日、上司や同僚にお礼を言う。自分の身の回りのもう少し先まできれいに掃除する。このような日々の姿を見て、

職場の人たちがあなたのことを知っていきます。

　初めのうちは、何を聞けばよいかということさえわからないかもしれませんが、とにかく先輩に聞いてみましょう。自分のことで聞けなかったら、先輩たちのその日の環境や言動に対して、「今日、あそこで、どうしてあのようにしたのですか」などと聞いてみると、その時期の留意点がわかり、自分の明日の保育につながるかもしれません。

　聞く相手は、隣の学級の先生、年齢の近い先生、学年主任の先生など、まずは話しやすそうな人から声をかけてみましょう。先輩たちは「あまり話したら、負担かな。プレッシャーになるかな」と気をつかっていることもありますが、たいていの保育者はおせっかいです。「教えて」と言われたら、質問したことだけでなく、関連したことや今後の見通しなども話してくれるかもしれません。

　また、わからなくても行動しましょう。みんなで準備をする時間を守って、誰よりも先に駆けつけて、こういうときは何をするのか、まわりをよく観察しましょう。そして、最初は指示をもらってから行動していても、慣れてきてわかったことがあったら、指示をもらう前に自分から確認したり行動してみましょう。

　保護者対応については、授業で教えてもらっていても、実際に保護者から苦情を受けたら、その勢いや内容にどうしたらいいか困ってしまいます。保護者対応で困ったら、即答せずに「少しお時間をください」「園長に確認します」と持ち帰り、先輩や管理職に相談することが大切です。あせって見当違いな回答をしては、かえって園や担任に不信感を抱かせてしまいます。曖昧な回答をするより、的確に対応できることが大切です。ただし、素早い対応が信頼感につながります。「こんなこと言われて、園長先生怒るかな」と一人で抱えているうちに大事になるよりも、不安の種は小さなうちになくしてしまうことを考えましょう。日ごろから保護者一人ひとりと関わり、信頼関係を築き、保護者理解をしておくことが大切です。心配性の人、わが子を見ていない人、わが子中心な人、子育て経験豊富な人など、いろいろな保護者がいます。それに対してどのように対応したらいいのか、先輩に相談しながら対処していきましょう。

2　中堅（5〜10年）

〈保育の課題〉
　○ある程度の経験から、子どもの考えていることや活動の進め方などがおおむね推測でき、子どもが夢中になって遊べる環

> 　境の構成や子どもへの関わり方もできる。
> ○子ども理解に基づく言葉がけや環境の再構成など、遊びを発展させることができる。

　5年で中堅といわれるのは早いと思うかもしれませんが、若手の保育者が増えている今、5年以上の経験者は、園では頼りになる存在です。今まで教えてもらったこと、自分で学んだこと、失敗から得たことを、今度は自分の目で子どもを見て理解し、感じたことを自分の判断で保育として実践していける力がついてきています。恐れずに、自分で「こうしてみよう」と思ったら実践してみることです。そして、そのときの子どもの姿や自分の手応えを日々省察し、明日の保育はどうしたらよいかまで考えることです。子どもの姿から自分の保育を試行錯誤したり、得意分野や興味のあることに関する研修会に自主的に参加したりして、保育の引き出しを増やしていきましょう。

　また、もしも自分より若い保育者が入ってきたら、自分の保育を見せ、語ってみることです。初任者の悩みは一番わかっているはずです。「自分もこんなことを思った」「こうしてみた」「今日はこう思ったからあそこでこう動いた」と話すことで、初心に戻って自分の保育を振り返り、自分の成長を自覚することができます。もしかしたら、話しながら自分の足りなさに気づくこともあるでしょう。

①求められる人間性

　この時期に求められるものは、挑戦です。保育でも園務でも、今までの経験からある程度見通しがついてきています。できることが増えたからといって、ここで失敗を恐れてできるようになったことだけを繰り返すのみでは、魅力ある保育者にはなれません。「それ、私やります」と積極的に新しいことに向かってみましょう。こういうこともできると新たな自分を見つけたり、苦手な自分を知る機会にもなります。

　また、少し余裕も出てくると思いますので、感性を磨くために自然や文化、スポーツなど、さまざまなものに出合う機会を大切にしましょう。「すごい」「きれい」「かっこいい」という感動体験は、保育の場面に通じるものがあるでしょう。また、いつも教える立場にいるので、自分が教えてもらう立場になって、教えられてもすぐにできない体験もしてみましょう。自分ができないときのくやしさや寂しさ、励まされたり、できて褒められたりするうれしさを味わうと、子どもの気持ちがよりわかり、自身の人間としての幅になります。

　保育者は、保育に夢中になり、園のこと、目の前の子どものことに追

われ、社会のことに疎くなることがあります。今の社会において幼児教育がどのように扱われているのかなどについても、管理職の仕事ではなく、自分のこととして知る努力をしましょう。世間ではどのようなことが問題になっているかを知ることで、子どもの背後にいる保護者の理解につながることもあります。新聞やニュースを見聞きして、最新の情報を得て、社会人としての教養も身につけましょう。

②保育者に必要な社会性

　新しいことに挑戦し、保育で自分の力を試すときに、その意図を同僚に話してみましょう。力がついてきた反面、自分だけで進めると自分中心に陥る可能性があります。周囲に語ることで自分の思いを自覚し、伝える力がついてきます。その力をつけるためにも本を読むことは大切です。「幼稚園教育要領」の改訂にあわせ、文部科学省から解説や資料等が出ています。各園や教育団体からは、1つの幼児教育の課題に焦点をあてた実践事例集なども出ています。文献から最新情報を常に取り入れて、自分の保育とつなげ、幼児教育の不易と流行を実感し、実践力と伝達力をつけていきましょう。

　また、初任者とベテランの間となる中堅は、そのつなぎ役となります。ベテランは、見通しをもって保育や園務を進めていますが、初任者の抱えている悩みが見えにくいことがあります。初任者に近い存在として、また初任者の気持ちがわかる人間として、ただ事実を告げるのではなく、どうしたらいいだろうかを考えながら対応することが大切です。「初任者の困っていることを管理職に話そう」という場合や、「この部分は自分の胸の中に収めて自分がフォローしよう」という場合など、そのときの状況によって対応が違ってくることと思います。

3　ベテラン（10年以上・管理職）

〈保育の課題〉
○子どもの考えることや活動の進め方を明確に推測でき、さまざまな観点から子どもが遊び込める環境の構成を子どもと関わりながらつくり出すことができる。
○子どもの発達、園での2年間・3年間の見通しがもて、それを保護者や地域の人などに語ることができる。

　経験を積み、臨機応変な対応も身につけてきたベテラン保育者は、明日の保育の構想にそれほど悩むことはなくなります。しかし気をつけな

いと、今までの経験だけで保育をしてしまいます。目の前の子ども理解を十分にしないまま、この教材はこの時期は有効だと保育を進めてしまうことがあります。子どもの反応を確かめることもなく、言葉の巧みさで子どもを動かし、一見子どもが順調に育っているようにみえます。楽をする方法も知っているので、以前の週案を一部コピーして貼り付けたり、前の残りの教材をそのまま使ったりしても一日は過ぎます。しかし、そこに心の通う保育はありません。子どもの遊びを学びとして深めるためにふさわしい環境の構成や援助について、徹底的に省察・思索することが必要です。

そして、効率よく園務ができるようになったぶん、自分の力をどこに注ぐかということを考え、行動する時期です。若手より余裕のあるベテラン保育者に求められるのは、自分の学級だけでなく、園全体の保育に目を向けることです。自分の保育をしながら、ほかの学級の環境や保育者の関わり方も見て、アドバイス役になることです。見通しがもてているからこそのアドバイスは、子どもの目線や保護者の思いに気づかせ、視野を広げることにつながります。

また、自分自身の視野をさらに広げる必要もあります。園内で知ったかぶりをしていては、井の中の蛙です。中堅保育者以上に園外の公的・私的な研究会・研修会に参加する、地域の行事に参加する、社会の情勢に目を向けるために新聞や専門誌を読み、園内の話題にするなど、常に自己の資質向上を目指す姿を見せていきましょう。また、よい本があったら園内で紹介するとよいでしょう。

管理職には、オールマイティな能力が求められます。何でも知っている、何でもできると思われています。しかし、管理職に就く人のなかには、保育経験に関係なく就任する場合があります。その場合、中堅までの保育の課題がクリアできていないうちに、全体を指導する立場にならなければなりません。そうなったら、猛勉強するしかありません。では、どのように勉強するか。それは、子どもから学ぶことです。担任としての縛りがないぶん、自由に行動できることが増え、ときには第三者的に子どもに関わることができる利点を生かして、子どものなかに入り、子どもの立場や保育者の立場になって子どもの気持ちを感じ、自分のなかで子どもの発達の過程が理解できるように記録を重ね、整理していくことが必要です。子どもやほかの保育者の姿は、管理職に学びを与えてくれる大切な存在です。

①**求められる人間性**

ベテランといわれる域に達したら、求められるのは、自分への厳しさ

と他者への温かさです。これは管理職も同様です。

「いくつになっても保育者は勉強するんだ」「子どもへの援助で悩むんだ」「教材研究は欠かさないんだ」「積極的に研修会に参加するんだ」。そういう姿勢を見せることが、園の教育力の向上につながります。

保育における温かさは、子どもを見る目、子どもについて語る言葉に表れます。「○○ができない。○○をしない」と血気盛んに子どもを理解していた時代から、ちょっと余裕をもって「したいけど、まだできない」「そういう出し方しかまだ知らない」という見方ができるようになります。ほかの保育者の子ども理解や援助のあり方に、さり気なく温かい見方をプラスすることで、担任の保育の幅を広げることができます。

また、保育準備、園務の処理など、全体のまとめ役としては、自分の仕事が進まないのでイライラすることもあります。しかし、自分の都合で期日を決めるのではなく、相手の力量、今抱えている仕事を見て、早めに対応することです。また、遅れているから代わりにやってしまうのでは、何の解決にもなりません。温かさをどのように出すか。計画・提案・準備・当日のどのタイミングで声をかけ、確かめ、助言したり励ましたりすればいいのかという、保育者を理解したうえでの見通しをもつことも必要になります。自分の失敗経験を伝えることも効果的です。

②保育者に必要な社会性

園の中でベテランに求められるのは、全体を見て動ける人になること、他者のために動ける人になることです。そして、ほかの保育者が意欲的に保育や園務に取り組めるようにすることです。主任、教務主任などの職位としてだけではなく、経験者としての力量が求められます。

保育後の掃除や教材準備、休憩の時間は、インフォーマルなカンファレンス（会議）の時間です。そこでどのような話をするかもベテランの力量です。今日あったうれしかったこと、失敗したこと、課題として感じていることなどの話をすることはもちろんですが、「○○さん、今日どうだった？」と若手に話を振り、若手の成功体験や悩みをさりげなく話させたり、「今日のあそこ、よかったね」と認めたりするのは、園長をはじめとしたベテランの役割です。

フォーマルな話し合いの場としての職員会議、園内研究の場面でも、意見を言えていない人がいないか気配りをしたり、相手を尊重した発言のしかたを示すことが、園の和をつくります。

3. 保育集団としての組織力の向上

一人ひとり持ち味の違う保育者がコミュニケーションをはかり、保育集団として目的を同じくし、互いに尊敬しながら個々の力を発揮し、園の教育活動を展開していくことで、園の教育の質は向上します。今日、人と関わる体験の不足から、自他のよさに気づかない、自信がない、他者を思いやれない人が増えているといわれています。園は子どもが育つ環境として、大人も子どもも、人と人とが豊かに関わる場であることが大切です。一人ではできないことができるようになると実感できることが大切です。

それでは、そのような保育者集団になるために、どのように同僚性を高めていけばよいでしょうか。

1 チーム学校という考え方

社会の急激な変化にともない、園も、子どものこと、保護者のこと、教育内容、園運営などに複雑化・多様化したさまざまな課題を抱えるようになりました。それらを解決するために、文部科学省では「チームとしての学校」のあり方を示しています（図表15−1）。子どもの心身を

図表 15−1 チームとしての学校（小学校・中学校・高等学校の例）

・多様な専門人材が責任を伴って学校に参画し、教員はより教育指導や生徒指導に注力
・学校のマネジメントが組織的に行われる体制
・チームとしての学校と地域の連携・協働を強化

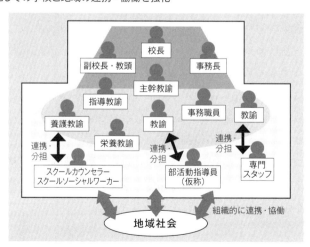

注：地域社会の構成員として、保護者や地域住民等の学校関係者や、警察、消防、保健所、児童相談所等の関係機関、青少年団体、スポーツ団体、経済団体、福祉団体等の各種団体などが想定される。
出典：中央教育審議会「チームとしての学校の在り方と今後の改善方策について（答申）」2015年をもとに作成

健やかに育む場である学校（園）は、組織としてのあり方や学校（園）の組織文化に基づく業務のあり方などを見直し、個人の努力でなくチームとしてよりよい学校（園）をつくり上げていくことが必要だからです。相手が幼ければ幼いほど、幼児教育が遊びを通しての学びであり、子どもの状況を総合的に把握してチームとして保育にあたることが必要だからです。

そのためには、保育者自身が資質向上を目指し学び続けるとともに、園内のさまざまな職種の教職員も専門性を生かして、子どもの育成のために連携・協働することが大切です。そして、園長のリーダーシップのもと、カリキュラム、日々の教育活動、園務の内容や進め方、教職員の働き方を見直し、園内外の人的資源の専門性や物的資源を生かしながら、チームとして成果をあげられるようにしていくことが求められています。

保育者の仕事は多岐にわたり、多忙です。園内で自分に分担された仕事をするときにその業務や状況によって孤立感を味わうことがあるかもしれません。「チーム学校（園）」は園長のリーダーシップのもとに行われますが、それも一人ひとりの園運営への参画意識があってこそです。子どもたちへの思い、園への思い、仕事への考えなどを同僚に伝えようと、自らコミュニケーションをとることが大切です。「みんなが一人のために、一人がみんなのために」という気持ちで取り組みましょう。

2　園（園長）の経営方針の理解

全員が協働するためには、まずは向かう方向が一つである必要があります。園長は園の教育目標、経営方針を明確に示し、それを全保育者が理解し、共有できるようにすることが基盤になります。しかし、それは上から降りてきたものを受け止めるという受け身的な姿勢ではなく、園の組織の一員として協力していくために、自分から理解しようとする姿勢が大切です。教育目標を自分の学級の子どもの姿にあてはめてイメージしたり、全保育者で、園の修了時に目指す子ども像について具体的に話し合ったりして、共通のものにしておくことが求められます。

3　自分の立場の理解

目指す子ども像が共有できたら、次は、それに向かって自分の立場・役割を理解し、自己課題として意識することが大切です。

前述したように、経験年数ごとに求められる課題があります。たとえば、初任者はわからないことだらけです。しかし、「わからない」ということ、失敗しても落ち込みながら努力する姿を見せることが大切な役

割です。そのことで、中堅・ベテラン保育者が、初任者の悩んでいることにどのように付き合ったらいいのかを考えたり、教える過程で自分の保育を振り返ったりすることができるからです。また、中堅・ベテラン保育者がそれぞれの課題に向かって努力することで、初任者が自分の保育に少し見通しをもてるようになったり、目指すべき保育者像を身近に描けるようになったりするのです。

それぞれが自分に求められているものを意識し、刺激し合いながら力を合わせていくなかで、同僚性は高まります。

4 ともに汗をかく

頭を使う場面で気遣いするばかりでなく、一緒に体を動かしましょう。園行事の準備などでも、そこに効率的な手順があったり子どもへの配慮があります。その仕事を一緒にすることでベテランから学ぶこともあります。私はベテランだからやらないでいいとか、適当に手を抜こうとする人がいると、協力体制は崩れます。体を動かし一緒に準備することで、そこに気持ちが入り、達成感も違ってきます。みんなで一体感を味わえることで同僚性はさらに高まります。

5 研修を充実させる

園内研究は、日々の保育実践と少し違う視点で子どものことを話し合うことができ、協同性を高めます。

たとえば、気になる子ども、指導に迷っている子どものエピソードや、特定の教育活動の場面での子どもの姿を出し合ったりしましょう。みんなで検討する際、子ども理解や援助のあり方について、一人ひとりの感じたこと、考えたことを出し合えれば、子ども理解はさらに深まり、援助の幅も広がります。保育は生き物です。その時々のさまざまな条件があるので、答えは一つということはありません。ベテラン・管理職は、保育者一人ひとりが自分の考えや気持ちを言えるよう配慮したり、仲間を思う配慮した言い方を示しつつ、ときには言わなければならないことを言い、あとで相手のフォローしたりしていきましょう。

保育者が子どもに求めている「自分の思いを相手にわかるように伝え、相手の思いも受け止める」ということは、大人としての私たちも実践できるようにしておかなければなりません。保育者一人ひとりの充実が園の教育の質の向上につながります。

6　園の内外の職員と連携する

①園内の職員との連携

　園には、保育者以外にもさまざまな人が働いています。トイレや園庭を掃除する人、会計や事務処理をする人、配慮の必要な子どもの支援をする人など、さまざまな人たちが、子どもの生活、私たちの保育を支えています。その人たちのなかには非常勤職員や、出勤の曜日や時間が不規則な人もいます。子どもの生活や遊びを子どもにふさわしいものにするのは、もちろん保育者の責務です。その専門性から、保育者以外の人に保育の意図を伝え、協力してもらうのも、保育者の仕事です。

　たとえば、園庭の紅葉や落ち葉の美しい時期、その美しさを子どもに感じさせたいと思ったときは、毎朝、園庭を掃除している職員に「今日は落ち葉の掃除をしないでください」と依頼します。子どもと落ち葉のなかに飛び込むようにして関わり、全身で自然の美しさを感じたあと、子どもとともに落ち葉掃除をします。園内のさまざまな職種の人に保育の意図を伝え、そのことが子どものどのような育ちにつながったのかを伝えることが大切です。そうすることで、保育者以外の人も、自分の仕事だけでなく、自分も子どもを育てている一人だという意識をもち、協力体制も強くなります。

　子どもは園内のさまざまな場所で遊ぶので、さまざまな人と関わり、お世話になっています。子どもへの対応で必要なこと、たとえば場所や遊具の使い方の約束、災害時の避難方法や教職員個々の役割、そして障害の有無に関係なく配慮の必要な子どもへの対応などは、園の全教職員が共通して理解すべきことです。仕事なのだからするのは当然ですが、子どもへの温かい思いをもって関わってもらえるようにするのは、園内での関係づくりをする保育者の対応次第です。保育者が、お世話になっているという感謝の気持ちをもってさまざまな人と関わる姿が、子どもにとっての環境となります。また、子どもにも「いつも、こうしてみんなのために働いてくれている」と、保育者以外の人の動きを知らせることは、子どもの視野を広げ、大切にされている自分を感じ、相手を思う気持ちの育ちにつながります。

②園外の職員との連携

　園は、地域のなかでもさまざまな人に支えられています。小児科や保健所など、子どもと直接関わり、保護者から子どもの発達についての相談を受け、必要に応じて各自治体の福祉センター、教育相談などにつなぎ継続的に支援する専門機関があります。発達的に特別な支援が必要な子どもが入園することがありますが、そのときは、そのような専門機関

から情報を得て、子どもの発達を促すために個別の指導計画を作成したり、支援のあり方についての指導を受けたりします。また、入園してから園が専門機関とつなぎ、支援が受けられるようにしたりする役割もあります。

また、今、保護者の子育て不安や自己中心的な考えから、虐待が増加しています。保育者には、**子ども虐待**の早期発見に努め、発見した場合には速やかに通告する義務があります。日ごろから、子どもの気持ちが安定しているかどうか、必要以上に我慢したり、ささいなことで気持ちを爆発させたりしていないか、服の下のふだん見えないところにあざなどがないか、いつも同じ服を着ていないか、保護者におびえたり、保育者の声や動きの大きさから身を守ろうとする様子はないかなどを観察し、気になったらまず管理職に報告しましょう。

子ども虐待には、**子ども家庭支援センター**[*]、**児童相談所**[*]などの専門機関があります。また、地域には**児童委員（民生委員）**[*]や**主任児童委員**[*]もいます。園が専門機関と情報を共有しつつ、子どもを守り、よりよい親子関係の構築のために、園でできることをしていきます。

参照
児童虐待の防止等に関する法律
→レッスン14

児童虐待の定義
→レッスン14

用語解説

子ども家庭支援センター
市区町村における育児支援を担う機関の一つ。子どもと家庭に関する相談に応じ、関係機関と連携を図りながら、支援や保護の必要な子どもと家庭の問題に対処する。

児童相談所
「児童福祉法」第12条に基づき、各都道府県に設けられた児童福祉の専門機関。家庭や学校の相談に応じたり、専門的な調査や判定による指導を行ったりする。

児童委員（民生委員）
民生委員は高齢者の援助など地域福祉に関する支援を行い、「児童福祉法」で児童委員の兼任を規定されている。児童委員は、児童や乳幼児、妊婦などの援助を行う。

主任児童委員
児童に関する相談・支援を担当し、児童相談所や学校と連携している。

演習課題

① 自分の長所・短所をあげてみましょう。一緒に学ぶ友だちや職場の同僚の長所もあげてみましょう。そして、それをどのように保育に生かしたらよいか、考えてみましょう。

② どのような保育者になりたいと考えていますか。また、考えてきましたか。そのために解決したい自分の課題は何でしょうか。まわりの人とも話し合ってみましょう。

③ 学生時代に、文化祭、体育祭、生徒会活動、部活など、人と一緒に何かをやり遂げた経験はありますか。そのとき、心が動いたのはどのような場面ですか。成功した理由や、失敗したけれど今に生きていると思うことについて、考えてみましょう。

レッスン **16**

保育者として自己改革を目指して

このレッスンでは、保育の実践で生じるさまざまな課題に対して、それをどのようにとらえ、解決していったらよいのか、その姿勢や手立てを学びます。自己課題、園の課題を自覚し、自己の資質向上に向かうためには、園内外での研修の機会はとても大切です。

1. 幼児教育に求められているもの

　急速な情報化の進展や技術革新が、人の生活を量的にだけでなく質的にも変化させています。そしてその変化は、幼児の生活や教育のあり方にも影響を与えています。今後の予測として、オックスフォード大学のマイケル・オズボーンは「今後、10～20年程度で、アメリカの総雇用者の約47％の仕事が自動化される可能性が高い」と述べ、ニューヨーク市立大学のキャッシー・デビットソンは「2011年度にアメリカの小学校に入学した子供たちの65％は、大学卒業時に今は存在していない職業に就く[1]」と述べています。つまり、将来の変化を予測できない時代を幼児はこれから生きていくのです。そのためには、どのような時代になろうと自分の夢をもち、自らの人生を切り拓き生き抜いていく力を、幼児に育むことが必要となります。また、シカゴ大学のジェームス・ヘックマンなどの研究により、テストでは測ることのできない非認知能力が、大人になってからの生活に影響することが明らかとなりました[2]。非認知能力とは、粘り強さや自己抑制力、意欲、思いやり、自尊心といった、人がもつ特性のことです。この能力を高める教育に最も適しているのが幼児期であることから、幼児教育の重要性への認識が国際的に高まってきています。

1　幼児教育にとっての不易とは

　教育の世界には「不易と流行」という言葉があります。不易とは、時代がいかに移り変わっても変わらない、普遍的なもののことです。一方、流行とは、その時代の子どもを取り巻く環境などの変化により、子どもたちの健やかな成長のために柔軟に変えていかなければならないもののことです。

▶出典
[1] 文部科学省 産業競争力会議 雇用・人材・教育WG「文部科学省提出資料」2015年

▶出典
[2] ジェームズ・J・ヘックマン／大竹文雄解説、古草秀子訳『幼児教育の経済学』東洋経済新報社、2015年

幼児教育においての不易とは、幼児が主体的に環境に関わる遊びは学びであり、直接体験・感動体験をする遊びを中心とした生活ができるようにすることが、保育者の役割であるということです。幼児が自分のやりたいことをやり遂げる充実感を味わったり、自他の違いに気づきながら友だちと一緒に活動する楽しさを味わったり、人との関わり方を知ったりできるよう、遊びを通して総合的に指導するということです。

2 幼児教育にとっての流行とは

また、新たに求められる「流行」として位置づけられるものは、今までやってこなかったものもありますが、今までやってきたけれど、幼児の実態を見てさらに力を入れなければならないものもあります。たとえば、非認知能力については、今までも幼児教育のなかで育んできたものですが、小学校以降の教育につなげていくために、最近になってクローズアップされています。大きな自然災害が増え、自他の命を守る安全教育の必要性もいわれています。自他を傷つける事件の多発から、規範意識・道徳性の芽生えを培うこともさらに必要です。また、カリキュラム・マネジメントは、園長など一部の保育者が担うものではなく、全保育者で力を合わせて取り組むようにといわれるようになりました。

2．保育者が取り組むべきこと

少し古い報告書になりますが、「幼稚園教員の資質向上について——自ら学ぶ幼稚園教員のために」（文部科学省、2002年）のなかに、「幼稚園教員に求められる専門性」として、以下のように記載されています。

（1）幼稚園教員としての資質
（2）幼児理解・総合的に指導する力
（3）具体的に保育を構想する力、実践力
（4）得意分野の育成、教育集団の一員としての協働性
（5）特別な教育的配慮を要する幼児に対応する力
（6）小学校や保育所との連携を推進する力
（7）保護者及び地域社会との関係を構築する力
（8）園長など管理職が発揮するリーダーシップ
（9）人権に対する理解

初任者は「私は（2）（3）（4）かな、（2）（3）の力を早くつけたいな」と思うかもしれません。（5）（6）（7）は中堅以降の経験者が推進することと思うかもしれません。しかしじつは、（8）以外の内容は、保育所・幼稚園・認定こども園のすべての保育者に該当することなのです。

（5）の特別な教育的配慮を必要とする幼児の割合は、各園とも以前より増えています。初任者だから担当しないで済むということはありません。また、学級にはいなくても、在園している幼児に対して、全保育者が人的環境の一人であるのですから、幼児理解に努め支援の方向を共有する必要があります。

（6）の小学校や保育所（あるいは幼稚園など）との連携についても、交流活動は以前より盛んになっていますが、教育内容の接続はまだまだだといわれています。推進役に任せるだけではなく、保育者一人ひとりがその意義を理解して実践していくことが大切です。

たとえば、「学習指導要領」が改訂され、小学校以降では、道徳が「特別な教科」になり、今までの「読む道徳」から「考え議論する道徳」への質的転換がはかられています。これにより、読本の登場人物の心情理解に終わらせず、問題解決型の学習や体験的な学習を通じて、自分ならどのように行動するかを考えさせ、自分とは異なる意見と向き合い話し合うなかで、道徳的価値を学び、実践に結びつけ、習慣化していくことが目指されています。このことは、幼児教育とは関係ないことでしょうか。

幼児期に、友だちとともに過ごし、自分と違う気持ちや考えがあることを知ること、自分の思いを相手にわかるように伝えること、わかってもらえたうれしさや通じない悔しさ・悲しさを味わうことなど、友だちがいるからこそできる感情体験があってこそ、小学校の道徳の時間に「自分ならどうする」「自分と異なる意見にどう対応する」といった問題に向き合うことができるのではないでしょうか。求められる正解を意識するのではなく、どうしようもない自他の気持ちや考え方の違いがわかったうえで、自分の意見を導き出すことができるのではないでしょうか。つまり、園での経験は、小学校教育の基盤となっているのです。幼児教育の重要性が叫ばれている今だからこそ、私たちも小学校教育を視野に入れて実践していかなければなりません。

幼児教育はわかりにくいとか、小学校教育のことは理解していなくてもいいなどとしていては、幼児教育の成果が小学校教育へとつながりません。今の課題を受け止め、目の前の幼児に育んでいるものを小学校や地域の人にわかるように伝えることは、園長だけでなく、その園の保育

者一人ひとりの責務です。

（7）の保護者との関係づくりも、保護者の価値観やニーズの多様化にともない、難しくなりました。昔ならば、初任者は幼児と一生懸命向き合っていれば、保護者からおおらかに見守ってもらえました。しかし今は、初任者もベテランもありません。保護者が求めるものも多様化し、大事なわが子の一生のなかの幼児期の成果をしっかり出してほしいと願っています。

また、幼稚園が地域の幼児教育のセンターとして、未就園児親子を含めた子育て相談や園の開放を行うことも、園のやるべきこととして当たり前になりました。担任として幼児を育むために、保護者の「子育ての支援」をすることも求められています。

（9）の人権問題には、子ども（いじめ・体罰・虐待）、高齢者、障害者、性的少数者、同和問題、外国人、インターネットによる人権侵害などがあります。日本語以外を母語とする幼児の国の種類が増え、英語だけでは対応できなくなりました。また、育児不安や貧困などさまざまな理由から幼児虐待が増えています。つまり、幼児と保護者の人権を守るために差別や偏見を見逃さない姿勢が、保育者には求められているのです。差別や偏見は特定の地域にだけあることではなく、日々の保育のなかでも起こり得ることです。保育者の何気ない言動で、幼児や保護者の気持ちを傷つけたり、幼児に差別や偏見を助長したりすることのないようにしなければなりません。

3. 自分を磨くために

「**教育基本法**」第9条では「教員は、自己の崇高な使命を深く自覚し、絶えず研究と修養に励み、その職責の遂行に努めなければならない」とされています。また、「**教育公務員特例法**[*]」第22条には、研修の機会が与えられなければならないことや、職場を離れて研修できることなどが明記されています。海外では、授業だけすればよい先生もいるそうですが、日本では研修が法的に認められています。保育者は、全員が教育公務員ではありません。しかし、幼児教育に携わる者であれば、公立・私立、また保育所・幼稚園・認定こども園に関係なく、就学前の幼児に公教育を行っているのです。

「子どもの最善の利益を守る」という言葉は、福祉のことだけをいうのではありません。子どもに適切な教育を受けさせる権利をも含めた言

参照
教育基本法
→レッスン15

[*] 用語解説
教育公務員特例法
教育公務員の職務とその責任の特殊性に基づいて、「国家公務員法」や「地方公務員法」に対する特例を規定する法律。1949年に制定。

葉です。幼児が適切な保育を受けるために、保育者は研修を受けることが義務とされています。義務というと押しつけられたように感じる人もいるかもしれませんが、幼児の将来につながる重要な時期を任された保育者には、自分を磨く権利があるということです。権利なのですから、それを有効に使いましょう。保育者は、常に幼児を中心として幼児にふさわしい自分であり続けるために、学び続け、自己改革していきましょう。それが責務です。

1　園内研修とは

①園内研究

　園は、最も一般的な学びの機会です。年間でテーマを決め、推進者のもとでテーマに沿った事例を持ち寄り、幼児理解や援助のあり方について話し合います。今までの経験や経験年数により、同じ事例を読んでも、イメージすること、気づくことは人によって違います。また、初任者とベテランでは、同じ映像を見ても目をつけるところが違います。初任者は意見を言いにくいかもしれません。しかし、保育を知らないからこそ、まっさらな目で幼児の気持ちがみえることがあります。初任者が気づいたことは、ベテランにとっては疑問をもたずに過ごしてきたことかもしれません。

　講師の先生を招き、自分たちの保育を見てもらい、幼児理解や環境、援助について指導を受けることもあります。また、園内のどこかの学級の保育を短時間でも保育者同士で見たりして、具体的に学ぶこともあります。

　気づきに大小はありません。誰かの気づきによって、多角的な幼児理解ができ、幼児の思いに近づくことができ、次の援助がみえてくるのです。園内研究の推進役は、誰もが発言しやすく誰の発言も受け止め合えるテーマや研究方法の選択、雰囲気づくりや発言の促しが大切です。

　幼児期は、人格形成の基礎が培われるきわめて重要な時期です。その時期に、人的環境である保育者の言動が意図的であれ無意識であれ、その言動一つひとつを幼児は吸収していきます。保育のねらいがたとえ適切でも、教材が不適切であったり、保育者の言葉がけが下手だったり、保育者に温かさがなかったりしたら、幼児には悪影響でしかありません。幼児にとって少しでもよい保育者になるため、幼児理解と援助のあり方を学んでいきましょう。

　近年、アクティブ・ラーニングという言葉が盛んに使われています。これは特に高等教育において座学が多く、教師が児童生徒に一方的に知

識等を伝えることに終始している学び方に対する批判として登場した言葉です。「学習指導要領」の改訂に向けた話し合いのなかで、児童生徒が自ら学ぶ意欲をもって積極的な対話を通して学ぶ授業として、「主体的・対話的で深い学び」ということが求められています。

　幼児教育では、すでにやってきたことでしょうか。それは正解でもあり、不正解でもあります。保育者が一方的に設定した活動をやらせるだけ、言われたとおりに動くことを求められていては、主体的な学びとはいえません。幼児の心と体と頭が動いてこそのアクティブ・ラーニングです。園内研究で、保育者の援助のあり方を検討する一つの視点となります。

インシデント①　園内研究を保育に活用した事例
　今年の園内研究のテーマは「気になる子の援助のあり方」です。初任者のA先生は、感情的な言動になりやすく対応に困っていたBくんのことを事例に書いて提案しました。
　【エピソード】
　プールが大好きなBくんは、今日は風邪気味のためプールに入れない。最初はプールサイドで水遊びを楽しんでいたが、プールから友だちの歓声が聞こえてくるとしだいに表情がなくなり、水遊び用の水をわざとこぼし始める。担任はそれを注意し、「風邪が治ったら、また入れるよ」と声をかけると、Bくんは「先生なんか嫌いだ！　あっち行けー」と言った。
　【幼児の気持ちの読み取り】
・Bくんは、プールに入れない不満を「嫌いだ」という言葉で表している。ふだんから嫌なことや困ったことがあると「嫌いだ」と担任に言ってくる。
　【教師の援助（担任の思い）】
・Bくんのプールに入れない気持ちを受け止めた。
・今後は、Bくんが「嫌い」と言ったときは、その表情や言葉、その前の状況から気持ちを推測し、その理由を言葉で言えるように促したい。「嫌い」以外の言葉で表現できるよう援助していきたい。

　以上の事例をもとに、次のようなことが話し合われました。
・担任は、本当にBくんの気持ちを受け止めていたのだろうか。トラブルが起きてから、その気持ちに対応しようとしているのではないか。

- プールに入れない不満もあるだろうが、うらやましい、つまらない、悲しいなど、さまざまな感情がBくんにはあると思う。
- 「嫌い」という言葉は、プールに入れない気持ちをまぎらわそうとした行為を注意されて「プールに入れないぼくの気持ちをわかってよ、先生」という意味もあるのではないか。
- Bくんに行為の理由を聞いても、説明できないと思う。言葉で言わせようと焦らず、まずはさまざまな感情に共感し、担任がその気持ちを言葉にして聞かせていってはどうか。

　この園内研究の話し合いによって、A先生は「感情的になりやすい困った子」という見方から、「自分の気持ちを言葉でうまく伝えられずにいる子」と、困っているのはBくんだという子ども理解に変わりました。そして、Bくんのうまく表現できないところを援助していこうという方向性が見えてきました。ほかの保育者にもA先生の困っていることがわかり、自分が見たBくんの姿や、自分がそのときにBくんにした援助をA先生に伝えるなど、園全体でフォローするようになりました。

②短期指導計画の作成

　日案・週案などの指導案も、自己を高める研修です。幼児の実態は的確にとらえられていますか。「ままごとで楽しそうに遊んでいる」だけでは、何歳児のいつの時期のことかわかりません。それは、この文章のなかに幼児の気持ちが書かれていないからです。

　たとえば、「ままごとのお母さんになりきって遊んでいる。他児も興味をもち、お母さん役がたくさんいるが、気にせず個々に遊んでいる」など、前に実態把握をしたときと何が変わったのか、変わらないのか、環境や友だちに対してどのような気持ちで関わっているのか、問題が出てきているのかなどを、幼児をよく見て書くことが実態把握ですから、保育者としての自分を磨く研修です。

　また、幼児の実態から「ねらい」を導くのは、初任者には難しいことです。そのときは、園で作成されている教育課程・年間指導計画や、市販の保育雑誌を参考にするのもいいかもしれません。しかし、教育課程・年間指導計画は長期的なねらいなので、そのまま書き写すのは適当ではありません。短期指導計画用に自分なりに修正する必要があります。

　たとえば、同学年を組んでいる先生との学年会で、「来週のねらい」の打ち合わせをするとき、具体的な文章をほかのクラスと共通にするかもしれませんが、話し合ったことをそのまま書くのは適切ではありません。経験者と初任者ではそのねらいの理解や実践力が違うからです。最

初は、学年会で決めたねらいや保育雑誌などの言葉を手がかりに実践してみることになりますが、保育雑誌に書かれている幼児の実態が自分の学級と同じとは限りません。経験を重ねながら、目の前の幼児の姿から手応えや違和感などを意識するようにし、たとえつたない文章であっても、少しずつ自分の言葉で感じたことを書いてみましょう。幼児の実態からねらいや内容を自分の言葉で導き出すのも、自分を磨く研修のうちの一つです。

③**日々の記録**

日々の振り返りは、明日につながる大事なものです。時間がないときはメモでもポイントだけでもいいので、記録を継続したいものです。

自分の保育を振り返るとき、指導案のとおりにできたことをよしとして書いていると、自分の成長にはつながりません。自分が用意した教材は、あのときの言葉がけは、環境の再構成は、活動の進め方は、幼児に適していたかどうかを、自分が援助したあとの幼児の姿から確認して反省・評価することが大切です。

また、気になる幼児の個別記録も必要です。ただ、個々の記録に終始していると、明日が見えなくなることがあります。「実態把握」→「ねらい」→「内容」→「環境構成」という流れにおける幼児の姿と自分の姿を意識した記録が、自分の保育の実践力を向上させます。

④**教材研究**

教科書のない直接体験から学ぶ幼児教育は、保育者の発想が柔軟に発揮されるやりがいのある世界です。幼児が主体的に環境に関わることができるかどうかは、保育者にかかっているからです。だからこそ、保育者次第で教育の質は高くも低くもなります。今はさまざまな教材の雑誌やDVDなどがあります。いい教材だといわれるものでも、それをそのままもってきても、自分の学級の幼児に適しているかどうかはわかりません。選択の判断基準はあくまでも目の前の幼児です。

また、教材研究は、一人より複数で取り組みましょう。幼児の話をしながら試行錯誤していくなかで、自分の学級の幼児に適したものの意味がわかってきます。同僚から、技能的なことや保育観を聞き出すチャンスです。園外研修で教材研究をしてきたのならば、なおさらです。「うちの園ではこの教材をどう扱おうか」という教材研究をみんなで行い、園としての質を高めましょう。

2　園外研修とは

研修には、園のなかで園の保育者同士で行う園内研修のほかに、園の

外で行われる研修会などに参加する園外研修があります。初任者には、園での新規採用研修のほかに、公立なら自治体、私立なら私立の団体等が主催する初任者対象の研修があります。園外での初任者研修は同じ立場の仲間が集まるので、わからないことも聞きやすい雰囲気があります。また、保育や職場の悩みを相談できる仲間との出会いともなるでしょう。

　園外研修は、自治体や幼児教育の団体などが主催する研修会に対象者として招集される研修会のほかに、いろいろなテーマで計画され自分で選んで参加する研修会など、さまざまなものがあります。小さな規模の一園では呼べない講師や研修内容に出会えます。レッスン15でも述べたように、初任者は、教材研究やほかの保育者の保育を見るなどの研修会に参加しましょう。そのなかには、自分の悩みを解決したり得意分野をさらに伸ばしたりできる研修もあります。リフレッシュの機会としても参加してみましょう。

　また、中堅・ベテラン保育者は、保育技術は身についているのだから研修はしなくてよいということはありません。経験があるほど、自分の考えに固執したり、振り返ることをしないで過ごしたりしてしまう可能性があります。園のまとめ役や園長などになると、なかなかほかの人から指導を受ける機会はありません。招集される研修会だけでなく、自主的な研究会や学会など、より専門的な研修にも参加し、国や自治体の教育に対する考え方を学ぶなど、最新の情報を得ながら、自分の保育観を修正していく必要があります。経験者だからこそ、幼児の気持ちに寄り添い保護者の信頼を得る心豊かな保育者となるように、自己研鑽することが求められます。幼児のために学び続けるその前向きさが、初任者のモデルとなり、それが園の雰囲気・文化となります。

　研修内容によっては、保育者だけでなく小・中・高等学校の教員の考え、医療関係者、民間企業の経営者などの話を聞けるものもあります。自分が狭い世界にいたことを実感したり、幼児期の育ちがどのようにつながるのかを確認することができたり、伝わりにくい幼児教育を理解してもらおうと話したりすることも、園の教育の質の向上につながります。

インシデント②　園外研修を保育に活用した事例

　初任者のC先生は、教材を増やしたいと思い、音楽リズムの実技研修会に申し込み、受講しました。翌日の打ち合わせのときに、幼児がのりやすい歌や楽しい手遊びがいくつもあったことを、楽譜のコピーとともに報告しました。ほかの保育者からリクエストがあり、そのなかのいくつかは実際に歌ったりやってみせたりしました。そ

の後、自分の学級で楽しめそうな手遊びをやってみると、幼児はおもしろがり、何度も繰り返して遊びました。また、ほかの保育者も学級で取り入れていました。

　このような実技研修会に限らず、どのような研修会でも、外で学んできたことは、園内の上司・先輩・同僚に報告することが大切です。参加させてもらったお礼やお返しの意味もありますが、研修の内容は、人に話すことでより自分のものになってくるからです。行くのも研修、伝えるのも研修です。

◆補足
児童の権利に関する条約
国連総会で1989年に採択された児童（18歳未満）の権利について定めた国際条約。
「第3条1　児童に関するすべての措置をとるに当たっては、公的若しくは私的な社会福祉施設、裁判所、行政当局又は立法機関のいずれによって行われるものであっても、児童の最善の利益が主として考慮されるものとする。」

演習課題

①保育に生かせそうな自分の特技、好きなことはどのようなことですか。また、苦手なことは何ですか。まわりの人と話し合ってみましょう。
②「教育基本法」「学校教育法」「**児童の権利に関する条約**」「子ども・子育て支援法」などの法令を読んでみましょう。
③インターネットで、さまざまな幼稚園の園内研究を調べて持ち寄りましょう。そのなかの事例を見て、幼児の姿からどのようなことを感じたか、援助の仕方からどのようなことが大切だとわかったかなどについて話し合いましょう。

参考文献……………
レッスン15、16
　全国国公立幼稚園・こども園長会　「特集：自己を磨く　共に学ぶ」『幼児教育じほう』　2015年6月号　5-26頁
　全国国公立幼稚園長会　「特集：主体的に学ぶ教師」『幼稚園じほう』　2014年7月号　5-26頁
　文部科学省　「幼稚園教員の資質向上について――自ら学ぶ幼稚園教員のために」　2002年
　文部科学省　「幼稚園教育要領解説」　2018年

おすすめの１冊

全国国公立幼稚園・こども園長会『幼児教育じほう』
　全国国公立幼稚園・こども園長会という現役の園長が企画・編集している年間購読の冊子。年間テーマのもと、毎月特集を組み、具体的な実践事例なども載っていて、保育の考え方や実践の参考になる。

さくいん

●和文

あ
- アクティブ・ラーニング……… 67
- 預かり保育 …………………… 102
- アセスメント ………………… 158
- 遊び……………………………… 32
- アテナイ ……………………… 30

い
- インクルーシブ教育 ………… 134

え
- エピソード記録 ……………… 88
- 園外研修……………………… 206
- 園庭開放……………………… 165
- 園内研究……………………… 203
- 園内研修…………………… 92, 203

か
- 開発教授 ……………………… 31
- 核家族………………………… 149
- 学習指導要領………………… 116
- カリキュラム・マネジメント …… 98
- 環境構成 ……………………… 78
- カンファレンス ……………… 93

き
- 城戸幡太郎…………………… 36
- 教育課程 ……………………… 69
- 教育支援委員会……………… 141
- 教育勅語 ……………………… 34
- 教員免許状 …………………… 44
- 教材研究……………………… 206
- 協働…………………………… 186
- 協同性………………………… 14
- 記録………………………… 87, 206

く
- 倉橋惣三 ……………………… 8

け
- ケアマネジャーの役割 ……… 157
- 月間指導計画………………… 74
- 権威…………………………… 34
- 健康な心と体 ………………… 14
- 現代的課題に対応した専門性 …… 9

こ
- 公開保育……………………… 93
- 公教育………………………… 33
- 合理的配慮…………………… 143
- 子育て支援…………………… 159
  - 地域の――………………… 162
- 言葉による伝え合い ………… 15
- 子ども家庭支援センター…… 198
- 子ども虐待 …………………… 173
  - ――増加の要因 …………… 173
- 子ども・子育て支援事業計画… 47
- 子ども・子育て支援新制度……
   45, 148
- コミュニケーション ………… 186

さ
- 参酌…………………………… 11

し
- 思考力の芽生え ……………… 14
- 思考力・判断力・表現力等の基礎
  ………………………………… 129
- 自己課題 ……………………… 3
- 自然との関わり・生命尊重 …… 15
- 実践計画……………………… 69
- 児童委員……………………… 198
- 児童虐待の防止等に関する法律
  ………………………………… 173
- 指導計画……………………… 73
  - 短期―― ………………… 73, 205
  - 長期の―― …………………… 73
  - 年間―― …………………… 74
- 児童相談所…………………… 198
- 児童の権利に関する条約 ……
   40, 208
- 社会資源……………………… 158
- 社会性………………………… 184
- 社会生活との関わり ………… 14
- 週案…………………………… 75
- 12表法………………………… 31
- 主体的・対話的で深い学び
  ……………………………… 66, 131
- 主任児童委員………………… 198
- 障害を理由とする差別の解消の推
  進に関する法律 ………… 143
- 情緒の安定…………………… 53
- 職務上の義務………………… 45
- 初任者………………………… 187
- 自立心………………………… 14
- 事例研究……………………… 93
- 人権…………………………… 32
- 身体的虐待…………………… 174
- 心理的虐待…………………… 174
  - ――の増加 ………………… 175

す
- 数量や図形、標識や文字などへの
   関心・感覚 ………………… 15
- スクールソーシャルワーカー…… 157
- スコレー ……………………… 30
- スパルタ ……………………… 30
- スモールステップ ………… 153

せ
- 政治的行為の制限…………… 45
- 性的虐待……………………… 174
- 生命の保持…………………… 53
- 全体的な計画……………… 69, 70

そ
- ソクラテス …………………… 30
- ソフィスト …………………… 30

た
- 待機児童……………………… 45
- 体験することでの学び ……… 64

ち
- 地域子育て支援センター …… 177
- 地域子ども・子育て支援事業 … 48
- 地域包括支援センター ……… 157
- チーム学校…………………… 194
- 知識及び技能の基礎 ………… 127
- 中堅…………………………… 189
- 注入主義……………………… 30

て
- ディースターヴェーク, F. A. W.
  ………………………………… 37
- デューイ, J. ………………… 35

と
道徳性・規範意識の芽生え ･･･ 14
ドキュメンテーション ･･････ 90, 138
特定妊婦 ･･････････････ 178
豊田芙雄 ･････････････････ 35

に
日案 ････････････････････ 75
人間性（人柄） ･･････････ 184
認定こども園 ･････････････ 42

ね
ネグレクト ･･････････････ 174

の
ノリ ････････････････････ 140

は
育みたい資質・能力 ･･････ 12, 65

ひ
非認知能力 ･･････････････ 199
評価 ････････････････････ 83

ふ
フレーベル, F. W. A. ･･･････ 32

へ
ペスタロッチ, J. H. ･････････ 33
ベテラン ････････････････ 191

ほ
保育教諭 ････････････ 43, 44
　　　──等の担う役割 ････････ 22
保育士 ･･････････････････ 43
保育士資格 ･･････････････ 43
保育士試験 ･･････････････ 43
保育者 ･･････････････････ 2
保育の振り返り ･･････････ 87
ポートフォリオ ･･････････ 91
ホームヘルパーの役割 ････ 157
保護者支援に関わるケース ･･･ 156

ま
学び続ける教員像 ･････････ 10
学びに向かう力・人間性等 ･･･ 130
学びのためのユニバーサルデザイン
　････････････････････ 137
マルトリートメント ･･････ 178

み
見える化 ････････････････ 90
３つの視点 ･･････････････ 54
身分上の義務 ････････････ 45

も
問題解決型学習 ･･････････ 37

ゆ
豊かな感性と表現 ･････････ 15

よ
養護 ････････････････････ 52
要支援児童 ･･････････････ 178
幼児期に育みたい資質・能力
　････････････････････ 123
幼児期の終わりまでに育ってほしい
　姿 ･･････････ 13, 113, 117
幼稚園教員に求められる専門性
　････････････････････ 200
幼稚園教諭 ･･････････････ 44
幼保一体化 ･･････････････ 46
要保護児童 ･･････････････ 178
要保護児童対策地域協議会 ･･ 177
幼保連携型認定こども園 ･････ 43
吉田松陰 ････････････････ 33

る
ルソー, J. J. ････････････ 32
ルター, M. ････････････ 32

ろ
ロールモデル ････････････ 26

●欧文

P
PDCAサイクル ･･･････ 47, 67

監修者

名須川知子（なすかわ ともこ） 兵庫教育大学 理事・副学長

大方美香（おおがた みか） 大阪総合保育大学 学長

執筆者紹介（執筆順、＊は編著者）

山下 文一＊（やました ふみひと）
担当：はじめに、レッスン1
松蔭大学 教授
主著：『幼稚園教諭・保育教諭のための研修ガイドⅢ』（共著） 保育教諭養成課程研究会 2017年
『保育内容・環境 あなたならどうしますか？』（共著） 萌文書林 2016年

有田 尚美（ありた なおみ）
担当：レッスン2
元 高知学園短期大学 准教授
主著：『保育方法論』（共著） 光生館 2018年
『専門職としての保育者——保育者の力量形成に視点をあてて』（共著） 光生館 2016年

大沢 裕（おおさわ ひろし）
担当：レッスン3
松蔭大学 教授
主著：『新訂 教職入門』（共著） 萌文書林 2018年
『幼児理解』（編著） 一藝社 2016年

島田 桂吾（しまだ けいご）
担当：レッスン4
静岡大学 講師
主著：『あらゆる学問は保育につながる』（共著） 東京大学出版会 2016年
『教育委員会改革5つのポイント——「地方教育行政法」のどこが変わったのか』（共著） 学事出版 2014年

後田 紀子（うしろだ のりこ）
担当：レッスン5 第1節〜第3節
松蔭大学 准教授
主著：『保育原理』（共著） 日本福祉ビジネス専門学院 2002年

東城 大輔（とうじょう だいすけ）
担当：レッスン5 第4節・第5節
大阪総合保育大学 准教授
主著：『保育者論』（共著） 一藝社 2016年
『改編 保育の考え方と実践』（共著） 久美出版 2012年

中谷奈津子（なかたに なつこ）
担当：レッスン6、レッスン7
神戸大学 准教授
主著：『保育所・認定こども園における生活課題を抱える保護者への支援——大阪府地域貢献支援員（スマイルサポーター）制度を題材に』（共著） 大阪公立大学共同出版会 2018年
『住民主体の地域子育て支援——全国調査にみる「子育てネットワーク」』（編著） 明石書店 2013年

津金美智子（つがね みちこ）
担当：レッスン8〜10
名古屋学芸大学 教授
主著：『保育方法論』（編著） 光生館 2018年
『[平成29年版] 新幼稚園教育要領ポイント総整理 幼稚園』（編著） 東洋館出版社 2017年

松井 剛太（まつい ごうた）
担当：レッスン11
香川大学 准教授
主著：『特別な配慮を必要とする子どもが輝くクラス運営――教える保育からともに学ぶ保育へ』中央法規出版　2018年
『子どもの育ちを保護者とともに喜びあう――ラーニングストーリー はじめの一歩』（共著）ひとなる書房　2018年

丸目 満弓（まるめ まゆみ）
担当：レッスン12、レッスン14
大阪城南女子短期大学 講師
主著：『保育ソーシャルワークの世界――理論と実践』（共著）晃洋書房　2018年
『現場から福祉の課題を考える ソーシャル・キャピタルを活かした社会的孤立への支援――ソーシャルワーク実践を通して』（共著）ミネルヴァ書房　2017年

小西 眞弓（こにし まゆみ）
担当：レッスン13
大阪総合保育大学 非常勤講師
主著：「保育者の保護者観と望ましい保護者支援に関する検討」『保育と保健』24（1）　2018年　39-42頁

桶田ゆかり（おけだ ゆかり）
担当：レッスン15、レッスン16
文京区立第一幼稚園 園長
主著：『保育方法論』（共著）　光生館　2018年
『[平成29年版] 新幼稚園教育要領ポイント総整理 幼稚園』（共著）　東洋館出版社　2017年

編集協力：株式会社桂樹社グループ
装画：後藤美月
本文イラスト：寺平京子、宮下やすこ
本文デザイン：中田聡美

MINERVA はじめて学ぶ保育③
保育者論

2019年2月20日　初版第1刷発行　　　　　〈検印省略〉

定価はカバーに
表示しています

監修者	名須川　知子
	大　方　美　香
編著者	山　下　文　一
発行者	杉　田　啓　三
印刷者	坂　本　喜　杏

発行所　株式会社　ミネルヴァ書房
607-8494 京都市山科区日ノ岡堤谷町1
電話代表（075）581-5191
振替口座 01020-0-8076

©山下ほか, 2019　　　　冨山房インターナショナル

ISBN978-4-623-07964-3
Printed in Japan

名須川知子/大方美香 監修
MINERVAはじめて学ぶ保育
全12巻／B5判／美装カバー

① 保育原理　　　　　　　　　　　　戸江茂博 編著

② 教育原理　　　　　　　　　　　　三宅茂夫 編著

③ 保育者論　　　　　　　　　　　　山下文一 編著　本体2200円

④ 保育の計画と評価　　　　　　　　卜田真一郎 編著

⑤ 保育内容総論──乳幼児の生活文化　鈴木裕子 編著　本体2200円

⑥ 保育内容の指導法　　　　　　　　谷村宏子 編著　本体2200円

⑦ 乳児保育　　　　　　　　　　　　馬場耕一郎 編著

⑧ 乳幼児心理学　　　　　　　　　　石野秀明 編著

⑨ インクルーシブ保育論　　　　　　伊丹昌一 編著　本体2200円

⑩ 保育所・幼稚園・幼保連携型認定こども園実習
　　　　　　　　　　　　　　　　　亀山秀郎 編著　本体2200円

⑪ 施設実習　　　　　　　　　　　　立花直樹 編著

⑫ 子育て支援　　　　　　　　　　　伊藤 篤 編著　本体2200円

──────── ミネルヴァ書房 ────────　（定価のないものは続刊）

http://www.minervashobo.co.jp/